U0871688

同济大学思想政治理论课教学案例系列丛书

# 《中国近现代史纲要》

## 教学案例及解析

李雅茹　张　超 ○ 编著

同济大学出版社
TONGJI UNIVERSITY PRESS
·上海·

**图书在版编目(CIP)数据**

《中国近现代史纲要》教学案例及解析 / 李雅茹，张超编著. -- 上海：同济大学出版社，2025. 1.
ISBN 978-7-5765-1492-6

Ⅰ. K25

中国国家版本馆 CIP 数据核字第 202548R1P8 号

**《中国近现代史纲要》教学案例及解析**

李雅茹　张　超　**编著**

**责任编辑**　丁国生　　**责任校对**　徐逢乔　　**封面设计**　王　翔

**出版发行**　同济大学出版社　　www.tongjipress.com.cn
（地址：上海市四平路1239号　邮编：200092　电话：021-65985622）
**经　　销**　全国各地新华书店、网络书店
**排　　版**　北京华艺世纪缘科技发展有限公司
**印　　刷**　苏州市古得堡数码印刷有限公司
**开　　本**　710mm×1000mm　1/16
**印　　张**　21.75
**字　　数**　310 000
**版　　次**　2025年1月第1版
**印　　次**　2025年1月第1次印刷
**书　　号**　ISBN 978-7-5765-1492-6

**定　　价**　98.00 元

# 丛书总序

高校思想政治理论课作为落实立德树人根本任务的核心课程，肩负着培养担当民族复兴重任的时代新人的重要使命。为进一步推动习近平新时代中国特色社会主义思想进教材、进课堂、进头脑，深入贯彻落实党的二十大和党的十九届六中全会精神，中宣部、教育部组织对马克思主义理论研究和建设工程重点教材高校思想政治理论课教材进行了全面修订，并由高等教育出版社于 2023 年 2 月出版了《马克思主义基本原理（2023 年版）》《毛泽东思想和中国特色社会主义理论体系概论（2023 年版）》《中国近现代史纲要（2023 年版）》《思想道德与法治（2023 年版）》；于 2024 年 6 月出版了《新时代中国特色社会主义理论与实践（2024 年版）》《中国马克思主义与当代（2024 年版）》。同济大学马克思主义学院根据新版高校思想政治理论课统编教材，在全面推进使用新版教材的进程中，深入开展了教材体系向教学体系转化的探索，有序有效组织学院教研室编写了本套“同济大学思想政治理论课教学案例系列丛书”。

本套丛书在编写过程中以新版统编高校思想政治理论课教材为基本遵循，对应教材的逻辑结构和章节进行案例选择和编写，紧紧围绕教学目的组织素材，选择的案例具有问题性、思想导向性、典型性、真实性，案例文本语言准确、生动，通俗易懂，深入浅出。本套丛书力求推出一批学理说得透、事例讲得活、学生听得懂、实践用得上的教学经典案例，鼓励教师在教学实践中积极探索和开展案例教学，进一步提高教学质量和效果。

开展“案例教学”研究，是同济大学马克思主义学院深化教学改革的重要举措，旨在通过具体案例，活化理论教学，助力讲深讲透讲活思政课。自新版教材启用以来，学院积极探索思政课改革新方案，以各门必修课的集体备课为契机，围绕怎样深入贯彻落实教材内容，怎样切实提升教学实效，怎样讲深讲透讲活思政课等问题，认真研讨，精选案例，并进一步根据新版教材章节内容进行案例的细化和优化，确保每个案例都能精准对接教材知识点，为讲深讲透讲活知识点所蕴含的哲理、学理和道理提供有益支撑。

本套丛书是同济大学马克思主义学院各教研室和课程组通力合作的结晶，在案例选取和编写过程中凝聚了教师们的智慧和心血，经过反复论证和精心打磨，确保了案例的科学性、针对性和实用性，为思政课教学提供了丰富资源和有力支撑。本套丛书的编写和出版得到了同济大学出版社的大力支持与帮助，在付梓之际，谨向所有参与编写的教师和精心审读的编辑们致以诚挚谢意！同时，由于经验和水平有限，书中难免存在不精准之处，希望同行们提出宝贵意见，以便我们在后续修订中进一步完善。

同济大学马克思主义学院院长　徐蓉

2024 年 10 月

# 前　言

十八大以来，党中央始终坚持把学校思政课建设放在教育工作的重要位置。2019 年 3 月 18 日，习近平总书记在京主持召开学校思想政治理论课教师座谈会时指出，“思想政治理论课是落实立德树人根本任务的关键课程”。“中国近现代史纲要”是全国高等学校本科生必修的一门思想政治理论课，课程主要目的是使大学生认识近现代中国社会发展和革命、建设、改革的历史进程及其内在规律，深刻领会“四个选择”和“三个为什么”。我们要从坚持和发展中国特色社会主义事业、实现中华民族伟大复兴的高度来认识办好思想政治理论课的重要意义。

2022 年 4 月 25 日，习近平总书记在中国人民大学考察调研时强调：“思政课的本质是讲道理，要注重方式方法，把道理讲深、讲透、讲活，老师要用心教，学生要用心悟，达到沟通心灵、启智润心、激扬斗志。”案例教学法以案例分析为基础，通过教师的课堂组织引导，使案例情境的展现成为学生领会和掌握知识、涵养思维的重要载体，从而发挥激发学生学习兴趣、培养学生自主学习能力、提高学生分析和解决问题能力等。案例教学法是提高思政课针对性的有效抓手，是思政课教学的有效方法。在“中国近现代史纲要”教学中使用教学案例进行教学，不仅能增强课程的吸引力和生动性，更能够帮助学生深入理解历史事件的背景、过程和影响，培养学生的历史思维和分析能力。

开展案例教学要从精心选择教学案例开始。近年来，同济大学马克思主义学院“中国近现代史纲要”教学团队围绕本门课程教材内容，针对教学目标和重点难点，对每章内容进行系统化梳理，整理编写了教学案例。这些案例具有典型性、相关性、针对性和时效性，可作为本门课程教学的辅助教学资源。

编者

2025 年 4 月

# 目 录

# 导言

## 案例 1 初心之地

### 【案例材料】

中国近代史，就其主流和本质来说，是一部中国人民救亡图存的历史。尤其是在中国共产党的领导下，中国人民取得了新民主主义革命的胜利。

上海是中国共产党的诞生地、初心始发地和伟大建党精神孕育地。20 世纪 20 年代，近代上海在发展过程中形成了一种较其他城市更适宜的建党优势：近代工业水平相对发达、工人占据全国多数、先进知识聚集、思想文化领先以及交通信息网络的便捷等，这种种因素加起来的合力，让上海在近现代的历史舞台上凸显出来。历史也正是顺应着这样的逻辑，将建党的中心选择在了上海。

中国的先进分子在研究、宣传马克思主义的基础上，在上海、北京等地成立共产党的早期组织，开始筹备建党。1920 年 8 月，共产党早期组织在上海《新青年》编辑部成立，参加者有陈独秀、李汉俊、陈望道、俞秀松等，陈独秀任书记。该组织实际上成为各地建党活动的联络中心。1920 年 11 月，在陈独秀主持下，上海共产党早期组织起草了一个纲领性的文件——《中国共产党宣言》，作为当时吸收党员的标准。

1921 年 7 月，党的一大在上海召开。大会确定党的名称为“中国共产党”，通过了党的第一个纲领。党的一大正式宣告了中国共产党的成立。中国共产党的诞生是中国革命发展的客观需要，是马克思主义同中国工人运动相结合的产物。中国共产党的成立，是“开天辟地的大事变”。它给灾难深重的中国人民带来了光明和希望。从此以后，中国的面貌焕然一新。

从 1921 年 7 月到 1933 年 1 月，除几次短暂迁离，中共中央领导机关长期驻扎上海，前后将近十二年。这一时期，是我们党从弱到强的初始阶段，共产党人经受住严峻的考验，披荆斩棘开创出中国革命的新局面。

1922 年，中共二大在上海召开，这次会议具有划时代的意义。大会明确了党的最高纲领是实现共产主义，最低纲领是打倒军阀、推翻帝国主义压迫、统一中国为真正的民主共和国。这一纲领的提出，标志着中国共产党第一次完整地提出了反帝反封建的民主革命纲领，为中国革命指明了方向。当时的中国，正处于半殖民地半封建社会的黑暗深渊，帝国主义的侵略和封建势力的压迫让中国人民生活在水深火热之中。党认识到要实现民族独立和人民解放，就必须推翻帝国主义和封建主义这两座大山。这一纲领的提出，为党在新民主主义革命时期的工作指明了方向，也让广大人民群众看到了希望的曙光。

中共二大还通过了党的历史上第一部党章，明确了党员的权利和义务，确立了民主集中制原则，规范了党组织的建设和发展。此外，这次大会首次提出建立“民主联合战线”的思想，主张联合一切可以联合的力量，包括工人阶级、农民阶级、小资产阶级和民族资产阶级，共同推进反帝反封建的革命事业。首次公开发表了《中国共产党第二次全国代表大会宣言》，阐述了党的性质、任务和奋斗目标，进一步明确了党的理论基础和行动纲领。

1925 年，五卅运动在上海爆发。这场运动迅速波及全国，形成了全国规模的反帝怒潮。各地工人、学生、商人等社会各阶层纷纷响应，举行罢工、罢课、罢市等活动，形成了声势浩大的反帝联合战线。在五卅运动中，工人阶级展现出了强大的力量，他们团结一心，为了民族的尊严和自身的权益而斗争。从那以后，工人阶级成为中国革命的主力军之一，为新民主主义革命的胜利做出了不可磨灭的贡献。五卅运动不仅是一场政治运动，更是一场思想启蒙运动，它唤醒了广大人民群众的民族意识和阶级觉悟，推动了中国社会的进步和发展。五卅运动还直接推动了中国共产党领导的工人运动的发展。在运动中，中国共产党充分发挥了领导核心作用，组织和动员广大工人群众积极参与斗争，进一步巩固了党在工人阶级中的领导地位。同时，五卅运动也使中国共产党更加深刻地认识到工人阶级在革命中的重要地位和作用，为后来的革命斗争积累了宝贵经验。

1927 年，上海工人举行了三次武装起义。在前两次起义失败的艰难情况下，周恩来等同志领导了第三次起义，并最终取得了胜利。上海工人第三次武装起义的胜利，充分展现了党在组织动员群众方面的卓越能力。党深入工人群众之中，宣传革命道理，组织工人武装，发动群众力量，最终取得了起义的胜利。第三次起义的成功，不仅打击了反动势力的嚣张气焰，也极大地鼓舞了广大人民群众的革命斗志。它让人民群众看到了党的力量，看到了革命的希望。同时，也积累了丰富的城市武装斗争经验，为党在后来的革命斗争中提供了宝贵的经验借鉴。

大革命失败后，党的工作转入地下。在白色恐怖的威胁下，党领导上海的隐蔽战线与敌人展开了一场没有硝烟的战争。“九一八”事变后，上海成为全国抗日宣传中心。《义勇军进行曲》即诞生于此。党领导上海民众进行抗日宣传、经济抵制，有力地打击了日本帝国主义侵略者。1949 年上海解放过程中，解放军军纪严明，再次赢得上海民众的信任与支持。

无论面对多么强大的敌人，无论遇到多么艰难的困境，中国共产党人都没有放弃过自己的理想和信念。伟大建党精神在革命年代激励着无数革命先辈前赴后继，今天依然激励着我们为实现中华民族伟大复兴的中国梦而努力奋斗。

材料来源　中共上海市委党史研究室：《中国共产党上海历史 · 第一卷（1921—1949）》，中共党史出版社，2022 年。

## 【案例解析】

上海是中国共产党的诞生地、中国工人运动的摇篮、马克思主义在中国传播的窗口，是一座有着光荣革命传统的英雄城市。从中共一大的召开到“新天地”的崛起，从伟大建党精神的孕育到全球城市建设的推进，上海始终坚守初心，勇担使命。1921 年，中共一大在上海的一幢石库门建筑中秘密召开，13 位平均年龄 28 岁的青年怀揣着共产主义的理想，为中国的未来敲响了开天辟地的钟声。这幢石库门建筑见证了中国共产党的诞生，成为中国革命的起点。伟大建党精神，作为中国共产党的精神之源，激励着上海在新时代不断前行。这种精神在上海的革命斗争中孕育，在建设发展中传承，在改革实践中弘扬。此后，上海以其独特的城市精神和文化底蕴，不断书写着中国革命、建设和改革的壮丽篇章。

中国共产党在上海的奋斗历程，不仅是中国近代史的缩影，更是理解“没有共产党就没有新中国”的生动教材。通过这一案例，学生能更深刻地把握近代中国的社会矛盾、革命道路和党的历史作用，从而增强历史认同感和使命感。

## 【教学建议】

本案例讲述了中国共产党在上海诞生的社会历史条件、回顾了中共中央在上海的奋斗历程。

此案例可用于导言第一部分“中国近代史综述”部分的辅助教学。深入剖析这一典型案例，能够生动展现近代中国社会的主要矛盾、革命力量的成长历程以及历史发展的必然趋势。这一案例不仅具有典型性和代表性，其丰富的史料资源和多样的呈现形式也为历史教学提供了多维度的切入点。具体而言，该案例可用于阐释以下核心教学内容：首先，上海作为近代中国最具代表性的半殖民地半封建城市，其特殊的社会结构和矛盾冲突集中反映了近代中国的基本国情；其次，中国共产党在上海的革命实践完整呈现了新民主主义革命的发展脉络，从早期组织建设、工人运动到文化战线斗争，再到最后的城市解放，构成了一个连贯的历史叙事；再次，上海丰富的革命遗址、文物史料和口述记忆，为开展情境教学、实地考察等多样化教学方式提供了优质资源。通过阐述这一案例，既能帮助学生建立宏观的历史认知框架，又能培养其史料分析能力和历史思维能力，从而更好地理解中国近代史的发展逻辑和中国共产党的历史作用。

# 案例 2 上海加快建设"五个中心"

## 【案例材料】

新中国成立初期，上海支援全国经济建设，为国家经济恢复提供了重要支撑。党的十一届三中全会的召开，实现新中国成立以来党的历史上具有深远意义的伟大转折，开启了改革开放和社会主义现代化的伟大征程。

1986 年，《国务院关于上海市城市总体规划方案的批复》明确提出"把上海建设成为太平洋西岸最大的经济贸易中心之一"，上海从此进入"两个中心"建设阶段。1990 年，党中央全面研判国际国内大势，统筹把握改革发展大局，作出了开发开放上海浦东的重大决策，掀开了我国改革开放向纵深推进的崭新篇章。1992 年，党的十四大报告提出"以上海浦东开发开放为龙头，进一步开放长江沿岸城市，尽快把上海建成国际经济、金融、贸易中心之一"，上海进入了"三个中心"建设阶段。2001 年，国务院批准《上海市城市总体规划（1999 年至 2020 年）》，提出"把上海建设成为现代化国际大都市和国际经济、金融、贸易、航运中心之一"，并提出分三步走的建设目标，上海进入"四个中心"建设阶段。2009 年，国务院专门出台《关于推进上海加快发展现代服务业和先进制造业建设国际金融中心和国际航运中心的意见》，从国家战略和全局高度，明确提出了推动上海建设国际金融中心和国际航运中心的总体目标、主要任务和措施，进一步推进了"四个中心"的建设。2014 年 5 月习近平总书记到上海调研时，对上海提出"要努力在推进科技创新、实施驱动发展战略方面走在全国前头，走在世界前列，加快向具有全球影响力的科技创新中心进军"的工作要求，上海进入"五个中心"全面建设阶段。

把上海建设成为"五个中心"，是党中央全面研判国内国际形势，统筹把握改革发展大局作出的重大决策，是党中央赋予上海的重要使命。上海"五个中心"建设历经了"2、3、4、5"四个阶段，其历程印证了中国改革开放的奋斗史和发展史。截至2020年，上海国际经济、金融、贸易、航运中心基本建成，具有全球影响力的科技创新中心已形成基本框架。目前，各中心内涵不断丰富，市场体系日臻完善，综合实力日益凸显，国际影响持续扩大。

1. 国际经济中心。上海是中国的经济中心之一，也是全球重要的经济枢纽。近年来，上海通过提升产业体系现代化水平，强化全球资源配置能力，进一步巩固了其国际经济中心的地位。2024年，上海全市生产总值达到5.39万亿元，连续多年位居全国城市首位，同时在全球城市经济影响力中占据重要位置。

上海经济发展的核心在于推动先进制造业与现代服务业的深度融合，例如集成电路、生物医药和人工智能三大先导产业总规模达到1.8万亿元。此外，上海还致力于打造高水平开放型经济新体制，通过吸引外资企业和跨国公司地区总部入驻，提升国际竞争力。

2. 国际金融中心。上海的金融市场体系日益完善，已成为全球重要的金融中心之一。2024年，上海金融市场交易总额已突破3 650.3万亿元人民币，持牌金融机构数量达到1 782家。上海证券交易所和上海期货交易所是全球最重要的金融市场之一，吸引了大量国内外投资者。

近年来，上海积极推进金融创新，例如跨境人民币业务结算量全国领先，并探索中国特色的期货监管制度和业务模式。这些举措不仅提升了上海的金融资源配置能力，还增强了其在全球金融治理中的影响力。

3. 国际贸易中心。上海是中国对外贸易的重要窗口，其口岸货物贸易总额占全国比重达3.6%，连续多年位居全球首位。上海港作为全球货物吞吐量最大的港口之一，其集装箱吞吐量连续14年位居世界第一。

上海通过举办中国国际进口博览会等国际展会，为全球贸易合作搭建了重要平台。此外，上海还在推动离岸贸易和转口贸易发展，优化贸易便利化政策，进一步提升国际贸易枢纽功能。

4. 国际航运中心。上海的航运业历史悠久，其港口设施和航运服务水平不断提升。目前，上海港的集装箱吞吐量已达到4 915.8万标准箱，连续多年位居世界第一。上海通过加强港口智能化和绿色化建设，推动航运业向高端化发展。同时，上海还积极拓展航空运输领域，提升国际航空枢纽地位。

5. 科技创新中心。上海高度重视科技创新，全党全社会研发经费投入占生产总值比重达到 4.4%，居全国前列。上海集聚了超过 2.4 万家高新技术企业，并拥有大量科研机构和高校。

近年来，上海在人工智能、生物医药、新能源等领域取得了显著成果，例如首款国产大型客机 C919 成功首飞及两款 CAR−T 细胞药物实现国内首发。此外，上海还通过建设自贸试验区和优化知识产权保护体系，为科技创新提供了良好的生态环境。

“五个中心”建设取得重要进展，主要得益于上海始终坚持以国家战略为指引，始终坚持以最高标准、最好水平为导向，始终坚持以重大载体和关键平台为抓手，始终坚持以两个市场、两种资源为统筹，坚定不移吃改革饭、走开放路、打创新牌，以“改革开放排头兵、创新发展先行者”的精气神大胆试、大胆闯，为建成具有世界影响力的社会主义现代化国际大都市奠定了基础。

材料来源　上海市人民政府发展研究中心:《上海加快建设“五个中心”发展战略研究》，格致出版社，2024 年。

## 【案例解析】

上海“五个中心”（国际经济中心、金融中心、贸易中心、航运中心和科技创新中心）建设，是党中央赋予上海的重大战略使命，也是中国特色社会主义现代化建设历程中的重要实践。从中国现代史的视角来看，这一战略不仅体现了上海在国家发展中的核心地位，更折射出中国从计划经济到市场经济、从封闭发展到全面开放的伟大变革。

在全球城市建设的推进中，上海肩负着“五个中心”的重要使命，即建设国际经济、金融、贸易、航运和科技创新中心。上海以其独特的区位优势、雄厚的经济基础和强大的创新能力，不断提升城市能级和核心竞争力，为国家发展大局作出贡献。上海“五个中心”建设不仅是城市发展战略，更是中国特色社会主义现代化建设的重要组成部分。它深刻反映了改革开放的深化：从计划经济到市场经济，从封闭到开放，上海始终是改革的“试验田”和开放的“排头兵”。它深刻反映了国家治理能力的提升：通过制度创新（如自贸区）、政策试点（如科创板），上海为国家治理现代化提供了经验。它深刻反映了中国式现代化的实践成就：上海的发展模式体现了中国特色社会主义道路的成功，展现了“中国智慧”和“中国方案”。它深刻反映了中国全球影响力的增强：上海“五个中心”建设推动中国深度融入全球化，并在国际经济、金融、科技等领域占据重要地位。上海“五个中心”建设不仅是一座城市的发展历程，更是中国崛起的历史缩影。

【教学建议】

上海“五个中心”建设的发展历程，正是中国改革开放历史进程的缩影。此案例可用于导言第二部分“中国现代史综述”部分的辅助教学。通过分析上海从计划经济时代的工业基地到新时代全球城市的转型历程，让学生能够更直观地理解中国经济体制改革、对外开放政策、科技创新战略以及国家治理现代化的历史脉络和现实成就。同时，上海在浦东开发、自贸试验区制度创新、科创板设立等关键事件中的探索，也为探讨中国特色社会主义发展道路提供了生动案例，有助于深化对中国式现代化理论逻辑和实践路径的认识。

在具体的教学过程中，可以增加历史对比视角。引导学生比较改革开放前后的上海城市变迁，展现中国从“站起来”到“富起来”再到“强起来”的历史进程。也可以通过讲述建设宝钢、浦东开发开放、进博会、张江科学城等事例增强教学生动性。

# 第一章

# 进入近代后中华民族的磨难与抗争

# 第一节 鸦片战争前后的中国与世界

## 案例 1 1768 年“妖术大恐慌”

### 【案例材料】

1768 年，大清发生了一件被称作“妖术大恐慌”的历史事件。这一所谓的“妖术”，又名“叫魂”。据说，术士们可以通过施法在受害者的姓名、头发或衣物上，导致受害者生病甚至死亡，并且能够夺取他们的灵魂和精气，使其为自己效力。这样一种在我们今天看来是“迷信”的说法，当时却影响到了大清十二个省份的社会生活，从农夫到帝王，均受到波及。那这一事件是如何发生的呢？

1768 年 4 月 8 日傍晚，来自杭州地区的四个和尚聚集在与杭州一河之隔的萧山县，四个人分别叫巨成、净心、正一、超凡。他们商议决定，第二天由巨成和净心前往各个村庄化缘，同时把大家的行李运送到萧山西门外的老关帝庙。

在村子里的一条街道上，巨成和净心碰到了两个男孩。其中一个读出了巨成化缘钵上刻着的字，这令巨成有点吃惊。他微笑着对小孩说：“噢，小官人，原来你识字！你再学几年，定然可以谋个一官半职。”巨成接着又问：“你叫什么名字？等你当官以后，可不要忘了我。”巨成原本是想讨好孩子，这样他们的父母就会从屋里出来施舍东西给他，可没想到孩子无动于衷。他们离开后没多久，一对愤怒的夫妇从后方追赶过来，责问他们：“你们为什么打听我们孩子的名字？”“你们一定是来叫魂的！”巨成竭力解释说他们只是化缘的：“因你家阿官认得字，所以说了几句话，如何是叫魂的呢？”

很快，村民们围上来。他们中的一些人早已得知，最近有一群外地的叫魂术士在四处游荡，对儿童施法，造成他们生病甚至死亡。“这两个和尚肯定不是好人！”人们愤怒不已，便将他们捆绑起来，并狠狠殴打了一顿。最终一位当地的保正不得不将他们带到官办的驿站，驿官不愿承担任何责任，又将两人送往萧山县衙门。而他们发现，另外两个同伴也被逮捕，并且遭受了刑讯逼供。

正一和超凡为何被捕呢？因为关于“叫魂”的谣言让周边各县的民众恐惧感日益加重。官府要求捕役拘捕那些来自外县、有“剪人发辫”之嫌的游方僧人（《大清律例》是禁止“邪术”的），因为大家认为一些术士对着头发念读咒语，可以拿走人的灵魂。一位蔡姓捕役听人说有两个外地来的僧人住在老关帝庙，因此他就前往盘问，在正一的包裹里，他发现三把剪刀，一根用来扎辫子的带子以及其他物件。后来因两个和尚不肯贿赂这位捕役，捕役故意往正一的包裹里塞了一把剪刀以及两段辫子，使他们看起来真的像试图“叫魂”的术士。两个和尚在县衙遭到了严刑逼供，屈打成招，但案子呈到省一级衙门时，事情出现转机，捕役承认自己栽赃之事，几个和尚获得开释。尽管省里的官员们很乐意销掉这个案子，但公众恐惧的浪潮出乎官员们意料之外。不到两个星期，浙江省叫魂的种种谣言便流传到江苏，最终遍布全国。

这一特殊事件引起了乾隆皇帝和民间的恐慌。为什么会恐慌呢？对于大众来说，妖术带来的危险是直接的，他们相信妖术会导致躯体和灵魂的分离。对于皇帝来说，产生公众动乱的潜在危险将威胁到他政权的安全，而且还危害到“君权神授”的正统性。因此，皇帝展开了一场全国性的清剿。这一场清剿触发了乾隆皇帝与各省督抚之间的较量。官僚们需要应付来自上下两方面的压力，却无法使任何一方满意。因为所谓的妖首根本不存在，这样势必造成“失职”，也会引来君主的愤怒，因皇帝早就对官场种种恶习深为不满。可以说“叫魂”案为皇帝整肃官僚队伍提供了特别合适的机会。

材料来源　孔飞力:《叫魂：1768 年中国妖术大恐慌》，陈兼、刘昶译，上海三联书店，1999 年。

## 【案例解析】

通过“妖术大恐慌”，我们可以窥见清朝皇权统治的专制面以及清朝的官僚运作机制。从“专制”的角度来看，君主并不算是官僚体系的一部分，但他仍然需要依赖一些成文法规来约束庞大的官员队伍，并依靠官僚机构的正常运作来进行统治。那么，君主如何才能维护自身权力的独立性和至高无上的地位呢？君主往往需时常采用某些超乎常规的手段，对官僚体系加以干预，进而打破其按部就班的运行状态，包括构建与关键官员的私人纽带，培养效忠于己的核心班底，同时打造独立的信息搜集渠道（比如省级官员尚未将案件呈上给皇帝甚至打算隐瞒时，皇帝即已掌握了当地的案情）；强化可直面官吏的“陛见”制度，乃至微服私访等，但当时最重要的是“政治罪”的使用。

“政治罪”都是与“谋反”联系在一起的，其始终是君主手中的一张王牌，以将整个官僚机器置于自己的威权之下。但从另一方面来看，官员们的应对方式也呈现在我们眼前，例如谨慎地隐瞒情报，小心地进行自我保护，隐瞒真相来维护人际关系，对常规程序一味墨守成规，不思进取。这些日常的贪渎和欺饰，实际上也为后来清朝的覆灭埋下了伏笔。

这一案例，可以说明清朝专制主义中央集权体制存在的问题，可与“文字狱”等案例结合讲授，增强学生对封建制度的理解。

【教学建议】

“妖术大恐慌”让我们看到了中国封建皇帝是如何控制官僚系统，如何借助“叫魂”案发泄自己对官员们的不满以致惩处他们。本案例可用于第一章第一节第一目“中国封建社会的衰落”部分的辅助教学。

中国封建社会政治的核心特征在于高度集权的君主专制体制。历代王朝的统治者致力于持续强化皇权，以此来巩固对民众的统治，并且不断加强对地方官员的管控与监督力度。“妖术大恐慌”反映的是清朝皇帝是如何控制和监督官员的。而官僚机制在对皇帝和“妖术大恐慌”的应对中所体现出来的吏治恶习，也体现了清政府统治的弊端。通过本案例的学习，使学生理解中国封建社会的政治结构导致中国经济社会发展缓慢迟滞，在西方资本主义向中国殖民侵略中不堪一击。

## 案例 2 鸦片与鸦片贸易

【案例材料】

关于鸦片，著名作家梁实秋专门写过一篇文章，就叫《鸦片》。他开篇即说：“罂粟是我们早就有的，见本草，‘阿芙蓉，一名阿片，俗作鸦片，是罂粟花之津液也。’”这里的本草是指明朝李时珍的《本草纲目》。李时珍在这本书中认为鸦片可以治痢疾。

鸦片最初产于地中海东部沿岸地区。早在公元前数百年，在地中海周边地区，鸦片能够影响人的精神这一特性就已经被广泛知晓。可能是因为在唐朝时期，鸦片通过西亚商人传入中国，其源自阿拉伯语的名称也随之进入中国。当然，在《本草纲目》中，鸦片仅被记载为一种口服药物，并未提及吸食的方法。

鸦片最早由葡萄牙人从印度经澳门传入中国。著名历史学家史景迁认为，明代学者张汝霖在《澳门记略》中的记载，是目前所知关于吸食鸦片的最早文献记录。张汝霖及其家人均为鸦片吸食者，可被视为中国最早的“烟民”。吸食鸦片的风气最初在富裕阶层中兴起，随后逐渐蔓延至广东、福建等沿海地区的各个社会阶层。到了 18 世纪 60 年代，中国人开始吸食纯鸦片。从 1773 年到 1790 年，中国鸦片进口量从每年一千箱急剧增长至四千箱。这就表明中国吸食鸦片的人越来越多了。这一现象与英国从 1780 年开始正式进入鸦片贸易有莫大关系。

在 18 世纪，饮茶之风逐渐在英国落地生根，这促使从中国向英国的茶叶出口贸易蓬勃发展。英国东印度公司获得了政府的特别授权，得以与中国开展贸易往来。东印度公司以印度为运营基地，在中国采购茶叶时必须支付白银。然而，随着印度对中国的鸦片贸易逐渐兴起，英国人开始思考用鸦片替代白银来进行贸易结算。

在 18 世纪 70 年代，英国工业革命完成后，英国的棉纺织业迅速崛起并超越了印度传统的棉纺织业。与此同时，英国将印度转变为一个为其本土提供棉花的原材料基地以及销售英国棉纺织品的市场。进入 19 世纪 20 年代后，英国的棉织品开始大量出口到印度。在这一时期，形成了一个“顺畅”的贸易循环：英国向印度出口棉织品，印度向中国出口鸦片，而中国则向英国出口茶叶。

1834 年，在英国本土产业资本家的压力下，东印度公司被迫放弃了对中国贸易的垄断权。这一变化导致从事鸦片交易的商人数量大幅增加，进而使得越来越多的鸦片流入中国，越来越多的白银流出中国，导致中国国内银价腾贵。美国参与中国的鸦片贸易也是导致鸦片在中国迅速增加的原因之一。当美国还处于北美殖民地时期的时候，他们被禁止与中国开展贸易。1783 年美国独立之后，迅速派遣了第一艘商船“中国皇后”号，该船于 1784 年抵达广州，并受到了当地热情的接待。此后，美国商人通过参与贸易获得了丰厚的利润。

鸦片如同一场瘟疫般迅速蔓延，然而这一严重问题并未引起清廷的足够关注。直到 19 世纪初，清廷才开始着手采取相应的措施加以应对。从当时颁布的法令以及官员们的奏折中可以看出，1813 年，很多宫廷侍卫甚至太监亦吸食鸦片，鸦片在清朝的官员、贵介子弟、城市富豪中流行，最终沿及于平民。值得注意的是，鸦片还侵入军中，使得战斗力低下。道光十二年（1832年），两广总督李宏宾率领的军队在镇压广东连州瑶民起义时遭遇了惨重的失败，据钦差大臣禧恩奏报："沿海各营兵丁，多有吸食鸦片烟者。兵数虽多，难于得力。"事态的严重性最终惊动了皇帝和大臣们，甚至引发了一场鸦片合法化抑或应当禁绝的争论。1838年，道光皇帝委任坚决主张禁烟的湖广总督林则徐为钦差大臣，前往广东开展查禁鸦片的行动。中国禁烟的消息传到英国，伦敦资本家集团立即召开紧急会议，讨论如何挑起战争。英国政府立即诉诸武力，鸦片战争随即爆发。

材料来源　上田信：《海与帝国：明清时代》，高莹莹译，广西师范大学出版社，2014年；史景迁：《中国纵横》，四川人民出版社，2019年。

## 【案例解析】

在18世纪，中西方贸易的主要格局表现为，西方国家借助其殖民地出产的诸如白银、棉花、胡椒等商品，去交换中国所出产的茶叶、丝绸、瓷器等物品。19世纪初，英国工业革命渐次完成，机械化的生产大量增加，亟需扩张市场和原料。1824年，英国占领具有战略意义的新加坡，控制了东入太平洋的重要渠道，试图打开中国的大门。

英国要在中国交易茶叶，只能用白银购买，这实际上是由男耕女织的中国农村经济自给的结构特征决定的。19世纪前期，英国输入中国的货值，常不及进口货值的十分之一。在欧洲盛行重商主义，重视现金，这让英国人觉得这种交易模式是国家的巨大损失。他们发现鸦片销路很好，于是竭力倾销。随着西属美洲白银产量的减少以及西方殖民扩张成本的上升，欧洲大陆上的许多国家逐渐退出了与中国的贸易往来。然而，英国人却凭借印度的鸦片重塑了其对华贸易格局，并从中获取了巨额利润。后因中国政府查禁鸦片，大大损害了其利益，于是最终诉诸武力，导致鸦片战争爆发。有学者认为，鸦片战争并非像著名学者费正清所言：“是一场根源于东西方间不同的经济形态、政治制度与国际秩序观念的文化冲突”，而是英国出于对经济利益的追逐而强行加诸中国的战争。这种从商务扩张到武力征服的过程，实际上是一种殖民扩张，与其对印度、美洲、非洲等发动的战争并无什么性质上的不同。

## 【教学建议】

本案例讲述了鸦片贸易的实质以及鸦片战争的根源。本案例可用于第一章第一节第三目“鸦片战争的爆发”部分的辅助教学。

通过这一案例的讲述，我们可以引导学生逐步揭开19世纪中国鸦片泛滥的层层迷雾。鸦片大量流入中国并非偶然，它是西方列强为了追求经济利益而精心策划的结果。英国为了扭转对华贸易的逆差，不惜将鸦片这种毁灭性的商品倾销到中国，严重破坏了中国的社会经济结构，导致无数家庭支离破碎，无数生命被吞噬。通过这一案例，学生能够清晰地看到鸦片战争的背景。这场战争并非简单的贸易冲突，而是英国为了维护其鸦片贸易利益而发动的侵略战争。它打破了中国长期的闭关锁国状态，也开启了中国近代史上屈辱的一页。进一步地，这一案例还可以让学生深刻认识到西方列强侵略成性。他们以经济利益为驱动，不惜动用武力，将殖民主义的触角伸向世界各地。他们的扩张史充满了血腥与暴力，给无数国家和人民带来了深重的灾难。通过这一案例的学习，学生不仅能够理解历史事件的表面现象，更能深入挖掘其背后的本质，从而更加珍惜今天来之不易的和平与发展，增强对国家和民族的责任感与使命感。

# 第二节 西方列强对中国的侵略

## 案例1 “国中之国”——租界

### 【案例材料】

鸦片战争结束之后，中国和英国签订了《虎门条约》，凭借着这一条约，英国人得以获取在通商口岸租赁土地以及建造房屋的权利。1845年11月，英国领事巴富尔与上海道宫慕久商定《上海租地章程》，这是第一个有关租地制度的章程。1848年和1849年，美国和法国也相继在上海设立租界。1863年上海英租界与美租界合并成立上海英美租界，1899年上海英美租界改名为上海公共租界。

在第二次鸦片战争之后，英国设立了包括广州、天津、镇江、汉口、九江、厦门在内的6个租界；法国设立了天津、广州2个租界；美国则设立了天津租界。至此，各国租界的总数从之前的3个增加到了12个，而拥有租界的城市数量也从1个增加到了7个。

甲午中日战争后，清政府与日本签订《马关条约》。日本先后在苏州、杭州、汉口、天津等地开辟租界。日本割占辽东半岛的企图遭到俄国和德国的反对。在俄国和德国的压力下，日本最终同意将辽东半岛归还中国。俄国和德国以“干涉还辽”有功为由，向清政府索要各种特权，其中包括要求设立租界。在甲午战争之前，德国并未在中国设立租界。德国驻华公使绅珂向清朝总理衙门提交照会，要求在汉口和天津开辟专管租界，以拓展德国在当地的商务活动。为了表达对德国的感激之情，清政府同意了德国的要求，这也触发了列强重新在中国开辟租界的浪潮。德国因此成为继其他国家之后第四个在中国设立专管租界的国家。德国在上海开辟租界的行动受到英美等国的阻拦而未能实现。随后，俄国也在汉口开辟租界。

1900年，义和团运动爆发，大批俄军进入天津地区，在紫竹林租界附近与义和团及清军作战。八国联军占领天津后，俄军强占大片土地，擅自决定将其开辟为俄租界。天津的俄国租界面积大约相当于1900年前日本、法国、英国、美国、德国五个国家租界面积之和，是当时开辟时面积最大的租界。比利时、意大利和奥匈帝国也纷纷效仿，趁机在天津设立租界。至此，共有9个国家在天津设立租界，分布在海河两岸，使天津成为租界数量最多的通商口岸。

在大多数专管租界中，行政权力最初是由开辟租界的国家驻当地领事行使的，这使得这些租界实际上成为由领事专管的区域。上海公共租界的行政管理体系则与众不同，它由一个董事会及其下属的多个委员会组成，这些委员会又进一步划分为多个行政处和商团等机构。纳税外侨会议拥有选举工部局董事会成员以及批准工部局制定法律的权力。1881年《土地章程修正案》明确规定，在紧急情况下，工部局在获得领事馆许可后可以实施戒严令。在治外法权的保护下，租界以“中立自卫”的姿态，成功避免了战乱和政治动荡的干扰，保障了自身的安全，并在战乱中吸引了大量内地移民涌入。另一方面，租界行政、立法和司法权力的建立，尤其是行政管理权的设立，不仅使租界在各方面实现了独立自治，而且通过相应的组织机构和规章制度，有效保障了租界的治安。工部局还设有强大的警察机构和专属监狱，以维护租界的秩序。

在鸦片战争落下帷幕后，英国率先出手，紧接着美国、法国等国纷纷效仿，它们借助一系列不平等条约，先后在中国攫取了领事裁判权，这是一种“属人权”。这些国家的公民，无论在中国的哪个地方，都不受中国司法的管辖，而是只接受本国领事等官员的司法管辖。在租界中，外国人所获得的行政管理权则是一种“属地权”。无论是中国人还是其他与清政府签订条约国家的外国人，只要进入某个租界，在行政事务上就只受该租界当局的管理。外国人掌握属地的行政管理权，是租界与华界最根本的区别。正是因为这种属地行政管理权被外国人控制，租界在平时成为由外国人统治的中国领土，并逐渐成为刑事犯的藏身之所和政治犯的活动舞台。在发生战事时，租界又变成了所谓的“中立”地区。

材料来源　费成康:《中国租界史》，上海社会科学院出版社，1991年；史梅定主编、《上海租界志》编辑委员会编:《上海租界志》，上海社会科学院出版社，2001年。

## 【案例解析】

在中国近代史上，租界的出现与发展是一个复杂而痛苦的过程。在早期，租界的形成往往是外国人非法侵夺其居留区域内中国行政管理权的结果。当时，部分清政府官员未能充分认识到租界问题的严重性，未能主动争取主导权，甚至在一些情况下贸然放弃，使得外国势力得以乘虚而入，逐步建立起自己的管理体系。这种被动的局面，使得租界在形成之初就脱离了中国正常的行政管辖范围，成为外国势力在中国土地上的“国中之国”。然而，随着历史的推移，20世纪初期国际形势发生了重大变化，中华民族也开始觉醒。1924年国共合作后，北伐顺利开展，相继收回汉口、九江租界。这一过程中，中国人民展现出了顽强的民族精神和坚定的国家意识，使得帝国主义势力无法再在中国增辟新的租界，租界的开辟时代终于宣告结束。租界的存在对中国社会产生了深远的影响。租界拥有独立的行政机构，其财政、税收、贸易、金融等经济活动独立运作，完全脱离中国政府的控制。这些经济活动受到租界自身法律法规的保护和制约，形成了一种与国内其他地方截然不同的制度环境。在这种环境下，租界内的经济和社会秩序与中国的传统模式截然不同，甚至在一定程度上成为外国势力对中国进行经济渗透和文化影响的前沿阵地。租界的存在不仅破坏了中国的主权完整，也在一定程度上影响了中国社会的正常发展。直到1949年中华人民共和国成立，租界问题才得到彻底解决。

## 【教学建议】

本案例呈现了鸦片战争结束后，资本－帝国主义的列强们凭借武力威慑或者欺骗哄瞒等手段，强占了通商口岸范围内的土地，先是开辟出租界，而后又持续扩大租界范围的整个历程。租界是近代中国领土主权丧失的重要表现。这一案例可用于第一章第二节第一目“军事侵略”部分的辅助教学。

在教学过程中，可以以上海地区的租界为例进行讲解。上海公共租界和法租界的发展历程，是中国近代史上租界问题的典型缩影。通过详细阐述公共租界和法租界从设立到发展的过程，学生可以清晰地看到外国势力如何通过不平等条约逐步侵占中国主权，建立起独立于中国行政体系之外的“国中之国”。同时，深入讲解领事裁判权在租界的运作机制，能够让学生明白这种“属人权”如何成为外国列强在中国维护自身利益的工具，以及它对中国司法主权的严重破坏。通过这些内容的学习，学生能够更加深刻地认识到租界问题的本质，理解中国近代史的复杂性和屈辱性，从而树立正确的历史观，增强国家意识和民族自豪感，明白只有国家强大，才能维护自身的主权和尊严。

# 案例2 中国海关的外籍税务司——赫德

## 【案例材料】

康熙二十三年（1684年）之际，清政府作出了开放海禁的决策，在广东、福建、浙江、江南这四个省份分别设立了海关，也就是粤海关、闽海关、浙海关以及江海关，这些海关专门负责对海上船舶征收税钞事务。而江海关是在康熙二十四年（1685年）的时候设立在了上海。鸦片战争以前，进出江海关的主要是国内北货、南货。1853年，上海小刀会起义占领了上海县城，江海关被捣毁，海关行政和征税业务中断。

1854年，英国驻上海领事阿礼国（Rutherford Alcock）联合法国和美国领事，以恢复关税征收为借口，向上海道台兼江海关监督吴健彰提出，由外国人协助管理海关的征税事务。吴健彰对此不敢擅自做主，于是新上任的美国公使麦莲（Robert M. McLane）出面，说服两江总督怡良同意了这一提议。同年6月，吴健彰与三国领事通过会议记录的形式，共同制定了江海关聘用外国人管理税收的外籍税务监督制度的具体实施办法。1858年，第二次鸦片战争后，作为《天津条约》附约的《通商章程善后条约》规定，海关任用洋员的制度从江海关推广到全国各口岸海关，确立了海关的外籍税务司制度，但税务司由中国官员自行选募。1864年，清政府总理衙门通过了总税务司赫德拟定的《募用外国人帮办税务章程》，章程规定各关税务司一律由总税务司募请调派，外籍税务司制度最终形成。

赫德（Robert Hart，1835—1911）出生于英国北爱尔兰。1854年春天，当英国外交部招聘派往中国服务的外交人员时，他无须考试便被直接录用。7月25日，他抵达香港，随后被安排至英国驻香港贸易督察处，担任翻译学员一职。到了10月20日，赫德被调往宁波领事馆，出任助理，同时还兼任着翻译的工作。在第二次鸦片战争时期，英国专使额尔金下令让广东巡抚柏贵恢复官职，与巴夏礼等人一同管理广州。当时，中英之间的往来交涉十分频繁，然而熟练掌握汉语的人才却少之又少。3 月 20 日，赫德接到命令调往广州，担任英国领事馆的二等助理以及二等翻译。4 月，他又被身兼英国驻广州领事和英法联军委员会委员的巴夏礼任命为秘书。赫德在处理与中国官员相关事务方面展现出的能力，不仅获得了英国领事的肯定，也赢得了柏贵等一众中国官员的好感。11 月 4 日，赫德收到了升任为英国驻广州领事馆正式翻译的通知。1859 年 6 月，劳崇光和粤海关监督恒祺聘请赫德担任广州新关的副税务司，实际上他已掌控了全部的权力。同年 10 月，两广总督劳崇光委派英国人总税务司李泰国依照上海的章程尝试办理粤海关税相关事宜，赫德则被任命为税务司。

1861 年 1 月，清政府将李泰国任命为总税务司，让其承担起协助处理各个通商口岸税务事项的职责，并且由恭亲王向其颁发了执照。与此同时，清政府设立总理各国通商事务衙门，委派恭亲王奕䜣、大学士桂良以及户部左侍郎文祥来负责该衙门的管理工作。到了 4 月，李泰国在上海由于一场误会而遭受殴打致伤，因而需要返回英国进行治疗。在他离开之前，向江苏巡抚薛焕举荐了赫德，提议由赫德暂时代行总税务司的职权。赫德接到消息后，辞去了广州新关副税务司的职务，随后前往上海赴任就职。1863 年，赫德正式成为中国海关总税务司，并一直担任该职务直到 1911 年去世。

在赫德担任总税务司的任职期间，他不仅专注于推动中国海关事业的进步与发展，还积极努力地将英国的影响力渗透到中国政治、经济、文化、外交以及教育等诸多领域。就外交方面而言，赫德几乎参与了 19 世纪后半叶所有中英谈判交涉活动。如在中英藏印交涉中，赫德在相关事务中充当了实际的操控者，于幕后进行操作，代为草拟并签署了《藏印条约》和《藏印条款》。不仅如此，他还以清政府的代表身份，直接参与谈判并拟定了中英《香港鸦片贸易协定》。

由于清政府对赫德的信任，他有时被委派为中方代表，参与中英交涉。赫德本人与中英双方联系紧密，也常常以双方调停者和翻译的角色出现。作为海关总税务司，赫德既是中英交涉的参与者，又是执行者和受益者，还是相关交涉的幕后推手。当然，赫德作为维护英国资本主义在华利益者，本质上是英国侵华的帮凶。

材料来源 张志勇:《赫德与晚清中英外交》，上海书店，2012年；陈诗启:《中国近代海关史》，人民出版社，2002年；周育民:《从江海关到江海新关（1685—1858）》，《清史研究》2016年第2期。

## 【案例解析】

1843年，上海正式开埠通商，江海新关随之设立，标志着上海成为中国重要的对外贸易口岸之一。1854年，江海新关在西方列强的压力下设立了外籍税务司，这一制度的建立是海关管理权逐渐旁落外国人手中的重要标志。1858年《天津条约》签订后，上海的外籍税务司制度被迅速推广到其他通商口岸，进一步巩固了外国势力对中国海关的控制。江海新关的制度演变中，外籍税务司制度的建立是一个关键节点。它不仅改变了海关的管理方式，也标志着中国海关主权的逐步丧失。海关总税务司的设立是这一演变的进一步发展。虽然海关总税务司以及各口岸的外籍税务司不再由外国政府代表推荐，而是由清政府直接任命，但这并不意味着海关主权的回归。实际上，海关的管理权仍然牢牢掌握在外国人手中，尤其是英国人赫德的手中。

赫德作为中国海关总税务司，是把持中国海关的代表性人物。他在任期间，对中国近代海关、外交、军事、教育等诸多领域施加了全方位的、深刻的影响。赫德的影响力不仅体现在海关事务上，他还参与了许多涉及中国内政和外交的重要事务。他是英国利益的坚定维护者，但在某些情况下，当英国利益与中国利益不冲突时，他也做了一些对中国发展有益的工作。然而，这并不能掩盖他作为英国侵略者代表的本质。赫德在一定程度上成为中英关系的一个重要纽带。他的行为和决策往往受到英国政府的指导和支持，同时也受到中国国内政治环境的影响。尽管他在海关管理方面引入了一些现代化的制度和方法，但这些举措更多地是为了维护英国在华利益，而非真正促进中国的独立发展。赫德的影响力贯穿了中国近代史的大部分时期，他的行为和决策对中国的历史进程产生了深远的影响，这种影响既有积极的一面，也有消极的一面，但总体上反映了旧中国在列强压迫下的困境和无奈。

## 【教学建议】

关税自主权是国家经济主权的重要组成部分，直接关系到国家的经济利益和自主发展能力。这一案例可用于第一章第二节第二目“政治控制”部分的辅助教学。

自19世纪50年代起，中国逐渐失去了对自身海关的控制权，外国人逐步掌握了中国海关的行政权。通过本案例教学，使学生了解在以赫德为核心的外籍税务司主导下，中国海关的运作背离了其应有的功能。它不仅未能有效抵制外国商品的倾销，保护民族经济免受冲击，反而沦为外国列强对中国进行经济侵略和政治控制的重要工具。这种局面严重削弱了中国在国际贸易中的自主地位，加剧了中国经济的依附性和脆弱性，成为中国近代史上经济主权丧失的重要体现之一。

# 第三节
# 反抗外国武装侵略的斗争

## 案例 1 三元里人民的抗英斗争

### 【案例材料】

在琦善被革职之后，广州地区的反侵略斗争再次掀起高潮，各地的团练组织也相继恢复起来。1841 年 5 月 27 日，在奕山与义律签订《广州和约》之后，有一部分英军踏入了广州城北的双山寺。这座寺庙中存放着数量众多的外乡人的棺椁，这些棺椁本是留待日后能够归葬于故土的。然而，英军却掀开了其中一些棺材的盖子，对里面的尸体进行查看，这一行为激起了民众的极大愤怒。在广州市西北郊的泥城、西村、萧岗、三元里等地，英军四处进行抢劫，强行夺取粮食、耕牛、家禽以及村民的财物，并且奸淫妇女。对于英军的这些暴行，奕山、杨芳等人实际上是听之任之。他们张贴出告示，向全体清军官兵、乡勇、水勇以及普通百姓下达命令，“勿得妄生事端，捉拿汉奸。如遇各国夷商上岸……亦不得妄行拘拿。倘敢故违军令，妄拿邀功……查出即按军法治罪”。

1841 年 5 月 29 日上午，占据四方炮台的英军士兵闯入广州北郊三元里村及周边地区，实施抢劫。村民们对英军的暴行忍无可忍，奋起抵抗，围攻英军士兵，迫使英军夺路而逃。5 月 30 日清晨，数千名三元里村民手持大刀、长矛、锄头和石锤等武器，向四方炮台发起佯攻。炮台上的英军司令卧乌古惊慌失措，急忙集合英军冲出炮台。三元里农民义军假装边战边退，诱敌深入。当英军进入牛栏岗地区时，卧乌古意识到中计。他正要下令撤退，突然四周锣声大作，杀声震天，埋伏在牛栏岗丛林中的 7 000 余名农民义军从各个方向杀出，迅速将英军围住。临近中午，英军退至三元里村附近时，农民义军再次发起冲击，将英军主力和后卫部队分割包围。

广州三元里人民的抗英斗争，虽然最初是由三元里村民对英军暴行的反抗引发的，但在短短一天之内就迅速汇聚了数万人，主要得益于林则徐在主政广东期间积极动员和组织城乡团练，为群众奠定了坚实的组织基础，使得各地民众能够迅速响应，团结一心，共同奋起抗击英军。此外，这场斗争还吸引了众多爱国士绅的积极参与，他们不仅投身其中，还承担了领导和组织的角色，与广东的劳动民众携手合作，形成了强大的抗英力量。

广州三元里人民的抗英斗争是鸦片战争中唯一一次对英军造成重大打击的战役。三元里人民抗英的胜利，极大地改变了当时广东战场的形势。首先，英军在三元里人民的有力打击下，不敢再肆意妄为，这使得广州城乡的民众能够保护自己的家园和土地。其次，这场胜利也阻止了英军在广州地区进一步扩大军事行动的图谋。三元里人民的胜利极大地鼓舞了广东民众的反侵略斗志，当时，“人心思奋，翘首企足”，“无不摩拳擦掌以待试”。此后，广东民众的武装自卫斗争不断推进，掀起了新的高潮。

材料来源　魏斐德：《大门口的陌生人：1839—1861 年间华南的社会动乱》，王小荷译，新星出版社，2014 年；方志钦、蒋祖缘主编：《广东通史 · 近代》(上)，广东高等教育出版社，2010 年。

【案例解析】

在三元里民众抗击英军的事件里，参与的主要群体涵盖了官府所组织的义勇、乡绅所掌管的社学，以及身为农民（底层民众）的会党。这里所说的义勇，本质上就是团练，它属于一种由乡绅所掌控的地方性武装力量，官府既不会为其提供资金支持，也不会对其进行征调，其设立的主要意图在于保卫当地的乡村。当官府把组织义勇的职责和权力交付给乡绅后，乡绅之前所组织的社学或者其他地方组织很快就被赋予了“义勇”这一正式称呼。这一情况在后续的广州反入城斗争中体现得极为突出，充分彰显了乡绅在地方武装组织当中的主导地位。义勇以及社学的核心成员大多是农民，这些农民构成了地方社会的基层支撑力量。在义勇、社学以及会党这三方势力均处于蓬勃发展、不断壮大的阶段时，一个农民极有可能同时兼具这三种身份属性。会党尽管属于底层民众所组成的秘密团体，一般情况下会遭到官府的大力打压和遏制，然而在其首领群体中，也存在着一些来自社会中上层的人物，甚至有一部分首领本身就是乡绅阶层的成员。这种复杂的组织结构和成员身份的重叠，使得地方社会在面对外来侵略时能够迅速凝聚成一股强大的力量。三元里抗英斗争充分展现了地方民众在反侵略斗争中的力量和贡献。这场斗争不仅仅是农民的自发抵抗，更是官府、乡绅和农民三方力量共同协作的结果。义勇作为乡绅主导的地方武装，发挥了重要的组织和领导作用；社学则为民众提供了团结的基础；而会党则为斗争注入了广泛的群众基础。这种多元主体的参与，使得三元里抗英斗争不仅在军事上对英军造成了重大打击，也在精神上极大地鼓舞了广东民众的反侵略斗志。

## 【教学建议】

从三元里民众英勇抗击英国侵略者的斗争开始，接着是太平军数次给予英法侵略军沉重打击，之后还有台湾民众顽强地抵御美国、日本等侵略者的行动，直至19世纪末的义和团运动，中国人民自发组织抗击外来侵略者的行动从未停止。这一案例可用于第一章第三节第一目“抵御外来侵略的斗争历程”部分的辅助教学。

在教学过程中，可以通过串联这些相关事件，与三元里抗英斗争进行类比分析。三元里抗英斗争中，当地民众在官府消极抵抗的情况下，自发组织起来抗击英军；同样，在义和团运动中，广大民众面对列强的侵略，也自发组织起来，展现了顽强的抵抗精神。通过对比这些事件，学生可以更清晰地看到中国人民在不同历史时期面对外来侵略时的共同选择——奋起抗争。这种类比教学不仅能够帮助学生更好地理解历史事件之间的内在联系，还能够增强学生的爱国主义精神。让学生明白，无论时代如何变迁，中国人民捍卫国家主权和民族尊严的决心从未改变。这些历史事件是中华民族不屈精神的生动体现，也是激励当代学生为国家繁荣富强而努力奋斗的重要精神源泉。通过学习这些历史，学生可以深刻体会到爱国主义的内涵，从而更加坚定地肩负起实现中华民族伟大复兴的历史使命。

# 案例 2 中法战争与镇南关大捷

## 【案例材料】

19世纪50年代，法国出兵侵略越南。1883年8月，茹费理内阁决定扩大其军事行动，成功获取了对越南的“保护权”。此后，法国将目标转向中国，一方面命令侵入越南的法军向北推进，另一方面对清政府施加压力，要求其撤回驻扎在越南北部的中国军队，并开放云南边境。中法之间的矛盾逐渐加剧，局势日益紧张。

1884 年 8 月 4 日，法国海军进攻基隆，试图以此迫使清政府接受赔款，并抢占基隆煤矿，以满足战争需求。他们将劝降书递交给基隆的守军，然而却遭到了守军的坚决回绝。到了第二天一大早，法国的军舰朝着基隆的炮台发起了炮击行动。督办台湾事务的大臣刘铭传亲自指挥着守军，他们奋勇地进行反击，最终使得法军不得不退回到军舰之上。8 月 16 日，法国议会决定扩大侵华战争，批准了 3 800 万法郎的侵华军费，并扬言要发动“本世纪最大的一次征伐”。鉴于在基隆受挫，法军将进攻目标转向防备薄弱的福建马尾军港。福建水师仓促应战，全军覆没。清政府在舆论的压力下被迫对法国宣战。

中法战争期间，中国的武器装备较之法国仍有巨大差异。以海战中的舰船为例，在越南战场上，清军及黑旗军没有一艘军舰，他们试图制造名为“长龙”等用于内河的小木船，根本不可与法国的铁甲大军舰同日而语。因此，战争的总态势老是敌战我守，十分被动。中国本土虽然拥有 4 个舰队以及相应的军舰，但这些军舰在体型、质量、结构和航速等方面都逊色于法国军舰。所以，在南洋水师派出军舰赴台执行军援命令途中，遇到法舰，便仓皇逃命，完全失去抵抗能力。中法战争前我们也有了水雷，战争期间我们也在使用水雷，但其档次低多了，只能用于防御，尤其是布在港口的沉船水障处。从中法战争的进程看，这种防御性水雷作用微乎其微，先进的进攻型鱼雷艇就谈不上了。法国于中法战争期间研制成功的第 68 号鱼雷艇虽未使用于中国东南沿海诸役，但他们用于这一海域的第 45 号和第 46 号鱼雷艇已足以使清军吓破了胆。在石浦，南洋水师的“澄庆”号和“驭远”号这两艘大军舰便毁在这两艘仅 8 米多长的鱼雷艇的炮火之中。

1885 年 2 月，老将冯子材等人率领援越桂军在镇南关重创入侵的法军，并顺势展开追击，连续收复了文渊、谅山、屯梅、观音桥、谷松等地，推进百余里，这场胜利直接导致了法国茹费理内阁的倒台。史称此役为镇南关大捷。

当抗法斗争即将取得胜利之时，令人意想不到的是，清政府竟向在战争中本已处于战败态势的法国主动提出求和请求，并且在1885年4月7日下达了让前线停止战争的命令。全然不顾中国军民的激烈反对，清政府赋予李鸿章权力，让他于6月9日在天津同法国驻华公使巴德诺正式签署了《中法新约》。条约规定中法两国派员共同勘定中国与越南北圻的边界，中国未来修建铁路需与法国“商办”，并同意在云南、广西、广东三省的中越边境地区开埠通商。从此，法国势力渗透到中国的云南、广西地区，进一步加剧了中国西南边疆的危机。

材料来源　黄振南:《中法战争诸役考》，广西师范大学出版社，1998年；廖宗麟:《试论镇南关大捷的历史意义》,《学术论坛》1995年第3期。

## 【案例解析】

镇南关大捷是中国近代反侵略战争中唯一一次取得重大胜利的战役，它在中国人民反帝斗争的历史长河中留下了浓墨重彩的一笔，为后世子孙树立了一座不朽的爱国主义丰碑。这场胜利不仅展现了中国人民不屈不挠的抗争精神，也彰显了中华民族在面对外来侵略时的顽强斗志，其意义非凡，值得我们给予充分的肯定和高度的评价。然而，中法战争的最终结局却令人痛心疾首。这场战争本是中国人民奋起反抗外敌侵略且已经取得胜利成果的战争，然而，由于清政府奉行的妥协投降政策，最终胜利的果实付诸东流。法国虽未取得决定性胜利，却因清政府的软弱而获得了利益；中国在这场战争中实际上并未被敌方击败，然而，由于清政府采取了妥协退让的态度，致使原本到手的胜利成果白白丧失。这种看似交战双方“不胜而胜”“不败而败”的荒诞情形，使广大民众对清政府的腐朽与无能有了更为清晰、深刻的认识，同时也让那些思想先进的中国人更为强烈、真切地体会到了国家面临着亡国灭种的严峻威胁。在这种背景下，先进的中国人开始深刻反思国家的命运和民族的未来。他们意识到，仅仅依靠清政府的改革是无法拯救国家于水深火热之中的。因此，他们开始积极探寻新的救国救民道路，从维新变法到辛亥革命，从新文化运动到五四运动，中国人民的觉醒和抗争从未停止。镇南关大捷虽然是一次短暂的胜利，但它激发了中国人民的爱国热情，也为中国近代史的发展埋下了重要的伏笔。它提醒我们，只有不断追求进步，勇于抗争，才能真正实现国家的独立和民族的复兴。

## 【教学建议】

在近代抵御外侮战争中，清政府的反应迟缓和不作为屡见不鲜。这一案例可用于第一章第三节第一目“抵御外来侵略的斗争历程”部分的辅助教学。

这一案例可以与第四节中提到的“鸦片战争中的中英武器装备”例子相结合，深入分析清政府在面对西方列强时所表现出的迟缓与不作为。在鸦片战争中，清政府的武器装备远远落后于英国，这不仅反映了当时中国在军事技术上的差距，也暴露了清政府在军事现代化方面的滞后。清军依然使用传统的冷兵器和落后的火器，而英军则装备了先进的火炮和蒸汽动力舰船，这种装备上的悬殊差距直接导致了战争的失败。无论是面对英法联军的侵略，还是甲午战争中日本的挑战，清政府都未能及时有效地进行军事改革和装备更新。这种迟缓与不作为，一方面是由于清政府内部的腐败和保守，另一方面也反映了清政府对西方列强的恐惧和幻想，希望通过妥协退让来换取和平，却最终导致了国家的屈辱和主权的丧失。通过结合这些历史案例，我们可以看到清政府在应对西方列强时的种种问题。这些问题不仅影响了战争的胜负，也深刻改变了中国近代史的发展轨迹。这一分析不仅有助于学生理解历史事件的复杂性，也能激发学生对国家命运的深刻思考，进而增强他们的历史责任感和使命感。

# 第四节
# 反侵略战争的失败与民族意识的觉醒

## 案例1 鸦片战争中的中英武器装备

### 【案例材料】

在比较中英两国的武器装备时，差距最显著的领域无疑是舰船。在那个时期，英国海军堪称世界上实力最为强劲的海上武装力量，麾下各类舰船的数量超过了400艘。尽管其主要的作战军舰在动力方面依然大多采用木制风帆的形式，看似与清军的舰船相似，但在细节上却有显著优势：首先，英国舰船采用坚固的木料建造，能够抵御恶劣的风浪，适合远洋航行；其次，它的船体下部构建为双层构造，拥有极佳的抗沉性能，在当时被中国人称作“夹板船”。而且，其船体表面还覆盖着铜片等金属材质，这些金属材料使得船体具备了防止虫蛀、抵抗腐朽以及防火的多重功效；第三，英国军舰一般设置有两桅或者三桅，船帆数量多达数十面，能够巧妙借助各种不同的风向来实现航行；第四，英国军舰的体积普遍较大，其排水量的范围在一百多吨至一千多吨之间不等；第五，舰船上装配的火炮数目较多，少则10门，多则可达120门。另外，随着工业革命的持续推进，在19世纪30年代的时候，蒸汽动力铁壳明轮船开始列装英国海军。虽然这些轮船的吨位不算大，火炮配备数量也相对较少，在西方正规的海战中发挥的作用较为有限，也尚未成为英国海军的主流力量，但它们依靠着航行速度快、灵活机动性强以及吃水深度较浅等特点，在中国沿海和内河这些武器装备较为落后的地区肆意妄为。与之形成鲜明对比的是，清军的海军，在当时被称作“水师”，主要包含福建水师和广东水师这两支队伍。清军水师所承担的职责并非出海到远海去参与作战行动，而是主要负责在近海区域进行巡查缉捕工作，担负着守卫海岸线的任务。单从数量方面而言，清军水师所拥有的舰船数目也多达数百艘；就种类来说，清军战船的样式丰富多样，足足有数十种之多。不过，清军战船极为突出的一个特征便是船体规模较小。清军当中最大的战船，在吨位上依旧比不上英国的低等级军舰，而且清军装备火炮数量最多的战船，其火炮配置数量也仅仅与英军装备火炮数量最少的军舰相当。清朝战船的样式早在乾隆年间就基本定型了，并且通过诸如《工部军器则例》《户部军需则例》等一系列的规章制度，对战船的具体样式以及修缮建造所需的费用作出了明确规定。这样的规定在某种程度上对战船的进一步发展形成了制约。由于各地没有充足的资金来打造更大、性能更优的军舰，为了确保水师战船相较于民船具备优势，清朝反而制定了关于民船大小尺寸的规定，同时还对民船出海时所能携带的火器、粮食以及淡水的数量加以限制。这种恶性循环极大地阻碍了中国造船业和航海业的发展进步。处于如此落后的状况下，清军水师的舰船能够保持完好且处于适航状态的比率非常低。

清军步兵所使用的鸟枪，追根溯源，其原型是1548年葡萄牙的火绳枪，历经多次改进完善之后，成为了主要的单兵火器之一。鸟枪属于前装滑膛火绳枪，使用的时候要从枪口装填火药，接着再塞进弹丸，采用火绳来作为点火装置。清军的鸟枪类型丰富，足足有58种之多，不过它们的基本构造和功能相差不大。在众多鸟枪中，兵丁鸟枪的装备数量是最多的，这种鸟枪由铁打造而成，枪身长度为2.01米，有效射程大概在100米，射击速度为每分钟1至2发。而在同一时期，英军配备了当时在世界上比较先进的两种军用枪支，其中一种是伯克式前装滑膛燧发枪，它的点火装置是通过摩擦燧石来实现的。该枪的长度为 1.16 米，射程大约能达到 200 米，射击速度是每分钟 2～3 发。另一种则是布伦威尔式前装滑膛击发枪，其点火方式依靠击发枪撞击火帽来实现。此枪的枪身长度为 1.42 米，射程约 300 米，射速 3～4 发每分钟。由此可见，清军的鸟枪枪身太长，点火装置落后，而在性能上，又有着射速慢、射程近这两大致命伤。值得注意的是，由于受到清军军费方面的约束，当鸦片战争打响之后，清军当中并非所有士兵都装备了鸟枪，仍有部分士兵使用传统的刀、矛和弓箭作战。此外，由于长期的和平环境以及军费的不足，清军所使用的鸟枪，并没有制定出一套关于按时进行修缮制造以及达到使用期限后予以报废处理的相关制度。一般而言，鸟枪使用几十年是非常常见的现象，最极端者有使用 166 年尚未更换者。

清军所运用的火炮，与鸟枪的情况类似，其起源能够回溯到明代。在康熙执政期间，西方的传教士南怀仁等人也曾助力清朝监督制造了数量众多的火炮。所以，清军的火炮大多是仿照西方在 17 世纪到 18 世纪初期的加农炮系列来制造的。鉴于 18 世纪西方火炮的样式未出现显著的变革，等到了 19 世纪鸦片战争那个时候，清军的火炮从样式以及运行的机制原理来看，和英军的火炮大致相仿，然而双方存在的差距主要体现在因制造工艺不同所引发的质量差异方面，具体的体现如下几个方面：首先，在铁质方面存在较大差距。工业革命促使英国的冶炼技术实现了飞跃式发展，铁质得到了极大提升，这就为英国铸造高品质火炮提供了上乘的原材料。反观清朝，其冶炼技术较为落后，冶炼时炉温偏低，铁水难以得到充分提纯，其中混杂着较多杂质，最终铸造出来的火炮表面极为粗糙，布满了气孔和气泡。在进行发射操作时，这些火炮极容易发生炸裂的情况，甚至会对操作人员的生命安全造成伤害。其次，铸炮工艺水平高低有别。当时的英国已运用铁模等先进工艺来铸造火炮，并且会使用镗床对炮膛内部进行精细的切削加工，从而让炮膛变得更加光滑。与之形成鲜明对比的是，清朝依旧采用落后的泥模工艺，铸造出来的铸件表面十分粗糙，而且没有对炮膛进行深度加工处理。这就致使炮弹发射之后，其飞行弹道不稳定，射击的精准度也大幅下降。再者，炮架（炮车）以及瞄准器具方面存在不足。炮架（炮车）作为调整火炮射击方向和高低角度的关键器具，却未得到清军的足够重视。在鸦片战争时期，相当多的清军火炮连炮架都没有，仅仅是固定在某个位置。部分炮架只能对高低角度进行调整，无法实现左右转动，这在很大程度上限制了火炮的射击范围。即便配备了炮架，也大多是由质量低劣的木材制成，在火炮发射后很容易出现松动的情况，难以继续投入使用。士兵们在瞄准时，主要依赖个人经验，缺乏科学合理的瞄准器具。最后，炮弹的种类和质量差异明显。当时英军所使用的炮弹类型丰富多样，涵盖了实心弹、霰弹、爆破弹等多种，然而清军的炮弹却只有实心弹这一种，并且存在弹体表面粗糙、弹径尺寸偏小等问题。这些状况使得清军火炮的杀伤威力以及作战效能远远比不上英军。

清朝在鸦片战争中虽有兵力上的优势，但其分散驻防，很难在短时间集中。当时清朝拥有八旗兵约 20 万，绿营兵约 60 万，总兵力达到 80 万，这在当时是世界上规模最大的常备军之一。相比之下，英国的兵力要少得多，其正规军约 14 万，加上负责国内防卫任务的国民军 6 万，总兵力仅 20 万。在鸦片战争初期，英国远征军的总兵力，包括海军和陆军在内，大约为 7 000 人。随着战争的推进，英国远征军的兵力不断增加，到战争结束时，总兵力约为 2 万人。与清军相比，双方兵力比例大约是 1∶40。然而，实际情况却与数字上的差距完全相反。尽管清军在总兵力上占据绝对优势，但在实际战斗中并未体现出明显的优势，有时甚至处于劣势。此外，清军虽然在本土作战，但并未能充分利用以逸待劳的优势，反而常常疲于奔命。

材料来源　茅海建:《天朝的崩溃：鸦片战争再研究》，生活 · 读书 · 新知三联书店，2005 年。

## 【案例解析】

在鸦片战争中，中英双方在舰船、火炮、步兵武器装备等方面存在着巨大的差距。英国凭借其先进的工业技术和强大的海军力量，装备了大量蒸汽动力舰船和先进的火炮，其军事力量在当时处于世界领先地位。相比之下，清军的装备则显得极为落后，舰船多为木质帆船，武器装备也大多停留在冷兵器时代，这使得清军在战争中处于明显的劣势。鸦片战争打响之后，英军迅速展开了一连串的侵略举动，重点涵盖了对珠江口进行封锁、攻占定海以及挥师北上天津等地，企图凭借武力的威慑让清政府低头认输。在英军来犯的情况下，中国这边除了广东地区积极地筹备战事之外，从整体而言，表现出一种消极应对抵抗的姿态。在京师门户天津，守军仅有八百人，兵力严重不足；山海关一带，甚至连一尊可用的大炮都没有，防御能力极为薄弱。战争的第一阶段（1840 年 6 月英军封锁珠江口至 1841 年 1 月清政府对英宣战），清军在军事上接连失利，定海失陷，广东的大角、沙角炮台相继失守，虎门炮台也告陷落。在战争的第二阶段（1841 年 8 月英军再度进攻厦门至 1842 年 8 月签订《南京条约》），厦门、定海（第二次）、镇海等地相继沦陷，宁波更是不战而降。1842 年 6 月，英军入侵长江，宝山、上海、镇江等地也相继被占领。从军事指挥的实践和战争的进程来看，清军的腐败问题已经暴露无遗。清军不仅装备落后，还缺乏有效的军事指挥和组织协调能力，士兵的战斗力和士气也极为低下。这种腐败的军事体制和消极的抵抗态度，使得清军在面对英军的侵略时，难以有效组织起有效的抵抗。最终，在战争的强大压力笼罩下，清政府无奈屈服，签订了极不平等的《南京条约》。依据该条约，清政府割让土地、支付巨额赔款，还开放了通商口岸。这些条款致使中国的国家主权和领土完整遭到了严重的侵害，自此，中国逐步陷入半殖民地半封建社会的境地。

【教学建议】

国家综合实力的不足，尤其是经济技术和作战能力的落后，是近代中国反侵略战争失败的一个关键因素。这一案例可用于第一章第四节第一目“反侵略战争的失败及其原因”部分的辅助教学。

以中英鸦片战争为例，这场战争是英国在即将完成工业革命、经济和军事实力迅速崛起的背景下，与仍处于传统农业文明阶段的中国之间的一场军事冲突。通过细致分析中英双方在舰船、火炮、步兵武器装备以及军队组织等方面的巨大差异，学生可以清晰地认识到中英之间的军事实力差距。这种对比不仅有助于学生理解鸦片战争的失败原因，还能帮助学生通过类比，更好地分析和理解中国近代史上其他反侵略战争中类似的军事劣势情况，同时，这种类比也能够让学生更加深刻地认识到，只有提升国家的综合实力，尤其是经济和军事能力，才能有效抵御外来侵略，维护国家的主权和尊严。

## 案例2 魏源与《海国图志》

【案例材料】

魏源（1794—1857）是清代著名的经学家、史学家、诗人，同时也是一位近代杰出的爱国主义思想家。他对今文经学有深入研究，倡导“通经致用”，著有《诗古微》和《书古微》。魏源十分重视历史与地理学，主张“以史为鉴”，著有《圣武记》和《海国图志》。他在文学方面造诣颇深，擅长古文与诗歌创作，主张“直抒胸臆”，反对模仿古人，著有《古微堂内外集》和《古微堂诗集》。魏源所处的时代，正值清朝从繁荣走向衰落，社会经济领域发生着翻天覆地的变化。而来自外国的侵略行径，更是让这种危机进一步加深和凸显，这也使得魏源萌生出了变法革新以实现国家富强的想法和“师夷长技以制夷”的思想。

在鸦片战争期间，魏源曾经参加浙东抗英斗争，后退而著述。1841 年，他接受已经被贬黜的林则徐的嘱托，在不足九万字的《四洲志》的基础上增补大量中外资料，于次年冬写成一部世界地理历史知识的综合性图书——《海国图志》50 卷。在 1847 年，该书经过不断的修订和增补，扩充到了 60 卷。到了 1852 年，又将徐继畬在道光二十八年（1848 年）编撰完成的《瀛环志略》以及其他相关资料融入其中，进一步增补至 100 卷。整本书对全球的地理状况、各个国家的历史发展、政治制度以及各地的风土人情等方面都展开了细致入微的描述，明确倡导向西方学习先进的科学技术，并且提出了“师夷长技以制夷”这样的观点。无论是从它在政治层面所产生的广泛而深刻的影响，还是从它所取得的卓越的学术成就角度去考量，这部作品都完全称得上是一部具有开创性、能够引领时代变革的鸿篇巨制。

魏源在《海国图志》序言中指出，“是书何以作？曰：‘为以夷攻夷而作，为以夷款夷而作，为师夷长技以制夷而作’”。为了实现上述目标，必须深入了解夷情。在内容编排上，《海国图志》将《筹海篇》置于首位，从防守、议和、贸易、外交等多个方面探讨了抵御外敌的策略。该书以大量篇幅详细介绍了各国的地理、历史、政治状况和风俗习惯，其中对英国、俄罗斯、美国、法国等欧美强国的介绍尤为详尽。此外，《海国图志》还附有大量的图表，主要包括世界各大洲的地图、西洋各种船炮和枪械的制造图解以及中西历法和纪年对照表，这些资料为人们开阔视野提供了直观的帮助。

“师夷长技以制夷”的主张是魏源学习西方思想的集中体现。魏源认为，要抵御外敌入侵，必须首先“洞悉夷情”，全面了解世界局势，并承认西方国家在某些方面确实拥有值得中国学习的先进技术。他清晰地指明了西方所具备的三大突出“优势技能”：其一是先进的战舰，其二是精良的火器，其三是行之有效的养兵以及练兵的方法。在《筹海篇·议战》当中，他提议于广东虎门的沙角和大角这两个地方分别建立造船厂以及火器局，聘请美国和法国的工匠技师教授造船、制造炮械以及行船、演炮的技术，并选派福建、广东两省的工匠和士兵学习西方的铸造、驾驶和作战技术。通过这种方式，中国人可以逐步掌握造船等关键技术。此外，他还建议广泛翻译西方书籍，改革科举考试制度，以培养适应时代需求的新式人才，从而使西方的“长技”能够为我所用。

魏源的《海国图志》在当时受到了一些有识之士的赞赏。随着近代中国向西方学习的进程不断推进，洋务派和维新派的众多代表人物都对魏源及其著作《海国图志》给予了高度评价。张之洞曾指出：“近人若邵阳魏源，于道光之际，译外国各书各新闻报为《海国图志》，是为中国知西政之始。”早期维新思想家王韬也认为，“‘师长’一说，实倡先声”。后来，《海国图志》流传到日本，在1854年至1856年间竟然出现了20多种翻刻版本，成为日本了解外国的重要渠道。

材料来源　魏源:《海国图志》(全四册)，岳麓书社，2011年；李瑚:《魏源研究》，朝华出版社，2002年；张昭军、孙燕京主编:《中国近代文化史》，中华书局，2012年。

## 【案例解析】

在第一次鸦片战争前后，中国士大夫阶层中逐渐兴起了一股主动了解和认识西方的潮流。这一时期，林则徐、魏源、徐继畬等有识之士开始较为系统地关注和研究西方社会。他们不再局限于传统的儒家经典，而是将视野投向了遥远的西方世界，试图从中寻找救国之道。严酷的现实成为了最好的教科书。林则徐和魏源都亲身参与了抗击英军的军事斗争，这段经历让他们深刻认识到西方列强的军事优势和中国自身的落后。因此，他们在对西方的认识上变得更加务实，不再盲目自大，而是积极寻求学习西方先进技术的方法。林则徐在广东禁烟期间，组织编译了《四洲志》，这是中国近代第一部系统介绍西方的著作。魏源则在此基础上进一步拓展，编撰了《海国图志》，提出了“师夷长技以制夷”的著名论断。

据统计，从林则徐 1841 年编译《四洲志》到 1861 年的 20 年间，中国人至少编写了 22 部介绍世界各地情况的著作。这些著作涵盖了地理、历史、政治、经济等多个方面，为当时的中国人打开了一扇扇了解世界的窗口。其中，魏源的《海国图志》影响最为深远。它不但对世界上各个国家的地理风貌、发展历史以及政治体制进行了十分详尽的阐述，而且还给出了关于向西方学习科学技术方面具体可行的提议，为后来的洋务运动奠定了思想基础。这一时期的思想转变，标志着中国近代化进程的初步开启。

## 【教学建议】

以魏源为代表的中国官吏和知识分子是鸦片战争后开眼看世界的第一批代表。这一案例可用于第一章第四节第二目“民族意识的觉醒”部分的辅助教学。

魏源提出的“师夷长技以制夷”这一观点，在思想文化界产生了弥足深远的影响。教材“民族意识的觉醒”这一目将中国人民面对列强侵略的思考、探索分为两个阶段。《海国图志》由林则徐《四洲志》扩充而来，凝聚着林、魏二人的心血。魏源在编撰《海国图志》的同时，还完成《圣武记》一书，回顾清朝自建立至道光朝的军事历史。在讲述《海国图志》的过程中，可稍述及《圣武记》一书，以揭示魏源的整体思想。这些士大夫的探索和努力，虽然在当时未能立即改变中国的命运，但他们的思想和著作却激励了后来的改革者，为中国走向现代化开辟了道路。

# 第二章

# 不同社会力量对国家出路的早期探索

# 第一节 太平天国运动的起落

## 案例1 天京事变

### 【案例材料】

建都天京后，太平天国领袖们的思想作风发生了变化，以往简单、朴素的生活方式多被抛弃，奢靡之风和追逐权势日甚，随之而来的则是领导集团内部的争权夺利和互相倾轧。太平天国领袖们之间亲密无间的关系被破坏，彼此心生猜忌、久结嫌隙，且暗自拉帮结派，宗派色彩明显。而定都后的洪秀全，沉迷于宗教神学，逐渐脱离了斗争实践和广大群众。杨秀清、韦昌辉、石达开等各自凭借家族纽带、亲戚关系及其麾下部属，组建起自己的势力集团，控制着部分军队。其中，杨秀清手握大部分军政实权，东王府的势力最大。这些集团间的利益斗争日益尖锐，直至1856年9月，发生了公开的分裂。

作为太平军的核心领导者，杨秀清展现的军政才能对太平天国前期的快速发展具有重要作用。但随着个人权势的强化，其专断倾向逐渐显现。杨秀清通过一系列人事调整以集中权力：首先削弱北王韦昌辉职权，继而以翼王石达开替换北王，再以燕王秦日纲取代翼王，最终通过罗大纲掌控燕王部属，完成对军事系统的全面掌控。这无疑激化了其与洪秀全、韦昌辉等领导成员的矛盾，为后续权力斗争埋下伏笔。

1856年八九月间，清军江南大营的溃败暂时缓解了天京防守压力。杨秀清借此契机谋求权力突破，于8月下旬胁迫洪秀全封其为“万岁”。洪秀全虽表面应允，但旋即密谕韦昌辉与石达开回师。韦昌辉接到密令后，率精锐三千于9月1日突袭东王府，次日凌晨诛杀杨秀清及其亲眷。随后在天京爆发持续月余的内部清洗，致使两万余人殒命。在此次斗争中，韦昌辉实际掌控了天京军政大权。

9月中旬，石达开赶回天京，斥责韦昌辉滥杀无辜。韦昌辉又意图加害石达开。石氏连夜潜逃至安庆，其留京家眷尽遭屠戮。石达开遂调集皖省驻军，进驻宁国附近，要求洪秀全惩治韦氏集团。此时韦昌辉的暴政已引发天京驻军普遍不满，洪秀全在军事压力下于11月初诛杀韦昌辉及其党羽二百余人，终结了持续两月的变乱。

天京变乱后，洪秀全对石达开产生严重信任危机。为制衡翼王势力，洪秀全册封两位族兄为王，形成“洪氏亲族集团”与“翼王集团”的对峙格局。在权力压制下，石达开于1857年6月率部出走，此举导致太平军兵力分散，客观上为清军反攻创造了有利条件。此次权力内讧对太平天国的形象造成毁灭性冲击。民间流传“赣地贼相残，天京王弑王”的讽喻民谣，江南地区更出现“天父诛天兄，江山终难成，长毛非正统，仍归咸丰帝”的政治谶语。

从思想意识维度看，东王杨秀清之死与“天父下凡”神迹的终结，使上帝教的神圣叙事陷入逻辑悖论。精神信仰的崩塌不仅使基层军民思想混乱，丧失宗教凝聚力，也使中高级将领自树旗号，形成事实上的军事割据。对依赖神权维持合法性的太平天国而言，这种危机远比军事失利更为致命。

在权力结构演变层面，天京事变本质上是传统农民政权向封建化转型过程中必然遭遇的治理危机。领导集团在定都后迅速腐化，暴露出多个结构性矛盾。首先是神权政治与世俗权力的冲突，洪杨之争实为教权与政权的博弈。其次为军事民主制与个人集权制的矛盾，杨秀清的集权化打破了起义初期的权力平衡。最后，传统宗法观念与现代军政体系出现冲突，洪氏任人唯亲的举措违背了革命初期的平等原则。这些矛盾的相互交织，使得太平天国未能突破传统农民政权的历史局限，最终在内外压力下走向灭亡。

材料来源　夏春涛:《太平天国与晚清社会》，北京师范大学出版社，2018 年；刘晨:《从密议、密函到明诏：天京事变爆发的复杂酝酿——兼辨太平天国的盛衰分水岭问题》,《史林》2017 年第 3 期。

## 【案例解析】

在太平军获得重大军事胜利之际，太平天国政权内部潜藏的矛盾与固有弱点愈发显著地呈现出来。在太平天国的权力体系中，自南王冯云山、西王萧朝贵相继战死后，北王韦昌辉的地位在东王杨秀清之下。东王杨秀清凭借代天父传言这一至神权，对天王洪秀全形成制约。而北王韦昌辉、翼王石达开、燕王秦日纲等一众核心成员，则处于杨秀清的权势掌控范围之内，毫无反抗之力。杨秀清平日骄横专断，韦昌辉多次遭受其羞辱。随着双方在政治权力与军事指挥权争夺过程中的冲突不断加剧，天京事变终于爆发。

天京事变虽致使太平天国在短期内出现战略收缩态势，但并未对其根基造成毁灭性打击。事变后不久，太平天国迅速组织力量，再度攻破江北、江南大营，并成功开辟苏南、浙江等地。新构建的领导核心在一定程度上推动了所谓“天国中兴”局面的出现。1860 年，太平天国牢牢控扼苏南地区，并着手实施一系列社会战略。

然而，在经济制度层面，太平天国承袭清朝旧有的制度体系。在执行过程中，太平天国出现诸如贪污腐化、赋税征收泛滥舞弊、苛捐杂税繁重、脱离民众等一系列错误。这些错误引发民众不满，社会秩序开始失控，为太平天国在江南地区的覆灭埋下了伏笔。

范文澜在其《中国近代史》中写道："太平军一坏于杨秀清的专横跋扈，再坏于韦昌辉的疯狂屠杀，最后坏于洪秀全的任用私人，尤其是最后一坏，历时既久，使得太平军最后削弱以至于溃灭。"通观太平天国的运行轨迹，呈现出清晰的矛盾性。从反封建开始的农民战争最终因为封建腐朽走向结束，太平天国希望建立平等大同的社会，却又人为地制造不平等。

## 【教学建议】

天京事变严重削弱了太平天国的领导和军事力量，是太平天国由盛转衰的分水岭。此案例适用于第二章第一节第一目"太平天国农民战争"部分的辅助教学。

在教学中分析该案例时，有必要对以太平天国为典型的农民战争的局限性进行阐释。在资产阶级或无产阶级尚未登上历史舞台之前，单纯的农民战争是封建社会阶级斗争的最高形态，具有一定的革命性。然而，农民自身所具有的阶级局限性以及所处历史条件的限制，在封建社会内部缺乏新的生产力与生产关系变革，且在没有先进阶级及其政党引领的情况下，单纯依靠农民战争难以达成推翻封建制度这一艰巨任务。

农民革命的核心目标是夺取国家政权。在成功推翻封建政权后，农民能够在短期内建立起代表自身利益的政权。但受历史与阶级局限性的双重制约，农民无法实现对自身政权的巩固与长期维系。农民政权最终走向消亡或变质，成为农民革命失败的关键标志。

## 案例 2 太平天国的“洋兄弟”

### 【案例材料】

19 世纪中叶太平天国运动兴起之际，正值西方列强通过不平等条约加紧对华渗透的历史节点。作为新兴政权的领导者，洪秀全等人不得不直面对外交涉这一重大政治命题，其外交政策的选择与实施深刻影响着政权存续与军事态势的发展轨迹。

当太平军成功控制江宁地区后，西方列强对清廷政权的存续能力产生疑虑。为获取潜在政权的政策取向，英法美三国采取“武装中立”策略，通过外交探访的方式进行试探。1853 年 4 月至次年 5 月间，三国公使团相继造访太平天国辖区，英国率先开启这一外交接触模式。但信仰基督的太平天国当局，将西方使节视为“宗教兄弟”。这种认知在具体交往中呈现出双重性特征：一方面保持着礼遇态度，另一方面又因自身天朝上国观念而产生身份错位。

面对突如其来的外交探访，太平天国准备不足。在镇江至天京水域，多起外国军舰擅自闯入引发了军事摩擦，暴露了太平天国缺乏对国际水域管辖权的认识。在战略判断上，太平天国决策层对西方“中立”政策保持警惕，担忧其军事侦察意图，这种疑虑成为双方建立互信的主要障碍。更为关键的是，外交礼仪体系的冲突集中反映了传统朝贡体制与现代国际关系准则的碰撞。太平天国虽以“兄弟”相称，却在文书中坚持使用“诰谕”“札谕”等具有宗藩色彩的官方用语，甚至宣称洪秀全为“万国真主”，这种矛盾直接导致外交对话陷入僵局。

在条约权利交涉层面，三国使团均要求太平天国承认既有条约。对此，太平天国当局采取了战略模糊策略。在明确反对鸦片贸易的前提下，对通商议题作出原则性承诺，但将具体商约谈判延宕至全国统一之后。这种应对方式虽维护了政权自主性，却使西方列强丧失外交期待，加之对“夷夏之辨”传统思维的排斥，最终导致使团折返，错失了建立正式外交关系的战略机遇。

随着战略态势的演变，西方列强于1856年调整对华策略，通过与清政府的修约谈判寻求利益最大化。当谈判陷入僵局后，英国发动第二次鸦片战争，此举客观上形成了对清军的战略牵制。具有历史吊诡性的是，太平天国基于反清立场对英法军事行动持默许态度，甚至产生联合抗清的幻想。这种战略误判源于其双重认知局限，即既未能把握国际法体系下战争行为的实质，又固守“华夷之辨”的传统地缘观，导致错失利用国际矛盾的外交良机。

洪仁玕主政时期推行的外交改革具有划时代意义。其《资政新篇》提出构建“信义相交、平等往来”的国际关系准则，推动外交文书摒弃“万国真主”等传统表述，代之以“照会”“贵国”等现代外交用语。这些改革措施虽得到洪秀全的原则性认可，却遭遇现实外交困境。当太平军占领苏州时，英法当局单方面宣布保卫上海，以武力阻挠太平军行动。李秀成部在严格履行外交照会程序后进军上海仍遭军事干预的史实，深刻揭示了殖民势力对华政策的强权本质——国际规则的适用性完全取决于其战略利益需求。

从地缘政治视角看，太平天国外交困局实质上是传统天下观与现代国际体系碰撞的历史缩影。政权决策层虽局部作出适应性调整，但未能突破“天朝上国”的认知本质，导致其外交实践始终在“宗教兄弟”与“朝贡番邦”的悖论中摇摆不定。而西方列强基于现实利益考量，最终选择与更具缔约能力的清廷合作，这实则是对殖民利益最大化的理性抉择。这段历史不仅反映了近代中国融入国际体系的艰难转型，更揭示了弱国无外交的政治铁律。

材料来源　夏春涛:《太平天国的兴起与败亡》，王建朗、黄克武主编:《两岸新编中国近代史·晚清卷》(上)，社会科学文献出版社，2016年；夏春涛:《太平天国与晚清社会》，北京师范大学出版社，2018年。

## 【案例解析】

英法等列强所宣称的“中立”，实则仅为一时表象。1862 年，太平天国在进攻上海这一关键问题上坚持自身立场、拒绝让步。在此情形下，英国迅速从“中立”立场转为武装干涉，其行径由伪善变得极为露骨。在清政府“借师助剿”的政策下，英法等国不仅直接派遣军队对太平军展开军事攻击，还在清军购置西式枪炮以及军事训练等方面给予支持。由戈登、日意格等人统领的常胜军、常捷军，是列强与清政府军事合作的典型实例。

整体来看，太平天国反对放弃主权，反对清政府与西方列强签订的一系列不平等条约。当中外反动势力勾结起来向太平军举起屠刀时，他们不惜牺牲、英勇抗击。太平天国的领袖们对待外国殖民侵略者的强硬态度，与腐败无能、卑躬屈膝的清政府的做法大相径庭，形成鲜明而强烈的反差。太平天国有力地打击了英国和法国的殖民势力，推动和支持了亚洲的民族解放运动，如印度的民族大起义。

当然，我们也应当注意到，当时西方的一些正义人士支持太平天国农民战争，甚至参加太平军。如英国海军军官呤唎曾参加太平军，帮助太平军购买船和军火等。呤唎回国后还撰写了《太平天国革命亲历记》，记述了自己在参加太平天国农民战争中的见闻。

## 【教学建议】

太平天国的宗教信仰使其看似与西方列强存在一定关联，教材对于太平天国对外关系的阐述相对简略。此案例可用于第二章第一节第二目“农民斗争的意义和局限”部分的辅助教学。

通过对太平天国“洋兄弟”这一案例的讲解，能够帮助学生更为清晰地洞察资本–帝国主义侵略中国的本质，也能促使学生更为深入地理解太平天国在抵御帝国主义侵略进程中所作出的贡献与历史局限。在教学过程中，应当将太平天国农民起义与中国历史上的历次农民起义、同一时期的捻军起义以及1900年的义和团运动加以比较，分析将太平天国运动称之为“中国旧式农民战争的最高峰”的原因。同时，还应将太平天国运动与中国共产党领导的新民主主义革命的理论与实践加以比较。

# 第二节
# 洋务运动的兴衰

## 案例 1 张之洞与《劝学篇》

### 【案例材料】

张之洞（1837—1909），字孝达，号香涛，晚号抱冰，直隶南皮（今属河北）人，同治二年（1863 年）进士。其仕途始于翰林院侍讲学士，后历任内阁学士、山西巡抚等职。1873 年，张之洞在任四川学政期间，创设尊经书院，率开地方教育革新进程。1884 年，他被擢升为两广总督，在此期间创办广东水师学堂与广雅书院，为近代军事与人文教育奠定了重要基础。1899 年后，张之洞相继主政湖广、两江地区，大力推行新式学堂与实业教育。1906 年，他入值军机并兼管学部，成为清末教育体制近代化进程中的关键推动者。

在中西文明激烈碰撞的时代背景下，张之洞提出了“中学为体，西学为用”的改革纲领。戊戌变法期间，他曾资助康有为创办《强学报》，并订阅《时务报》，但随着维新运动被抵制，张之洞一改往日态度，其立场逐渐转向保守和对立。

1898年4月，张之洞完成《劝学篇》。《劝学篇》通过内篇《同心》《教忠》《明纲》等9篇与外篇《益智》《游学》《设学》等15篇，系统阐述了“中体西用”理论。内篇致力于强化儒家学说，维护三纲五常与皇权体制，强调“君为臣纲”的不可撼动性；外篇主张引进西学，包括西政、西艺、西史。在中学与西学的关系方面，主张“治身心以中学，应世事以西学”。这种二元结构，既是对洋务运动的理论总结，也是对维新变法的一种策略性回应，并借此与康有为、梁启超等维新派划清界限。

从历史维度看，“中体西用”理论具有多方面的积极意义。首先，在文化心理层面，它有效缓解了传统士大夫对西学的抵触情绪。鸦片战争后的二十年间，主流观念仍将西学视为“夷狄之术”，而张之洞通过将西学定位为“用”，作为中学的辅助，为引进西学开辟了空间。其次，该理论推动了教育体制变革。依据《劝学篇》提出的“政艺兼习”原则，新式学堂得以突破经学独尊的格局，数学、物理等西学课程正式纳入教育体系。最后，“中体西用”理论在客观上加速了社会观念的转型。据统计，张之洞主政湖北期间派遣的留学生达五百余人，这些兼具儒学修养与西学视野的人才，成为近代化进程的重要推动力量。

然而，“中体西用”理论也存在难以克服的内在矛盾。其一，对文化本体的刻板限定影响了改革的深度。当维新派试图引入议会制、民权论等制度性西学时，张之洞明确表示反对，称“民权之说，无一益而有百害”。其二，体用二元论难以应对实践中的价值冲突。例如，汉阳铁厂采用西方设备却沿用衙门式管理，这暴露出器物引进与文化土壤的脱节。其三，随着甲午战后民族危机的加深，“中体”的伦理正当性受到质疑。严复曾指出，“体用者，即一物而言之也”，认为割裂“体用”的内在统一性违背文化演进规律。

相较于维新派的主张，张之洞的改革方案具有明显的保守性和狭隘性。维新派倡导的君主立宪、平等民权等理念，本质上触及封建专制制度，而《劝学篇》将西学严格限制于技术层面，剔除政治制度以及宪政、民主、自由等西方核心价值观，这与时代发展潮流相违背。历史证明，当1901年新政启动时，“中体西用”已无法满足社会变革的需求，其理论生命力随着清王朝的衰亡而终结。

材料来源 张之洞:《劝学篇》，上海书店，2002年；张昭军、孙燕京主编:《中国近代文化史》，中华书局，2012年。

## 【案例解析】

思想层面的论争，通常是政治斗争在舆论与思想方面的先导。戊戌变法时期，维新与守旧、变法与反变法之争，本质上是新兴资产阶级与地主阶级在思想领域的碰撞。这场论争较为集中地体现出近代中国在文化思想范畴内，中学与西学、新学与旧学的矛盾冲突。

张之洞在早期是清流派的核心人物，后期转变为洋务派的典型代表，坚决抵制政体变革，极力维护传统伦理道德以及社会等级秩序。《劝学篇》表面上呈现出调和中西、兼用新旧的姿态，但其思想内核实则捍卫君主专制制度，明确要求西学的“用”必须服从中学的“体”。张之洞在书中明确提出，“故知君臣之纲，则民权之说不可行也；知父子之纲，则父子同罪、免丧废祀之说不可行也；知夫妇之纲，则男女平权之说不可行也”。

从中华民族伟大复兴的历史进程来看，以封建伦理纲常禁锢思想，将为臣为子为妻者培养成缺乏独立思考习惯和平等精神、对统治权力顶礼膜拜的“奴隶”，既不符合近代民主社会政治的要求，同时也阻碍了社会思想的发展和民族文化的革新。

【教学建议】

以张之洞为代表的洋务派，虽主张学习西方，然而从洋务运动起直至戊戌变法期间，其维护清朝封建统治的目的未曾改变。张之洞与《劝学篇》这一案例，可应用于第二章第二节第一目“洋务事业的兴办”部分的辅助教学。

在教学实践中，应着重辨析洋务派、守旧派在对待学习西方问题上态度的相同点与差异，以及近代中国在学习西方进程中呈现出的不同层次。

西方文化伴随着列强的鸦片贸易以及坚船利炮传入中国，不可避免地与中国传统文化产生冲突。洋务运动时期，清政府内部的洋务派与保守派在开设同文馆、修建铁路等事务上就曾产生论争。1861 年，冯桂芬完成的《校邠庐抗议》，堪称“中体西用”思想的萌芽之作。相较于魏源，冯桂芬已意识到中国不仅在军事装备上落后于西方，在教育、经济、政治、学术等诸多领域均不及西方。甲午战后，“中体西用”这一理念被越来越多的人接纳，成为洋务派普遍认可的原则。在维新变法时期，张之洞对“中体西用”的系统阐释，进一步扩大了该理论的社会影响力。

## 案例 2 盛宣怀和官督商办企业

【案例材料】

盛宣怀（1844—1916），字杏荪，江苏武进人，是中国近代工业化进程中的关键实践者，主导创设了航运、电讯、矿冶、金融、纺织等产业体系以及北洋大学堂（天津大学前身）、南洋公学（交通大学前身，当时又称南洋大学堂）等高等学校。作为洋务派核心成员，其在“官督商办”体制构建中的历史作用，深刻体现了晚清政治经济结构的特殊性与复杂性。

19 世纪 70 年代到清末的 40 年间，出于交通运输、解决军事工业的原料和燃料需求，以及弥补军用工业亏空等原因，洋务派主持兴办了一批民用企业。这些企业多采用“官督商办”模式，本质上是封建政权对资本主义要素的有限吸收。“官督商办”体制始于李鸿章在 1872 年奏办的轮船招商局，中经盛宣怀的实施推广，最后由张之洞在 1896 年正式奏订成章程条例，总体上“官总其大纲”。施行官督商办的企业，虽采用股份制形式募集民间资本，但实际控制权归官僚体系。这种产权与治权分离的畸形结构，使得企业兼具双重属性：既遵循市场规律追求利润，又受制于行政命令以维持封建管理。督办体制的强制嵌入，导致企业沦为官僚资本的衍生工具，既不同于传统官营手工业，亦区别于民族资本主义企业。

“官督商办”模式的诞生，源于国内外因素的双重驱动。在外部层面，1869 年《中英新定条约》迫使清廷开放内河航运与矿产开发，外商企业通过买办网络加速了资本渗透，形成“洋商专擅其利”格局。在内部层面，太平天国运动后中央财政濒临崩溃，军事工业的巨额投入亟需民用企业予以支持。1872 年，李鸿章在《论试办轮船招商》中明确提出“稍分洋商之利”，将经济利益的有限开放作为维护政权存续的权宜之计。这种“应激型现代化”路径，构成官督商办体制形成的根本原因。

在企业的实际创办中，资本与人才的双重匮乏是催生“官督商办”体制的重要原因。为解决工业化所需的巨额资金和新式人才，洋务派转向上海买办群体——这些通过外贸代理积累财富的新兴阶层，既掌握现代企业经营知识，又具备连接中外市场的商业网络。如“晚清四大买办”之一的唐廷枢，被委任为招商局总办，实质形成“官僚掌权、买办办事”的运作模式。为了网罗钱财殷实、专业能干的买办，洋务派需打出“商办”旗号。而官方通过授予专利垄断权（如招商局的漕运专营）、税收优惠（减免厘金）等政策吸引商股，商人则试图借助官僚庇护以求突破传统商业壁垒。这种基于利益交换的“合作”方式，成为“官督商办”体制存续二十余年的现实基础。

“官督商办”体制中“官”对“商”主导贯穿企业发展全过程。在产权归属方面，官僚拥有超越股东大会的决策特权；在收益分配方面，官方通过“报效”制度强制提取企业利润，致使商股实际收益率长期低于市场水平；在管理方面，盛宣怀创设的“总管理处”模式，将官僚监督延伸至采购、生产、销售各环节。这种“官权侵蚀商利”的常态化，最终导致1883年上海金融危机中商股的大规模撤资。

“官督商办”的内在矛盾推动其制度变迁。甲午战后，官督商办模式遭遇三重危机，即官僚干预导致设备更新滞后、商股抵制使融资渠道缩小、《马关条约》允许外商设厂加剧了市场竞争。在此背景下，张謇等士绅阶层推动“绅领商办”改革，试图通过科举功名消解官商对立；盛宣怀创立中国通商银行，探索金融资本与产业资本的融合路径。这些调适虽延缓了体制崩溃，但未能改变1901年后官办企业全面衰落的结局。

从现代化视角看，官督商办体制呈现出鲜明的过渡性特征。它突破了“重农抑商”传统，建立了中国最早的股份制公司框架，但也存在官办导致的效率低下，以及制度路径依赖下对民间资本的持续压制等局限性。这种“资本主义外衣下的封建内核”，既为清末新政提供经验，亦成为民国时期官僚资本膨胀的制度先声。盛宣怀作为该体制的核心运作者，其毁誉参半的历史评价，恰是近代中国制度转型复杂性的集中映射。

材料来源　费维恺:《中国早期工业化：盛宣怀（1844—1916）和官督商办企业》，虞和平译，中国社会科学出版社，1990年；汪熙:《试论洋务派官督商办企业的性质与作用》,《历史研究》1983年第6期。

【案例解析】

在洋务运动中，盛宣怀作为追随李鸿章的关键人物，其领导的官督商办企业在同时期所兴办的诸多企业中占据重要地位。官督商办企业是半殖民地半封建社会特定历史条件下的产物。一方面，长期存在的封建经济结构，致使生产力水平低下，严重束缚社会发展进程。加之，封建顽固势力对科学技术、机器工业生产的应用极力阻挠和抵制，新兴产业发展面临诸多障碍。另一方面，外国侵略者凭借在华获取的各类经济特权，肆意排挤与打压中国近代工商业。在此形势下，官督商办企业艰难诞生。它既需要借助洋务派“官”的扶持，也离不开“商”在经济投资以及经营管理方面的助力。

从推动近代工商企业的创立与发展、促进生产力提升，以及一定程度上抵制和打破“洋商”对中国近代工商业的垄断与扼杀等角度而言，官督商办企业具有积极且进步意义。然而，该模式无法摆脱封建官僚的管控，也难以摆脱对外国资本主义的依赖，在夹缝中生存，无法构建起独立的近代工商业体系。洋务派所办近代企业基本采行“官办”和“官督商办”两种形式，没有适时实现向“民办”的转型，因而也就不可能建立起真正意义上的近代企业。比洋务运动开始得晚却取得重大成就的日本明治维新运动，很快实现了由“官办”和“官督商办”向“民办”的转型，由此建立起近代资本主义。

【教学建议】

在兴办军事工业以及创建新式海陆军的实践中，洋务派遭遇了诸多难题，其中财政困境尤为突出。洋务派逐步意识到，西方国家之所以强盛，不仅得益于其先进的船舰火炮，更在于强大的经济基础。基于此，19 世纪 70 年代起，洋务派以“强兵”为目标在持续推进军事工业的同时，大力兴办以“求富”为目的的民用工业。这些民用企业多采用官督商办的经营模式。此案例适用于第二章第二节第一目“洋务事业的兴办”部分的辅助教学。

在教学过程中，应以盛宣怀及其领导的轮船招商局、中国电报总局等企业为核心，明晰洋务运动前后两个阶段发展重心的转变。值得注意的是，洋务运动作为中国早期现代化的一种尝试，虽无法引领中国实现独立与富强，但它所奠定的一系列物质基础，诸如包括江南制造总局在内的一批近代企业，并未因甲午战败而中断发展。相反，在后续中国现代化的进程中，这些企业继续发挥着不可忽视的积极作用。

## 案例 3 北洋水师与甲午海战

### 【案例材料】

中国近代海军建设始于同治五年（1866 年），时任闽浙总督左宗棠奏请清廷批准于福州马尾设立船政局。作为洋务运动的重要组成部分，船政局除设立铁厂和船厂外，还创办了中国第一所教授西方航海技术的学校——福州船政学堂。该学堂采取“前堂习法文、后堂习英文”的教学方式，分别由法国工程师与英国教官负责船舶工程及航海作战课程。福州船政学堂为近代中国培养了包括刘步蟾、林泰曾、邓世昌等在内的首批海军专业人才。左宗棠调任陕甘总督后，沈葆桢继任总理船政大臣，进一步引进欧洲先进设备与技术。

19 世纪 70 年代东亚地缘政治格局的变化，直接推动清廷海防政策的转变。1874 年，日本借“牡丹社事件”侵略我国台湾，暴露了我国沿海防御体系的脆弱性，促使清廷实施分区海防战略，并委任沈葆桢、李鸿章分掌南北洋防务。中法战争期间（1883—1885 年）马尾海战的惨败，促使清廷设立总理海军事务衙门，这标志着海军建设从地方督抚主导转向中央统筹。1888 年，经过几次增购船舰，北洋海军正式成立，其战略部署以旅顺、威海卫两大军港为核心，配合沿岸炮台群形成环渤海防御体系。该时期海军舰船除由福州船政局和江南制造总局制造外，主要从英国和德国购买。至 1894 年，清政府建成福建、南洋和北洋三大水师，其中北洋水师实力最强。

但北洋水师成立后一度陷入停滞状态。自 1888 至 1894 年间，海军经费被挪用于修筑颐和园，导致装备更新中断，军械、弹药的采购停滞。而日本在此期间实施“第六次海军扩张案”，通过发行国债筹集资金，向英国订造多艘新锐舰艇，极大提升了海军实力。两国海军发展的悬殊对比，为之后北洋水师的沉没埋下了伏笔。

1894 年 5 月爆发的朝鲜东学党事件，成为中日军事冲突的导火索。7 月 25 日丰岛海战中，日本海军击沉运载清军的英国商船“高升号”，造成七百余名淮军牺牲。随后在黄海海战中，北洋舰队虽依托“定远”“镇远”两艘舰艇实施冲击战术，但受限于因燃煤质量低劣导致的航速衰减，未能有效发挥舰载火力优势，最终以损失“致远”等五舰的代价重创日方“松岛”“赤城”等舰。

战后战略决策的失误加速了北洋海军的覆灭。李鸿章采取“避战保船”方针，命令舰队藏至威海卫。这种消极防御策略为日本舰队打开方便之门，使日本海军掌控了黄海制海权。1895 年 1 月，日军实施“山东作战计划”，以陆军第二师团在荣成湾实施两栖登陆，配合联合舰队对威海卫形成合围。在长达月余的围困作战中，北洋舰队既未组织有效突围，又遭日军占领沿岸炮台后实施反方向轰击，最终导致“靖远”“来远”等主力舰相继沉没。2 月，日本舰队开进威海卫港，并在刘公岛登陆，北洋海军全军覆没。

甲午海战的惨败，不仅暴露了清廷海军装备更新中断、指挥僵化等问题，更深层次揭露了晚清政府的腐败，以及传统官僚体系与现代军事建设之间的结构性矛盾。战后统计显示，清廷在海军建设上的总投入约合1.2亿两白银，相当于同期日本海军经费的1.8倍，但资源配置的低效与战略决策的失误导致此巨额投入付诸东流。

材料来源　姜鸣编著:《中国近代海军史事编年（1860—1911）》，生活·读书·新知三联书店，2017年；姜鸣:《龙骑飘扬的舰队：中国近代海军兴衰史》，生活·读书·新知三联书店，2012年。

## 【案例解析】

北洋水师作为清政府的核心海军力量，自创办起至1895年全军覆灭期间，始终处于李鸿章的管辖之下。李鸿章作为洋务运动时期的地方实力派，创办了近代初期国内最大的兵工厂——上海江南制造总局以及金陵机器局，其发展轨迹既反映了淮系集团势力的起伏，亦与洋务事业的成败密切相关。李氏所办之洋务，聚焦于军事和商务两项，遇到各种改革的抗制力量便难以应付。梁启超称其“所见西人之长技，如是而已”。1891年之后，由于海防经费被挪用于颐和园的修筑工程，北洋舰队的发展陷入停滞。为抵御日本侵略而创建的北洋海军，却因清政府的腐败严重削弱了其战斗力。在甲午战争中，这支历经苦心经营的近代海军最终被日本侵略者彻底摧毁。在李鸿章“避战保船”决策的背后，更应看到清政府的腐败落后。

费正清从管理的腐朽性角度揭示了甲午战争清政府战败的原因。费氏认为，李鸿章任人唯亲，让“一个老式骑兵将军”（笔者按：丁汝昌）统领北洋舰队。“中国的现代化成为少数高官玩弄的一种游戏。他们认识到现代化的必要性，因此也试着筹措资金，罗致人才，在一种虽不能说不友善，但毫无热情的环境下拟订规划。个人的利禄和权力的希望引导着他们前进，而慈禧太后的朝廷跟日本的明治天皇不同，不给他们切实可靠的支持。”

【教学建议】

中国海军的近代化进程始于洋务运动时期。至甲午战争前夕，清廷成功组建了北洋、福建、南洋三支主力海军。然而，福建海军在中法战争期间遭受重创，甲午战争更是致使北洋海军全军覆没，之后清政府裁撤海军衙门。此案例适用于第二章第二节第一目“洋务事业的兴办”部分的辅助教学。

甲午战争后，清政府丧失了建设海军强国的信心，战略方向转向近海防御。尽管在清末新政阶段，清政府设立专门的海军部，组建了巡洋舰队与长江舰队，并积极培养海军人才，推动海军学堂教育的发展。但因发展战略存在局限性，中国海军在世界范围内的发展依旧滞后。在讲解该案例时，可与反侵略战争的失败及其原因相结合，阐释晚清社会制度的腐朽，如何使海军建设频繁陷入困顿。清政府对西方先进军事技术的学习，既未能保持连贯性，也未能凭借先进武器装备实现民族独立。

## 案例 4 容闳与留美幼童

【案例材料】

容闳（1828—1912），字纯甫，生于澳门邻近之南屏镇（今属广东省珠海市）。作为中西文化交汇前沿的澳门，当时正处于葡萄牙殖民统治之下，其特殊的地理位置为早期西学东渐提供了历史契机。1835 年，7 岁的容闳由父亲送至澳门古特拉富夫人（Mrs Gutzlaff）创办的西式学堂接受启蒙教育。这一经历不仅使其率先接触西方知识体系，更奠定了其毕生致力于西学传播的基础。此期容闳所受的教育，以美式教育为主，具有显著的西方化特征。在完成基础阶段的西文训练后，1841 年，容闳转入澳门马礼逊学校（该校于 1842 年迁至香港），其间深受校长勃朗（Rev. S. R. Brown）的影响。1847 年，容闳随勃朗赴美深造，先后就读于孟松中学及耶鲁大学，并于 1854 年成为首位获得美国高校学士学位的中国留学生。归国后的容闳曾尝试通过太平天国运动实现其革新主张，亲赴天京献策未果后，转而投效曾国藩。

建立新式学堂、培养洋务人才，是洋务运动的重要举措。1868 年《中美续增条约》的签订，经由蒲安臣使团斡旋，首次从国际法层面为中国学生赴美留学提供了制度保障。在此背景下，容闳系统提出其教育救国方略，主张通过长期留美学习培养具备西学知识结构的新型人才，这与其个人教育经历所形成的认知密不可分。

1870 年，经曾国藩奏请朝廷核准，正式成立由陈兰彬任监督、容闳任副监督的留美学生管理机构。通过与李鸿章协商制定的《挑选幼童乘轮船赴泰西肄业章程》十二条，确立了近代中国首次官派留学的基本框架。1872 年 8 月，首批 30 名幼童启程赴美，其后三年间每年均按计划派遣同等规模学员，形成总计 120 人的留美教育群体。

洋务派领袖虽支持留学计划，但其教育理念与容闳的初衷存在显著分歧。根据章程规定，留学人员须“中西兼修”，除接受西式教育外，必须定期研习《孝经》《五经》等儒家经典，每逢传统节庆日须行望阙之礼，以此强化忠君意识。

章程中体现的“中体西用”思想，与容闳的全盘西化主张相矛盾，为后期留学计划的中断埋下伏笔。

清廷派遣幼童的根本目的在于培养实用型洋务人才，对“西化”风险的过度防范导致监管体系趋于严苛。除设置翰林出身的专职监督外，还配备中文教习进行日常督导，通过传统伦理教育确保学员的文化认同。但幼童身处美国社会环境中，逐渐接受自由民主观念，其行为方式的转变引发朝野争议。守旧派斥责留学人员“抛荒中学”“德性未坚”。时任驻英法公使曾纪泽亦质疑该计划的实际效用，认为过度西化将导致人才流失。这种认知分歧最终导致留学计划中止。1881

年，94 名未完成学业的留学生被强制召回，其中仅詹天佑等两人取得学士学位。

归国后的留学生处于进退两难的尴尬境地。李鸿章在考核评语中指出，归国学生普遍存在西化程度过多而国学根基薄弱的问题。这些早期留学生不仅面临传统士绅阶层的排斥，被贬称为“洋化异类”，更遭遇生存困境，多数人未能获得与其专业能力相匹配的工作机会。这种人才浪费现象，深刻暴露了晚清改革进程中制度变革与文化调适的严重脱节。

从历史维度审视，容闳倡导的留学教育虽未达预期目标，但其开创性意义不容忽视。该计划首次系统构建了中外教育交流的官方渠道，培养出詹天佑等近代化建设急需的专业人才。更为重要的是，这一实践为后续教育改革提供了有益参照，其经验教训对理解近代中西文化碰撞具有重要价值。留学教育的中断本质上是传统教育体制与现代人才培养模式冲突的必然结果，也揭示了晚清社会转型过程中新兴观念与制度变革之间的复杂矛盾。

材料来源 李喜所:《容闳——中国留学生之父》，河北教育出版社，1990 年；李细珠:《“边缘人”的角色尴尬——容闳在晚清中国的人生境遇》,《学术论坛》2000 年第 3 期。

## 【案例解析】

容闳是第一代留学西方的中国知识分子的典型代表。其赴美留学之举属于自发行为，然而在深刻洞察中西之间的显著差距后，他立下宏愿，要“将西方学术引入中国，促使中国逐步迈向文明富强之境”，并为此不遗余力地推动清政府派遣留学生，以实现系统接受西学教育、培育近代新型人才的目标。

容闳一生历经波折，充满悲剧色彩，早期官派留学生回国后也备受冷落。这一系列现象深刻反映出清政府学习西方的根本目的在于维护和巩固自身统治，而非真正培养新式人才。在清政府看来，学习西方先进科学技术，必须以稳固专制政治体制为前提。清政府开展的洋务运动，恪守“中学为体，西学为用”，对西方文明合理内核拒绝认同，采取排斥态度。故而，这种学习流于表层，自然也难以取得显著成效。清政府的守旧观念以及不彻底的学习实践，注定无法引领中华民族达成民族独立与国家富强的伟大使命。

容闳与留美幼童的案例反映出清政府在对外学习交流过程中的历史局限性。为此我们应该联系新中国成立以来特别是改革开放以来的历史，向学生阐述对外开放的历史意义。正如习近平总书记所言，我们应当“以文明交流超越文明隔阂，以文明互鉴超越文明冲突，以文明共存超越文明优越，为世界文明朝着平衡、积极、向善的方向发展提供助力”。

## 【教学建议】

近代中国在对外战争中屡遭败绩，促使清政府逐渐意识到向西方学习的紧迫性与必要性。在培养西学人才方面，清政府主要采取了两种途径：一是通过创办新式学堂，二是派遣留学生前往欧美等国深造。此案例可用于第二章第二节第一目“洋务事业的兴办”部分的辅助教学。

在案例教学中，使学生明白清政府最初的设想，是让留学生仅学习西方先进的技术。然而，留学生长期身处西方，不可避免地受到资本主义政治、经济、文化等方面的影响与冲击。显然，此种情况超出清廷预期。出于对维护封建统治秩序的担忧，清政府无奈之下撤回留学生。甲午战后，迫于国内外形势，清政府再度派遣留学生。但这些官派留学生中的多数人，最终走向了与清政府期望相悖的方向。这种行动目的与结果之间的巨大反差，深刻反映了旧有统治模式已无法适应时代发展需求，社会变革的潮流不可阻挡。

# 第三节
# 维新运动的兴起和夭折

## 案例 1 康有为与《新学伪经考》《孔子改制考》

### 【案例材料】

康有为（1858—1927），原名祖诒，字广厦，号长素，广东南海人。幼承庭训，研习儒家典籍与传统史学。18 岁师从粤中大儒朱次琦，钻研经世之学，坚定“圣贤为必可期”“天下为必可为”。在其求学生涯中，康有为广泛涉猎汉学、心学以及佛学等领域，然而未能找到终极思想归依。

令康有为转变传统认知、开始真正认识中国和世界的关键，在于《瀛寰志略》的问世。《瀛寰志略》系统介绍了世界各国的地理沿革和历史知识，是近代先进人士向西方学习的启蒙读物。1874 年，康有为读到《瀛寰志略》，方“知万国之故，地球之理”。之后他游历香港、上海，亲身感受了西方资本主义的市政建设和制度文化，并翻阅了一大批西学著作，进一步开阔了视野，打破了其固有的华夷观念。

1890 年春，康有为在与今文经学家廖平的对话与论辩中，确立了今文经学立场。同期，他受严复《天演论》的影响，对社会进化论有一定了解。其后的几年间，康有为在广州长兴里万木草堂讲学，主张学生用新的观念和方式改造中国，积极培植维新力量。在其弟子陈千秋、梁启超的协助下，康有为先后著成《新学伪经考》和《孔子改制考》。这两部著作将今文经学的微言大义与西方资本主义思潮相结合，为日后的政治改良实践奠定了思想基础，也极大震撼了当时的知识界。

《新学伪经考》初刊于1891年，共14篇。该书运用考据法研究经学典籍，力证传世的古文经为王莽篡汉时的刘歆伪造。康有为提出孔子的六经并非亡于秦始皇“焚书坑儒”的推行，而乱于“新歆之校书”，称古文经为“伪经”。《新学伪经考》致力于去“伪经”，存“真经”，动摇了古文经学的正统地位，其影响不仅超出通经致用和政治革新范畴，也引发了近代两次史学思潮。

《孔子改制考》正式刊行于1898年，共21卷。康有为在书中推崇孔子为变法改制的“素王”和“教主”，称其对六经的删减、著述实为托古改制的政治实践，推翻了古文经学家信奉的孔子“述而不作”的说法。《孔子改制考》通过公羊学说，论证前孔子时代历史皆为圣人创制所需的文化预设，儒家经典本质是制度创新的理论载体。此论突破古文经学“信而好古”的认知，构建起具有近代革新意识的儒学阐释体系，也影响了五四之后的疑古思潮。

从学术史维度出发，审视康有为的这两部著作，虽存在史料辨择失当、论述主观武断之处，但其本质上是政治变革的理论先声。《新学伪经考》解构了汉学的正统地位，一定程度打击了“法古守常”的保守派，为变法维新扫除障碍；《孔子改制考》重塑孔子形象，为制度变革提供意识形态的合法性。二者将经学阐释与西学因子相融合，为戊戌变法提供了理论准备。

材料来源　康有为:《新学伪经考》，古籍出版社，1956年；康有为:《孔子改制考》，中华书局，1958年；张昭军、孙燕京主编:《中国近代文化史》，中华书局，2012年。

## 【案例解析】

甲午战败后，民族危机进一步加深。在这一历史背景下殖民主义“充当了历史的不自觉的工具”，中国民族资本主义进一步发展，同时，中华民族进一步觉醒。在民族危机深化的历史语境下，早期维新思想家提出的“变法”主张，很快形成一种新的社会思潮，资产阶级维新派是该思潮的主体力量。他们在批判封建顽固势力的同时，亦对洋务运动“器物层面”的改革局限展开学理反思。

正如费正清所言，康有为所具有的“能融合各种思想于一炉”的特点，以及他所拥有的“绝妙的自信心”，使他“能把中国当时各种思潮铸成立足于孔孟之道而又适应中国当前需要的处方。这样他就领头打开了一个现代的突破口”。康有为构建的经学阐释体系，本质上是将西方政治文明进行本土化运用。《新学伪经考》中对刘歆伪经体系的斥责，以及《孔子改制考》重构的孔子形象，均有强烈的现实指向和政治寓意。这种学术考辨将西方资产阶级政治理念植入传统经学话语体系，既实现了现代政治学说的隐性传播，为制度变革提供合法性支撑，又巧妙规避了风险，缓冲激进变革可能引发的多重震荡。

这一案例涉及中国经学发展史，也与第一章清政府的文化政策相关。要准确理解康有为的变法思想，需要简要说明清代经学发展过程中，受到清政府文化专制政策影响，疑古考据之学兴盛，为康有为的经学著作奠定了基础。

## 【教学建议】

在戊戌变法期间，以康有为为代表的维新派知识分子，其理论宣传紧密结合中国历史文化传统。该案例适用于第二章第三节第一目“戊戌维新运动的开展”部分的辅助教学。

在教学过程中，需要对康有为等人如何将儒家学说与西方政治思想相融合予以阐释并进行深入剖析，以助学生理解。此外，也可以对中国传统社会尤其是汉代以降经学的发展脉络作简要阐述，并明晰古文经学与今文经学的差异。

案例教学过程中，可以简要介绍习近平文化思想的核心要义，在教学过程中可与教材第四章新文化运动中对待中国传统文化的态度相联系，引导学生思考如何正确对待中国传统文化，什么是中华优秀传统文化。

## 案例2 京师大学堂

### 【案例材料】

京师大学堂的创设是晚清制度危机与教育现代化双重驱动的历史产物。1895年甲午战败后，《马关条约》的签订引发空前的民族危机，以康有为、梁启超为首的改良派将教育革新视为制度转型的突破口。他们在《公车上书》及后续著述中强调“变法之要，首在育才；育才之基，首在兴学”，将改革教育、兴办学校视为重要任务。

1896年6月12日，刑部侍郎李端棻呈递《请推广学校折》，认为人才的多寡对国势强弱具有重要意义，系统提出“省－州－县”的三级教育体系，主张“自京师以及各省府州县皆设学堂”。此外，除主体教学机构外，他还建议设立藏书楼、仪器院、书局与报馆，派学生出国游历。该方案已初步具备将教学、科研与国际交流相结合的办学理念，标志着传统书院制度向现代大学转型。

1898年，维新派加紧京师大学堂的筹备工作。6月11日，光绪帝于颁布《定国是诏》，戊戌变法正式开始。其后一个月内，光绪帝两下谕旨，敦促京师大学堂的创办事宜。梁启超主持起草了《奏拟京师大学堂章程》。该章程既是近代中国首部高等教育章程，也是“中体西用”理论在教育领域的具体实践。它确立了“中西并重”的教学原则，构建经学、理学等传统学科与算学、格致等西学课程并行的双轨体系，并赋予大学堂统管全国教育的行政职能，使其具有“学术中枢”与“教育行政中枢”的双重属性。

京师大学堂在创办过程中，步履维艰，充满了新旧势力的博弈与斗争，集中体现在管理层与课程设置两个维度。在人事任命方面，保守派代表刚毅企图掌控管学大臣职位以维系旧学体系，遭帝党首领军机大臣翁同龢的抵制。御史李盛铎等则推荐协办大学士孙家鼐和侍郎许景澄。后光绪帝任命孙家鼐为京师大学堂管学大臣。孙氏虽为学堂创办做了不少工作，但其拥护旧思想、旧制度，对维新派予以打击，也使西学课程停留于技术层面，无实质性进展。这种矛盾在戊戌政变后更为凸显：慈禧太后于9月21日发动政变，废除103项新政举措，独留大学堂，但将其办学宗旨调整为“保存国粹，造就通才”。而在实际运作中，1900年前的教学活动基本局限于经史讲授，直至1902年张百熙主持重建后才开始学科体系的现代化转型。

作为戊戌新政唯一存续成果，京师大学堂的创办具有重要意义。首先，它开启了近代中国国立高等教育的先河，其《钦定学堂章程》的颁布，为全国新式学堂提供了制度模板。其次，京师大学堂突破了科举制度下的人才培养模式，通过建立实验室（1903年）、派遣留学生（首批39人赴日欧美）等举措，培育了一批具有近代思想和专业知识的新式人才。1912年，学堂更名为国立北京大学后，严复任第一任校长，延续“会通中西”的办学理念。

京师大学堂的演变历程折射出晚清改革派的实践困境：既须借助西学实现技术救亡，又须维护儒家伦理的政治合法性。这种矛盾导致其早期发展呈现“形新实旧”的特征，直至民国时期才真正向现代大学转变。作为中国高等教育现代化的原点，京师大学堂为学术独立、思想自由等现代大学精神的孕育提供了历史土壤，其相关理念与制度至今仍具有现实启示意义。

材料来源　王晓秋:《戊戌维新与京师大学堂》,《北京大学学报(哲学社会科学版)》1998 年第 2 期。

## 【案例解析】

京师大学堂的酝酿产生，深受甲午战后维新变法思潮与教育改革浪潮的推动，其与维新派发起的强学会有一定渊源关系。在京师大学堂设立倡议的提出以及争取清政府批准的进程中，康有为、梁启超等维新派人士发挥了关键作用。他们积极鼓动光绪帝颁布《定国是诏》，并将创办京师大学堂列为维新运动的首项改革举措。此外，维新派还深度参与了京师大学堂的创办事宜。例如，京师大学堂的首个章程由梁启超起草，该章程充分体现了维新派的教育改革理念，在中国教育现代化进程中意义重大。

慈禧太后发动戊戌政变后，京师大学堂成为戊戌维新仅存的硕果。作为近代中国第一所国立综合性大学，京师大学堂不仅是中央官办的最高学府，更是全国最高教育行政管理机关。京师大学堂的创办，标志着中国教育现代化进程取得重大突破。

京师大学堂是北京大学的前身，后者在新文化运动中发挥重要作用。1916 年蔡元培就任北京大学校长，提出“循思想自由原则，取兼容并包主义”的方针。陈独秀、李大钊等到北大任教，特别是《新青年》编辑部迁往北大，促进了北大思想的活跃、新思潮的传播和学术的繁荣。

## 【教学建议】

京师大学堂从筹备创建到早期运作，取得了一定的成绩，但也暴露出清政府在兴办近代教育进程中的诸多局限。“京师大学堂”案例适用于第二章第三节第一目“戊戌维新运动的开展”部分的辅助教学。

在实际教学时，可将京师大学堂与清政府于洋务运动期间所设的京师同文馆、上海广方言馆、福州船政学堂，以及清末新政时期开办的新式学堂进行对比分析，也可以在课堂上引导学生联系同济大学与中华民族命运休戚与共，与祖国科教事业心手相牵，与上海城市发展相濡以沫的百年校史展开讨论，增强课堂教学的针对性和吸引力。

# 第三章

# 辛亥革命与君主专制制度的终结

# 第一节 举起近代民族民主革命的旗帜

## 案例 1 “重症监护”中的晚清政局

### 【案例材料】

辛亥革命前，民族危机和国内矛盾日益加深，尤其是19世纪末至20世纪初的十年间发生的一系列战争和事件，决定了清王朝的最终命运。清政府已进入“重症监护濒临死亡”的状态，革命的爆发成为历史的必然。

甲午战争和八国联军侵华，这两次战争均以清朝政府签订丧权辱国的条约而告终。中国对外赔款6.5亿两白银（指本金），比当时全国七年财政收入的总和还多，台湾及附近岛屿被日本侵占，列强还取得从北京到山海关的驻军权。而日俄战争竟是两个列强在中国东北大地上的相互厮杀，强行划分势力范围，中国居民惨遭屠戮，清政府居然宣布“中立”。国人痛感国家已面临被瓜分和灭亡的直接威胁，亡国灭种的阴影，沉重地压在中国人的心头。

1901年《辛丑条约》签订后，面对日益严峻的革命局势，清政府被迫进行了一系列的改革，先后宣布实行“新政”和“预备仿行宪政”，以维持其统治地位。清政府“预备立宪”在很大程度上鼓舞了立宪派，但是《钦定宪法大纲》只不过是以法律的形式肯定了君主专制制度，并且加强了君主专制的统治。随后立宪派掀起了一场规模和声势浩大的请愿运动，呼吁清政府尽快召开国会，并建立责任内阁，促进君主立宪制尽快得到实现。清王朝自然不能接受自身权力受到限制乃至丧失，于是多次驳回立宪派的要求。面对立宪派的多次请愿，清政府更加严厉地禁止，并且成立了“皇族内阁”，以此来进一步加强独裁统治。此举引起了立宪派的极大不满，梁启超痛斥清政府为“祸国殃民之政府”“妖孽之政府”。于是，在历史的潮流中，更多的立宪分子走上了革命道路。

清王朝内，满汉权贵、汉族官僚集团、中央与地方之间的矛盾日益激化，革命形势更加紧张严峻。清军入关之后，尽管竭力拉拢汉族官吏，但他们在内心深处仍将汉人视为奴才。清朝的统治者们对于汉人势力的兴起特别是汉人军队的崛起抱着怀疑和猜忌的态度。比如当时同时担任直隶总督和北洋大臣的袁世凯，其政治实力和军事实力不断膨胀，引起了当时的皇族亲贵的深深忧虑。

光绪皇帝、慈禧太后相继去世后，3 岁的溥仪登上皇位。溥仪的父亲醇亲王载沣监国摄政，试图重振八旗军队。载沣趁此机会，以袁世凯患有足疾为由，将其调回河南休养。随后，载沣宣布成立禁卫军，并且由他统领。不仅如此，载沣又以皇帝之名义出任全国陆海军大元帅，并设立军咨处，将建军事务交给维护其统治的满族大臣，同时还任命了一大批满族子弟担任新军中高级将领。这使得汉族官僚和军阀们产生了强烈的不满与怨恨，他们与清王朝更加离心离德。

辛亥革命前夜，社会经济也到了崩溃的边缘。在甲午战败、借款西方列强近 3 亿两白银赔偿日本后，从 1900 年至 1911 年，清政府又追借外债 3.4 亿两。1910 年，清政府预算支出亏空达 4 169 万两。为了解决财政困难，清政府把大量赔款、偿外债转嫁给地方，把经济危机引向整个社会，加重田赋、厘金和盐课等旧税的税收，并且增添了五花八门的新税。清王朝统治下的中国社会，百业凋敝，民不聊生。

满清王朝病入膏肓，革命形势已然成熟。

材料来源 李文海、刘仰东：《辛亥时期的志士仁人为什么选择了革命？——纪念孙中山先生诞辰130周年》，《中国人民大学学报》1997年第1期；金冲及：《辛亥革命：二十世纪中国的第一次历史巨变》，《人民日报》2001年10月9日。

【案例解析】

革命的发生，是社会矛盾无法调和的产物，具有深刻的社会历史根源。革命，通常发生在统治者不能像以前那样继续统治，被统治者不能像以前那样继续生活，社会矛盾越来越尖锐的时候。于是，旧的体制就会解体，旧的统治秩序就会被打破。辛亥革命的爆发就是一个明证。中国在进入20世纪之初，就背负着首都北京被八国联军入侵的民族耻辱，在政治、经济、军事、文化和外交等各个方面都受到了帝国主义的侵略和控制，民族存亡危机日益加剧。清政府实质上成为了“洋人的宫廷”，中国半殖民地半封建社会也最终形成。清政府实行的“新政”非但没有挽救清王朝，反而使其陷入更深的危机之中。特别是“皇族内阁”的出现，改变了当时仍对清廷存有希望的社会各阶层的政治心态。全国各地绝大多数的资产阶级立宪派和旧式官僚都从权达变、顺应时势，对革命表示同情与拥护。清王朝在政治上分崩离析，丧失了最后一次自我革新的机会，陷入“重症监护濒临死亡”的境地。在这种情况下，人民生活变得异常艰难，社会矛盾也变得前所未有的尖锐，各阶层人民的反抗斗争风起云涌。晚清政局的变化，使老百姓再也无法像以前那样生活下去，推翻清王朝政权成为解决这一时期社会矛盾的焦点。以孙中山为代表的革命派早就放弃了用和平方法逼迫清政府进行变革的幻想，代之以更加坚定的革命决心。

【教学建议】

本案例介绍了辛亥革命爆发的历史条件。此案例可用于第三章第一节第一目“辛亥革命爆发的历史条件”部分的辅助教学。

通过这一案例的教学，使学生对辛亥革命爆发的社会环境和群众基础有更深的理解，明白在辛亥革命之前，清政府已进入“重症监护濒临死亡”的状态，中国已经处于严重的政治和经济危机之中，而当时的危险局面又使辛亥革命的爆发具有一定的历史必然性。在本案例使用过程中，应注意剖析“告别革命”论的错误观点，引导学生加深对资产阶级革命派与资产阶级改良派历史作用的认识，加深对革命派取代改良派成为解决中国近代社会根本问题的唯一方法的认识，加深对革命派正确性、必要性和先进性的领悟，加深对革命派在促进历史发展与进步过程中的重大作用的理解。

## 案例2 革命时代最强音

【案例材料】

以孙中山为首的资产阶级革命派形成以后，就开始了一系列旨在推翻清朝腐朽统治的革命活动，兴中会的成立、血染黄花岗、革命派与保皇派的较量这三个历史片段，就是在极其艰难困苦的条件下革命派唱响的那个时代的最强音。

1894年11月24日，美国檀香山，卑涉银行经理何宽的住宅内，正在召开一个有关中国问题的会议。“中国积弱，非一日矣！上则因循苟且，粉饰虚张；下则蒙昧无知，鲜能远虑……有心人不禁大声疾呼，亟拯斯民于水火，切扶大厦之将倾……仰诸同志，盍自勉旃。”演讲者孙中山激昂慷慨，听者为之动容。“吾提议成立檀香山兴中会，救难吾中华。”台下掌声雷动。孙中山要求各会员写盟书，内容为“联盟人某省某县人某某，驱除鞑虏，恢复中华，建立合众政府。倘有贰心，神明鉴察”。盟词由李昌宣读，各会员以左手置圣经上，高举右手，向天次第读之。中国历史上第一个资产阶级革命团体——兴中会正式成立，当时甲午战争的硝烟还没有散去。

1911年4月27日，松明火把的光影摇动。枪声、炸弹声，愤怒的呼叫。革命党人的第十次武装起义在广州爆发。在火光和浓烟中突然出现了一群人，黄兴领着一群臂缠白巾、穿着黑色胶靴的敢死队队员，向总督衙门发起了进攻。朱执信穿着一件剪去下半截的长衫，持枪猛射。一臂已残的喻培伦将炸弹筐挂在脖子上奋力投掷。林觉民和方声洞从各地汇聚广州参加武装起义的一批革命精锐，在这一天一夜的时间里陆续映现，后又恢复了沉寂。黄花岗上，春雨潇潇，起伏泥泞的岗地上，血肉模糊地放着裹着白布的72具尸体，清兵的马队远远监视着。孙中山先生评价此役曰：“是役也，碧血横飞，浩气四塞，草木为之含悲，风云因而变色……则斯役之价值，直可惊天地、泣鬼神，与武昌革命之役并寿。”

康有为、梁启超等人，在资产阶级民主革命思想广泛传播，革命形势日趋成熟之际，主张维新变法，反对以暴力推翻清王朝统治。1905年到1907年间，革命派与保皇派在海外展开了一场论战，论战的主题围绕着要不要革命、要不要实行民主政治、要不要改变封建土地所有制展开。双方分歧严重，梁启超在写给康有为的信中一语道破：“今者我党与政府死战犹是第二义，与革党死战，乃是第一义，有彼则无我，有我则无彼。”1907年10月17日，梁启超等组织的政闻社于日本东京举行成立会。梁启超正在演说之时，张继、陶成章等同盟会成员闯进来，张继带头喊打，把会场弄得乱七八糟，甚至惊动了日本警方。徐勤在小吕宋及新加坡发表的演讲，也因革命党人的干扰而被破坏。保皇派与革命派之间的斗争，已由文攻转为武斗。1908年9月11日，保皇派机关报的一名记者，以“平实”为笔名发表了一篇文章，大意是革命不可强为，现在开展革命足以瓜分中国。随后，孙中山以“南洋小学生”为笔名，发表了一篇《平实开口便错》的文章，指出：“时势者，纯乎人事之变迁也；革命者，大圣人大英雄能为，常人亦能为。”革命派与保皇派之间的论战辨明了真理，一些海外支持者同保皇党脱离关系。

材料来源　晨光:《孙中山与宋庆龄》，团结出版社，2004年；李菁:《天下为公：孙中山传》，华文出版社，2006年。

## 【案例解析】

本案例通过介绍兴中会的成立、血染黄花岗、革命派与保皇派的较量这三个历史事件，揭示了以孙中山为代表的资产阶级仁人志士登上历史舞台后，在极其艰难困苦的条件下，开始了一系列旨在推翻清政府反动统治的活动，探索挽救中华危亡的道路。康有为、梁启超等人主张维新变法，试图在既有的体制内实现君主立宪的政治梦想，反对以暴力推翻清王朝统治。以《民报》和《新民丛报》为主要舆论阵地，革命派与改良派展开了一场大论战。革命派与保皇派宛如仇雠，双方的交恶之深恰如梁启超之言，“有彼则无我，有我则无彼”。这场革命派与保皇派的论战，使得革命思潮在中国盛行，更多的人开始与保皇派划清界限，为革命高潮的来临作好心理准备，早先跟随康有为、梁启超的信徒舍弃改良思想纷纷走上革命的道路。资产阶级革命先行者孙中山率先成立兴中会这个资产阶级革命团体，联合华兴会、光复会等组建革命政党中国同盟会，采取革命手段倾覆清廷的腐朽统治，领导了以黄花岗起义为代表的十次武装暴动，唱响了那个时代的最强音，为辛亥革命的发动创造了有利的必要条件。

## 【教学建议】

辛亥革命使中国发生了历史性的巨变，但革命派自身也存在一些不足。此案例可用于第三章第一节第二目“资产阶级革命派的活动”部分的辅助教学。

在本案例使用过程中，应注意向学生阐明，革命派在论战中也暴露了其自身的弱点，特别是对帝国主义和人民群众的问题没有给予正面回答。他们在对待帝国主义的态度问题上，没有认清其本质，甚至认为其会同情革命和支持革命，实际上，外国列强利用其在华的种种有利条件严重干涉了中国革命。他们没有也不敢广泛发动群众，对群众缺乏足够的信心，并存在一些传统的阶级偏见。他们在对“平均地权”的认识和解释方面说法不一，认识较为模糊，不敢也不想否定封建土地所有制。这就说明了革命派对于革命的对象、革命依靠什么力量这两大基本问题，都存在着认识上和理论上的局限性，从而不可避免地会影响到革命的进程与结果。

# 第二节
# 辛亥革命与中华民国的建立

## 案例1 清帝宣统的逊位

### 【案例材料】

武昌起义的爆发，得到了其他各省的纷纷响应，宣布脱离清政府的统治。受到国外列强和袁世凯势力的双重压力，清王朝无奈之下，只得让赋闲多年的袁世凯出任内阁总理，授以军政大权，以平定动乱。袁世凯代表清政府与南方革命党人进行了近两个月的谈判，最后达成的“南北议和”本质上就是一场交易，即革命党承诺袁世凯为民国大总统，袁世凯答应迫使清帝退位。

1912年1月16日，袁世凯加紧“逼宫”，上奏清廷言明利害，望清朝“俯鉴大势，以顺民心”，避免出现法国大革命的后果。第二天起，清王朝就召集大臣商量如何应对当前局势。主张“自行逊位”、将袁世凯立为大总统的主要有贝子溥伦以及庆亲王奕劻，反对这一提议的则是恭亲王溥伟等人。

在这一关头，朝廷内部围绕清帝是否退位、是否接受共和国体等议题大做文章。反对共和、排袁护清的是以两个人为代表的王公亲贵，一个是辅国公载泽，还有一个是禁卫军协统良弼，他们从武昌起义之初就反对重新任用袁世凯。所以，袁世凯在上台之后，首先就将载泽等亲贵皇族排除出内阁范围，而后任命冯国璋担任禁卫军统领，以此实现在军权上的掌控。被剥夺权力的反袁势力联合起来，组成了“宗社党”，他们一方面煽动禁卫军，当时的官兵仍以满族为主，另一方面勾结陕甘总督长庚、署理陕西巡抚升允等，以此来对抗袁世凯及其势力。

1912 年 1 月 20 日，为了敦促清王朝让权，尽快实现共和，南京政府确定了清帝退位优待条件并提交给袁世凯。在随后召开的御前会议上，诸多清贵王公都主张实行君主立宪、反对民主共和，但此时清王朝手中已无可供对抗的兵力，因此只好把希望寄托在议会上，企图保住皇室，做最后挣扎。见清王朝不肯退位让权，袁世凯上奏道：“如改为国会议决国体，则优待皇室条件，似亦应由国会议定，能否照前优隆，臣未敢预决。”与此同时，袁世凯暗示亲袁势力，向清王朝掀起要求实行共和的请愿风潮，以威胁和舆论逼迫清政府让权。

1912 年 2 月 3 日，以隆裕太后为代表的清政府不得不全盘让步，最终授予袁世凯全权，再与南京政府商量优待条件。袁世凯动作迅捷，经过考虑后于第二天将《大清皇帝优礼条件》电告伍廷芳，令其就此展开进一步谈判。收到条件之后，南京临时参议院对此展开了较为深入的讨论，决定对部分内容加以修改，特别是文件名称，应该体现更多内容，遂改称为《关于清帝逊位优待之条件》，同时结合实际，在条文中点明“辞位”。谈判本身就是有来有往的协商，经过双方商榷后，最终达成一致，确定八项优待条件，包括尊号不废、日后移居颐和园以及皇室岁费等。

2 月 11 日，隆裕太后进一步认识到形势已不可逆转，便认可条件、决定清帝退位。次日，以宣统皇帝名义下诏三道，包括退位、优待条件、劝谕臣民，这也使其成为中国历史上一个非常特殊的日子。其中，袁世凯为进一步夺取辛亥革命果实，蓄意修改退位诏书内容，专门强调由他来组织临时共和政府，以防革命党人对其权位造成不利。

材料来源　程为坤：《清帝退位记》，《紫禁城》1987 年第 6 期；廖大伟：《1912：初试共和》，学林出版社，2004 年。

## 【案例解析】

辛亥革命推翻了清王朝反动统治，终结了中国两千多年封建帝制，是20世纪中国发生的首次历史性巨变。以孙中山为首的资产阶级革命派领导的辛亥革命，虽然结束了中国两千多年的君主专制制度，创建了资产阶级共和国，成立了南京临时政府，然而随着资产阶级革命派内部派别的分化和权力斗争的加剧，其被动涣散的趋势也越来越显著，革命精神和进取心也大为削弱。袁世凯趁机玩弄政治伎俩，篡夺了辛亥革命的胜利果实。南方革命派在军事上的颓废衰落，使革命集团的分崩离析更加严重，逼使孙中山许诺袁世凯为民国大总统，而袁世凯答应迫使清帝退位。因此可以说，“南北议和”与清帝溥仪的逊位，是革命党人与封建势力妥协的产物。退位之后的溥仪仍然拥有其一定的保皇势力，一直到1924年冯玉祥将其逐出皇宫，民国之中“小独立王国”的不正常现象才算终结。从之后的历史来看，也正是因为辛亥革命的妥协性和不彻底性，封建制度的尾巴并没有在革命中被一扫而净，比如“1917年张勋复辟”和“1932年日本建立伪满洲国”，就是国内外野心之辈借助当时遗留的封建势力，制造的一场场历史闹剧。

## 【教学建议】

本案例介绍了清宣统帝逊位的经过，使学生了解中国末代王朝终结的历史过程。该案例可用于第三章第一节第一目“辛亥革命的爆发与清王朝覆灭”部分的辅助教学。

在本案例使用过程中，应注意向学生阐明清帝的逊位与共和政体的创立，既体现了辛亥革命的成功，又体现了辛亥革命的局限性。应注意向学生提示：资产阶级革命队伍中有不少人错误地认为革命就是反满，就是推翻清王朝的统治，对于建立资产阶级共和制度的目标认识不清，对于维护资产阶级宪法的信念不够坚定。诚然，在新旧时代嬗变的历史迷雾中，当时即便如杨度这样的社会精英也沉溺于“帝制强国”的政治幻想，竭力谋划筹安会组织，投身于拥立汉人皇帝袁世凯的帝制活动。正因为资产阶级革命派的妥协性和不彻底性，使得辛亥革命后形成了“上有民国、下无民主”的政治态势，孙中山不得不重启“民国与非民国”的斗争之旅。

## 案例 2 铁血十八星旗

### 【案例材料】

武汉率先升起第一面“铁血十八星旗”不是偶然的。武汉以其工业密集、文化繁荣而著称，素有“九省通衢”之称，它曾是帝国主义入侵的重镇，也是清政府反动统治的中心。湖北革命党自 1904 年起，便展开了革命的组织与动员工作，相继建立了一批革命团体，虽然其组织屡遭挫折，但其活动从未中断。他们在新军中进行了许多卓有成效的工作，至起义前夜，已有超过三分之一的人成为了革命党人，其余的人大都对革命抱有同情、支持之心。这些活动为武昌首义的爆发奠定了良好的组织基础。

四川保路运动是武昌起义爆发的导火线。1911 年 5 月，清政府颁布“铁路干线国有”政策，而后竟然借“国有”名义，将筑路权出卖给西方列强。此举激起了各地人民的反对，引发了各地保路风潮，疾呼“存路救国”，尤以四川为甚。6月17日，川汉铁路公司成立了“保路同志会”，参加者达到数十万人，四川各州县也相继响应。在此过程中，四川总督赵尔丰用武力镇压请愿群众，成都死伤数百人，促使保路运动变成了一场反清武装起义。接着，成都一带的同志军率先发动起义，全国各地纷纷响应。

四川保路运动最终引发了一场席卷全国的革命风潮，清政府不得不将湖北新军调往四川进行镇压，武汉因此兵力空虚。革命党人抓住了这一良机，开始发动起义。共进会和文学社作为当时湖北地区的革命团体，在此千钧一发之际决定联合起来，作为起义领导组织，加强对革命力量的领导。10月10日晚7时左右，由于起义计划走漏了风声，在此紧急关头，驻武昌紫阳桥附近的工程第八营打响了武昌起义的第一枪，担任组织和指挥的是革命党代表熊秉坤。革命军拼命奋战一晚，终破湖广总督衙门和藩库等要害，湖广总督瑞澂狼狈逃往停泊在长江的兵舰上。

武昌起义成功后，因为在起义之前的一次试制炸弹中发生了意外，革命领导人被捕、被杀、受伤、逃亡，而共进会和文学社之间也发生了一些冲突，谁也不愿意让对方的人站出来坐革命成功的头把交椅。在此情况下，革命党人立即召集湖北咨议局议员和地方绅商开会，推举清朝高级军官、第21混成协统领黎元洪出任军政府都督。湖北军政府一建立，即宣布废除“宣统”年号，升起“铁血十八星旗”。

武昌起义的号角响彻中华大地，各地革命党人纷纷掀起武装起义，短短一个月的时间，黄龙旗就已在全国各地变换了颜色。随着湖北、湖南、陕西、江西等十多个省和上海都宣布脱离清王朝统治，“铁血十八星旗”在大部分新独立的省份飘扬起来。清王朝摇摇欲坠。

“铁血十八星旗”是武昌起义胜利的标志。十八颗星代表关内汉族的十八行省，而“铁血”则象征着为了革命宁死不屈的精神。

“铁血十八星旗”在多省悬挂，标志着清王朝大势已去。但是，由于当时革命主体都在海外，而在起义过程中，各地方的资产阶级立宪派和旧式官僚大多采取从权应变、顺应革命的姿态，因此革命从一开始就潜藏着失败的危险。

材料来源 史冷金:《民国那些事儿·禅机卷（1912—1919）》，陕西师范大学出版社，2007 年；夏双刃:《乱世掌国：评议民国大总统》，九州出版社，2006 年。

## 【案例解析】

从清王朝的充满封建帝王色彩的黄龙旗，到武昌起义打出的象征宁死不屈精神的“铁血十八星旗”，旗帜这一特殊的时代符号变换，昭示了腐朽的清王朝专制时代的结束和伟大的民主共和时代的诞生。清王朝的倒行逆施，使得封建统治者与广大民众之间的矛盾更加激化。同时，清政府与地方、满汉之间的矛盾也变得更加尖锐。就是在这样的历史背景下，武昌首义打响了埋葬清王朝的第一枪，全国各地纷纷响应，清王朝大势已去。旧官僚和立宪派，一方面以其在各省咨议局中的影响，鼓动清政府“反正”，宣称“和平光复”，使革命势力迅速壮大，促使清王朝的灭亡；另一方面，他们也担心革命的进一步发展会损害自己的利益，因而阻碍革命的进一步发展。于是，他们利用自己原有的政治身份与社会声誉，对革命果实进行干涉、掠夺，并不惜发动政变，杀死革命志士。如原江苏巡抚程德全“挑瓦革命”，抢夺胜利果实；又如湖南立宪派发动兵变，杀害革命烈士焦达峰。这些以非常手段渗透到革命队伍中的旧式官僚与立宪派，成为阻碍革命与走向妥协的推手，为辛亥革命最终的失败埋下了伏笔。

【教学建议】

旗帜的变换是时代变化的最显著符号。本案例可用于第三章第一节第一目“辛亥革命的爆发与清王朝覆灭”部分的辅助教学。

在本案例使用过程中，应注意向学生阐明，在湖北武汉和其他省份革命爆发后，各地多数资产阶级立宪派和一些旧式官僚原本对革命毫无同情甚至持敌视态度，此时却选择了从权达变，以各种方式混入革命阵营中，成为革命党人内部斗争的得利者，站到了“铁血十八星旗”下。因旧官僚和立宪派身份特殊，他们拥有既有的政治地位和较高的社会声望，其所作所为对革命的发展带来极大的负面影响。新旗帜下站旧人，革命潜藏着失败的危险。反清阵营中人员成分的复杂性和民国成立后各方所持的目的迥然不同，以及资产阶级革命派缺乏坚强的组织领导，最终导致了十八星旗的“铁血”精神本色暗淡无光。

## 案例 3 民国初年新气象

【案例材料】

1911 年，黄花岗之役、保路运动、武昌起义等，共同构成辛亥革命的历史图景。革命党人推翻了清王朝，成立了中华民国，这是一种政治制度的根本变化。这一事件牵动着传统社会的每一根神经，是一次政治体制与社会意识的巨大飞跃，在新旧交替的历史过程中，都留下了难以磨灭的印记。

“皇帝倒了，辫子割了”形象地说明了辛亥革命的两大历史功绩：一是革了皇帝的命，一是革了辫子的命。

辛亥革命是一个分界。从此，帝王由人主、天子、君父，变成了人民的敌人。“敢有帝制自为者，天下共击之”成了一个时代的共识。随着废除帝制，附生于此的世袭制度、太监制度、包衣制度等一系列腐朽制度也相继被清除。以民国纪年代替清帝年号，体现了民主观念对“君权”的否定。纪年改革是“皇帝倒了”的成果，然而，对于中华大地上那些远离革命风波的人们而言，正是纪年的变化才令人确信皇帝的命被革了。

在当时人们的心目中，与“皇帝倒了”相并而提的是“辫子割了”。

编辫本来是女真人的一种习俗。剪辫在近代中国的思想转型过程中具有观念变革的重要意义。中国人曾就辫子问题表现出各种各样的本相。1895 年广州起义失败后，孙中山割了辫子，开始了一位革命先驱与封建帝制的决裂历程。在就任大总统之前，袁世凯割了辫子，显示了“名义上是共和主义者，但内心却是专制君主”之人的内心权衡。而辜鸿铭，虽然吃过很多洋面包，但在辛亥革命后很长一段时间里仍然拖着辫子，并且傲然登上北大讲台，这又是一种“自觉的遗老意识”。割辫子已经是一个时代的趋势和潮流，任何想要自立为帝王的人，都会被群起而攻之，而那些还在坚持旧王朝统治的人，都会被视为封建遗老。

南京临时政府成立后，为促进社会风气的改善，先后颁布了一系列革除“旧染污俗”的政令。从民国初期开始，废除缠足恶习已渐成风尚。后来，女子裹脚从此解放了，已裹的放掉，已经裹小的也放大，人们自然而然地达成了一个共识，民国纪元以后生下的女儿一概不裹脚。与此同时，称谓不仅是人与人之间关系的产物，也是人与人之间关系的体现。辛亥革命以后，以官职、先生、君来替代老爷、大人之称，体现了对封建制度下人与人之间不平等的否定。以鞠躬为礼，取代了过去的跪拜、相揖、请安、拱手等旧礼，这是民国时期礼制变革的一个重要方面，体现出平等观念取代了礼节上的尊卑等级观念。废除跪拜的目的，不只是为了解放双膝，更是为了跨越野蛮和文明之间的历史鸿沟。

中华民国成立后，《临时约法》规定“中华民国人民一律平等，无种族、阶级、宗教之区别”，资产阶级再也不是“四民之末”的地位。在国家政府机构内部，实业界人士占据了一定的比例，比如张謇、汤寿潜等。这一时期，得益于一系列振兴实业的法令，工厂数量不断增加，产业工人人数也不断增加，由此不难窥见民国初年实业推进的步伐。

材料来源　陈旭麓:《近代中国社会的新陈代谢》，上海社会科学院出版社，2006年。

## 【案例解析】

本案例通过介绍纪年改革、社会习尚和实业发展等几个方面的内容，反映了中华民国成立后，社会经济、思想习惯和社会风尚等方面的一系列变化。得益于南京临时政府颁布的一系列政令，象征清王朝统治的辫子和服饰被废除，而缠足、吸食鸦片、赌博等恶习也被废除。以官职、先生、君来替代老爷、大人之称，以鞠躬代替跪拜、请安等旧式礼节，体现出依附于封建制度的尊卑等级观念逐渐被平等、自由精神所取代。这种转变，不但使社会风气发生了转变，也使人民获得了思想上的解放。与此同时，临时政府颁布的一系列鼓励实业发展的法令条例，有力地推动了中国民族资本主义的发展，壮大了中国民族资产阶级的力量，使资本主义的发展进入了“黄金时代”。同时，随着资本主义的不断发展，中国的无产阶级队伍规模也在不断地壮大，从而为后来中国的社会革命奠定了坚实的阶级基础。而临时政府颁布的《中华民国临时约法》，表明临时政府是以“三权分立”“代议政治”为原则建立的，确立了资产阶级共和政体，不仅以根本大法的形式确定了封建君主专制终于废除，而且在一定程度上开启了中国社会发展的新纪元。

## 【教学建议】

中华民国的成立，推动了中国的社会变革。本案例可用于第三章第二节第二目“中华民国的建立”部分的辅助教学。

在本案例使用过程中，可使学生理解南京临时政府一系列革除“旧染污俗”和振兴实业的法令条例的颁行，确实在社会经济、思想习惯和社会风俗等方面取得了新陈代谢的可喜的进步。然而，革命的成果不久就被袁世凯领导的北洋军阀所夺取，中国随即进入了北洋军阀的黑暗统治时期。宋教仁遇刺、国会被解散、国民党被宣布为非法，以及张勋复辟等事实充分表明孙中山制定的体现资产阶级共和精神的《中华民国临时约法》已成废纸，中国半殖民地半封建社会的性质并未发生变化，中华民国仅存一个空壳。为了实现中国彻底告别半殖民地半封建社会，中国人还需要进行艰苦探索。

# 第三节
# 北洋军阀统治与旧民主主义革命的失败

## 案例1 袁世凯复辟帝制

### 【案例材料】

袁世凯是中华民国的第一任正式大总统，也是中国数千年来第一位正式大总统。当这些光环套在他头上的时候，他却走向了封建帝制，历史将他牢牢钉地在了耻辱柱上。我们通过就职临时大总统、选举中华民国正式大总统、制定《大总统选举法》、大搞特务警察统治、复辟帝制一组切入点，来看看他是如何走向历史反面的。

1912年3月10日下午3时，袁世凯宣誓就职临时大总统。这自然算得上是历史性的一幕，举行了非同寻常的重要仪式，与会者众多，一些外国公使如朱尔典等皆到现场观礼、见证。袁世凯此时极感荣耀，面南正立，宣读誓词，明示自己"深愿竭其能力，发扬共和之精神""蕲达国家于安全强固之域，俾五大民族同臻乐利"，并且郑重表示之后要"召集国会，选定第一期大总统"。在这个特殊的时刻，蔡元培代表参议院接受誓文并代表孙中山致祝词。袁世凯再次表示："愿竭心力，为五大民族造幸福，使中华民国成强大之国家。"

1914 年 8 月，参政院秉承袁世凯意旨，制定了《大总统选举法》。这部法律在条文设置上全然不顾“共和之精神”，不仅规定大总统可连选连任，而且对于继任大总统，“别出心裁”地规定由现任大总统确定，写于“嘉禾金简”上，密藏“金匮石室”中，选举时照单“选举”。此举可谓荒谬，严重破坏共和制度，与清室的秘密立储别无二致，因而引起舆论哗然。如果照此法案办理，那么袁世凯不仅有可能终身任总统，还能够进一步指定继承人，几乎等同于封建皇室的“传位”制度。这样，除了一块“中华民国”的空招牌，袁世凯已和专制皇帝没有区别。

袁世凯建立的专制独裁统治，完全违背了民主共和的理念，若非依靠北洋军的军事力量和特务警察的恐怖手段，其独裁专制政权就一天也无法维持。为了适应封建专制政治的需要，他大搞特务警察统治，而且随着阶级斗争的激化，不断强化这种统治。袁世凯建立了非常系统的特务警察网，包括京畿军政执法处、步军统领衙门、稽查处、拱卫军司令部执法处等。所有这些机关都豢养秘密侦探，都有监视人和缉捕人的特权，不受法律的约束。1913 年镇压“二次革命”后，民主派变为“乱党”“暴民”，袁世凯便毫无顾忌地发泄对他们的仇恨。各种特务警察机构对国内民主派的政治迫害发展到了不受任何法律约束的程度。在北京和各省，被捕者不经任何审讯就被处决，惨杀民主派人士的事件时常发生。仅被军政执法处杀害的人即“数以千计”。北京各监狱“收禁犯人极多，大有人满之患”，不得不分批送至保定监狱“寄禁”。长期被关押的人，身心都受到严重摧残。

1915 年 12 月 13 日，袁世凯在居仁堂接受百官朝贺。他身穿金光耀眼的大元帅服，面南立于龙案左上方。他中下等身材，团肩巨腹，眼里闪露出不平常的凶光。百官面北而立，战战兢兢地向他行三鞠躬礼，高呼“万岁”。12 月 31 日，他下令改民国五年为洪宪元年，改总统府为新华宫，又发行了一种纪念金币和银币：一面以他身着海陆军大元帅服的头像作为图案，一面以象征封建帝王的“龙”作为图案，并有“中华帝国”“洪宪纪元”八个大字。

材料来源　李宗一:《袁世凯传》，国际文化出版公司，2006 年。

## 【案例解析】

辛亥革命无疑是中国近代历史性巨变的开端。但袁世凯复辟的发生，说明尽管辛亥革命确立了资产阶级共和政体，但是并没有把封建专制政治的统治根基彻底清除，旧军阀、旧官僚、王公贵族、封建遗老等各种各样的旧式人物，共同构成了这场封建复辟运动的社会基础。帝国主义列强为了自身的国家利益，在中国代理人袁世凯称帝时扮演了重要角色。美国顾问古德诺、日本顾问有贺长雄，还为此堂而皇之地从理论上阐述中国只可行帝制不可行共和的谬论。种种看似迷媚的政治幻觉，使得袁世凯这个清末民初的枭雄铤而走险，逆历史潮流而动，假意三推让，后又洪宪称帝。民主共和制度一步步地被破坏，革命党人想建立一个独立的、民主的资产阶级共和国的理想被完全粉碎，中国又一次被推入了黑暗的深渊。后来，孙中山在一次演讲中痛心疾首地说："世凯之所为，则无一不与民国为敌。""二次革命"、护国运动、护法运动等斗争最终都未能改变中国半殖民地半封建的社会性质。由资产阶级领导的旧民主主义革命已是穷途末路。通过本案例的教学，使学生理解辛亥革命的失败原因，辩证揭示辛亥革命的历史进步性与阶级局限性的内在关系。

## 【教学建议】

辛亥革命最终以失败而告终。本案例可用于第三章第三节第一目"封建军阀专制统治的形成"部分的辅助教学。

在本案例使用过程中，一方面要对孙中山让位袁世凯的历史事实做客观分析，另一方面要结合革命党人自身的弱点和内部的斗争等主观因素来深入分析。袁世凯通过修改法律，不但一任十年，还可以连选连任，乃至终身任职，继任大总统也由自己指定，后来他干脆撕掉伪装，自己当皇帝。袁世凯肆意践踏民主和人权，这种毫无政治操守和底线意识的行径若非依靠北洋军的军事力量和特务警察，其独裁专制政权就一天也无法维持。在此过程中，主张建立“议会政治”和“政党内阁”的宋教仁，却遭刺杀。袁世凯和专制皇帝已经没有任何区别，完全背离了民主共和的政治理念。

## 案例 2 南京留守府的建立和裁撤

### 【案例材料】

南京留守府的建立，不是一蹴而就、倏忽成型的，而是南北互相妥协的一个结果。辛亥革命期间，为反对清政府、抗击清政府军队、维持局势稳定，各省在此过程中建立起一支较为强大的军队。虽然一些军队属于仓促组建，战斗力参差不齐，但多达二十万人的总兵力亦足以成为一支不容忽视的重要力量，不得不令袁世凯心生忌惮。为进一步巩固自己的权势，袁世凯要求黄兴稳住局势，逐步解散各地军队。

当时，黄兴等革命党人尚未深刻认识到袁世凯的真实面目，而是出于家国大义着手整顿部队，以降低经济负担、稳定各地局势。1912 年 4 月，南京兵变事件发生后，黄兴进一步坚定自己的想法，即应该对部队予以裁撤，以防局势更为混乱。于是，他解除赣军武装，调回全部浙军，把部分桂军和粤军遣散回籍。然而，黄兴的积极配合并未得到良好回应，反而因为力量不断下降而地位愈发降低，受到袁系、拥袁势力的责难。他们不仅公然污蔑南京留守这一职位妨碍统一，还无视黄兴为国家和平与统一作出的积极贡献，悍然指责他具有分裂的野心。

对此，革命党人由于缺乏经验等各种因素，表现得较为懦弱、无措，对袁系势力不断让步。尤其重要的是，作为革命领袖，黄兴积极配合裁撤军队，孙中山积极推动实业救国，宋教仁积极寻求政党政治。这样一来，革命党人高层对关系全局的军事力量未能给予足够重视，再加上军事力量、革命精神不断缩减，以至于无法再有力支持南京留守府的存在。实际上，在面对袁世凯势力的排挤、分化等手段时，黄兴等革命党人即已颇为不满，明白其阴谋所在，但是出于对和平统一的向往、对混乱局势的担忧和对袁世凯不切实际的期望，不再寻求整军经武，而是进一步退让，以维护来之不易的局面。5月13日，黄兴电告袁世凯，请求准其销职。袁世凯虽然乐见其成，但是却希望维持惜才爱才的形象，而表达“挽留”之意。真实情况是，他已在思考如何进一步瓦解革命党势力，接管留守府。陆军部次长蒋作宾受他差遣，与黄兴面谈善后事宜，并请张謇与江苏都督程德全商议相关事宜。程德全久经官场，深知袁世凯的真实心意和思虑重点，于是电告袁世凯，向其陈述黄兴的情况，示意其没有“积极”之意，也就是从思想到行动都确实希望维持局面、推进统一。袁世凯得知后，决定让黄兴留下来，以发挥其更大价值，即稳定南方军队之心。

历史从来告诉我们，只有以斗争求团结，团结才能稳固。黄兴在与蒋作宾的协商中，得知与银行团签订垫款合同的苛刻之处，立即通电抗议，但是不免为时已晚。军饷问题就此难以解决，于是他只能坚决提出辞呈。

然而，黄兴的辞职恰恰又让出一步，反而利于袁世凯的野心。同盟会中的一些人认为不能一退再退，而应有所作为。陈其美便专门赶去劝说黄兴，但却未能达成目的。而且，由陈其美带领的“洗程会”试图强化力量、起事斗争，但却在大势影响下难有作为，因泄密而被程德全所破。之后，尽管谭人凤等革命党人积极要求不许黄兴辞职、且由其出任江苏都督。但事已至此，袁世凯的势力以及程德全的位置难以动摇。6月14日，黄兴通电解职。

南方革命派一让总统，交出了政权；二辞留守，交出了兵权。这恰恰是由于革命经验的缺乏以及革命党人的不成熟。同时，南方军队不断缩减，使得袁世凯势力的影响越来越大、越来越难以遏制。因此，南京留守府的裁撤，成为南北势力消长演变的一个重要分水岭。

材料来源《民权报》1912 年 4 月 5 日；湖南省社会科学院编:《黄兴集》，中华书局，1981 年。

## 【案例解析】

南京留守府的建立与裁撤，实为南方革命派与北方守旧势力的又一轮抗争与交锋，体现了以袁世凯为首的封建军阀之奸诈，以及以辛亥革命领导者为首的资产阶级革命派自身的弊端与失误。这一案例可以深化我们对辛亥革命失败之原因的认识和理解。武昌起义之初，面对汹涌而来的革命局势，资产阶级革命派本身就没有统一的思想认识，也没有统一的革命部署，因而也没有具体的行动来取得全国的胜利。孙中山、黄兴等主要领导人长期流亡海外，对于国内形势复杂性的认识不透彻，对于革命行动的掌控力较为薄弱，没有能力大力发展自己的嫡系部队和核心武装。而南京留守府成立时所赋予的职能就是过渡和“善后”，这就注定了其悲剧性的命运。这一南方军事指挥中枢机构的裁撤，使革命党人处于群龙无首的状态，军事力量遭到严重削弱。这些现象所折射出来的资产阶级革命派的弱点和错误，从阶级分析方法来看，根源于中国民族资产阶级的软弱性和妥协性。从辛亥革命失败和辛亥革命后资产阶级革命派屡次奋斗受挫的历史事实中，我们要认识到中国资产阶级不可能领导中国民主革命取得彻底的胜利，对国家出路的探索难以避免失败的命运，以及资本主义道路在中国行不通的道理。

【教学建议】

本案例介绍了南京留守府的建立和裁撤经过，可用于第三章第三节第二目“旧民主主义革命的失败”部分的辅助教学。

在本案例使用过程中，可向学生讲清楚，辛亥革命的失败，客观原因主要是由于国内外势力的联合绞杀，国内势力包括袁世凯为代表的大地主、大买办等，国外势力的根本意图就是侵略、控制进而瓜分中国，国内国外势力相互勾结，使得革命成果最终被窃取；从主观原因来看，辛亥革命的失败，不得不归结于革命领导者——资产阶级革命派本身存在的缺点与错误。因此应当结合革命党人本身的弱点以及内部的斗争等一些主观方面的因素，对辛亥革命的失败原因进行分析。但同时也要注意，不应对这个时期的人物局限性过分夸大，要将他们放到那个时代的大环境中去认识和考察，以事实来阐明为什么说中国资产阶级无法实现反帝反封建的历史任务，以及资产阶级共和国方案在中国行不通。

## 案例3　孙中山与黄兴、章太炎的分歧

【案例材料】

中国同盟会是资产阶级革命政党性质的松散的联合体组织，没有一个坚强有力的领导核心，内部充满了错综复杂的斗争。领导层主要人物——孙中山与黄兴、章太炎的分歧是辛亥革命失败的一个不可忽视的因素。

第一次分歧是旗帜选用问题。1906 年冬，同盟会开会商讨革命方略，并就未来中华民国的旗帜问题进行讨论，孙中山提议继续使用兴中会的青天白日旗，他说这是牺牲的战友陆皓东设计的，兴中会以及惠州起义中诸位烈士都曾为此而流过血，所以一定要作为纪念。黄兴对此不同意，他认为这面国旗不仅外形不美观，而且和日本太阳旗很像。黄兴提出用井字旗，理由是井田代表着平均地权，是社会主义的象征。孙中山再三争取，并提出增加红色，改作红蓝白三色，以符合自由、平等、博爱的精神。后因没有达成共识，问题暂时置。1907 年 2 月，因孙中山在国旗方案上坚持己见，黄兴曾怒而退会。但黄兴最终还是为顾全大局作了让步，这是辛亥革命以前孙中山和黄兴之间最大的一次分歧。

第二次分歧导致“倒孙”风潮。同盟会成立之后，革命阵营内部本就不太团结，后因孙中山离开日本时接受的捐款而导致一次“倒孙”风潮。根据日本方面的记录，日本政府以 7 000 元作为孙中山离开的费用，但是条件是孙中山三年以后可以重返日本。孙中山曾拨出 2 000 元给《民报》，《民报》主编章太炎觉得经费不足，同时他又了解到日本政府开出的条件。一时间，同盟会本部内，关于孙中山“受贿”和“被收买”的议论纷纷。就在此时，听闻国内的黄冈起义和七女湖起义失败，同盟会的内部矛盾就像是干柴遇到了烈火，并且火上浇油。反对孙中山的人发起了第一次“倒孙”风潮，主张罢免孙中山，改选黄兴为总理。

在此紧要时刻，黄兴以革命大局为出发点，拒绝出任同盟会总理。“倒孙”风潮虽然逐渐平息，但对孙中山的不满情绪依然存在，此次风潮对同盟会造成的创伤是难以愈合的。

第三次分歧是另组中华革命党问题。“二次革命”失败后，孙中山再度流亡日本，决定另组中华革命党。中华革命同盟之誓约，第一要旨就是服从孙中山，在誓词中有“永守此约，至死不渝。如有二心，甘受极刑”这样的内容，并要在上面加印右手中指的指模。不仅如此，新的章程还把党员依据参加革命的先后分为三等，规定“凡非党员在革命时期之内，不得有公民资格”。孙中山很想让黄兴当中华革命党协理，但黄兴认为孙中山要求党员宣誓愿意“牺牲一己之生命自由权利，附从孙先生再举革命”，并在名下加印指模，这是不合时宜的，因为“前者不够平等，后者迹近侮辱”。黄兴不肯加入中华革命党，许多知识分子和军界老党员也都表示反对。对于袁世凯，他们不提倡采取“急进”的革命方式，而提倡“缓进”。至此，孙中山与黄兴二人分道扬镳，原同盟会组织已经支离破碎。最终孙中山、黄兴彻底分裂。

材料来源　傅国涌:《主角与配角：近代中国大转型的台前幕后》，长江文艺出版社，2005年；李菁:《天下为公：孙中山传》，华文出版社，2006年。

【案例解析】

从兴中会、华兴会的青天白日旗还是井字旗的旗帜选用之争和“倒孙”风潮的发生，到组建中华革命党时的重大分歧，都说明了资产阶级革命党人在革命过程中缺乏内部团结和统一认识。在革命阵营里甚至有人主张“革命军起，革命党消”。革命派内部这种派系分歧和日益尖锐的争权夺利现状，使得革命精神和进取意识大大减弱。孙中山曾经说辛亥革命之所以失败，“非袁氏兵力之强，实同党人心之涣”。从之后的历史来看，同样是因为这个原因，国民党、中华革命党也都未能形成强有力的领导力量，各方主张歧异，组织涣散，派别斗争就从来没有停止过。由于中国是半殖民地半封建社会，民族资本主义的主体是受了西方资本主义的刺激而发展起来的，民族资产阶级则是由地主、买办、官僚和商人转变而来的。因此，他们同封建势力、帝国主义势力的关系是千丝万缕的，不能也不可能完全地、彻底地反帝反封建。以孙中山为代表的资产阶级革命派，为了捍卫辛亥革命的胜利果实而不断努力，但是在对革命的理解上却存在着不同的意见，这就造成了革命阵营的反复分裂和革命实力的减弱，也使得他们后来在护国运动中都未能取得全国领导中心的地位。

【教学建议】

此案例涉及资产阶级革命派内部的分歧，这是辛亥革命失败的原因之一。本案例可用于第三章第三节第二目“旧民主主义革命的失败”部分的辅助教学。

在案例使用过程中，应注意在分析革命党人的自身弱点和内部斗争时，不要过分夸大孙中山与黄兴、章太炎之间的分歧，以免得出不符合实际的结论。孙中山与黄兴、章太炎即使因具体问题而分道扬镳，但在大方向和本质性的问题上仍是相合甚至有联系交流的。他们常年流亡海外，因经历和学识等不尽相同，争论和分歧在所难免，没有形成坚强的领导力量殊为可惜。应当在教学中以事实说明中国的资产阶级为什么不能完成反帝反封建的历史任务，进而明确新民主主义革命取代旧民主主义革命的历史必然性，引导学生总结历史经验，增强爱国主义意识和历史使命感。

# 第四章

# 中国共产党成立和中国革命新局面

# 第一节
# 新文化运动和五四运动

## 案例 1 《新青年》杂志

### 【案例材料】

1915 年 9 月，陈独秀在上海创办《青年杂志》（后更名为《新青年》），该刊物是新文化运动的主要阵地。陈独秀在创刊号发表的《敬告青年》一文，提出“中国青年应该是自主的而非奴隶的，进步的而非保守的，进取的而非退隐的，世界的而非锁国的，实利的而非虚文的，科学的而非想象的”。《新青年》自此成为反封建礼教、批判孔学和倡导拥护民主、科学的刊物，在社会上掀起了一股思想解放的潮流。当然，新文化运动的倡导者没有因此否定中国的全部传统文化。

1917 年初，陈独秀就任北京大学文科学长，编辑部迁至北京，《新青年》杂志和北京大学共同构成了新文化运动的主要阵地。随着十月革命影响的扩大，该刊物逐步转向社会主义思潮的传播。

1919 年 1 月，李大钊在《新青年》发表《庶民的胜利》一文，批判帝国主义宣传第一次世界大战的胜利是“公理战胜强权”的论调，指出：“这回战胜的，不是联合国的武力，是全世界人类的新精神。不是为哪一国的军阀或资本家的政府，是全世界的庶民，我们庆祝，不是为哪一国或哪一国的一部分人庆祝，是为全世界的庶民。”同时，李大钊在文中系统阐述了四个觉悟：

第一，变革的必然性：社会主义革命需要经历阵痛，如同新生命的诞生。“须知一个新命的诞生，必经一番苦痛，必经许多危险。有了母亲诞孕的劳苦痛楚，才能有儿子的生命。这新纪元的创造，也是一样的艰难。这等艰难，是进化途中所必须经过的，不要恐怕，不要逃避的。”

第二，历史潮流不可逆：法国革命预示19世纪变革，俄国革命开启20世纪新纪元。“须知这种潮流，是只能迎，不可拒的。我们应该准备怎么能适应这个潮流，不可抵抗这个潮流。人类的历史，是共同心理表现的记录。一个人心的变动是全世界人心变动的征兆。一个事件的发生，是世界风云发生的先兆。一七八九年的法国革命，是十九世纪中各国革命的先声。一九一九年的俄国革命，是二十世纪中世界革命的先声。”

第三，国际秩序重构：反对强权外交，主张平等协商的国际治理。“须知此次平和会议中，断不许持“大主义”的阴谋政治家在那里发言，断不许有带“大主义”臭味，或伏“大主义”根蒂的条件成立。即或有之，那种人的提议和那条件，断归无效。这场会议，恐怕必须有主张公道破除国界的人士占列席的多数，才开得成。”

第四，劳动者主体性：未来社会应由劳动者主导，批判不劳而获的剥削现象。“须知今后的世界，变成劳工的世界。我们应该用此潮流为使一切人人变成工人的机会，不该用此潮流为使一切人人变成强盗的机会。凡是不做工吃干饭的人，都是强盗。我们中国人贪惰性成，不是强盗，便是乞丐，总是希图自己不做工，抢人家的饭吃，讨人家的饭吃。到了世界成一大工厂，有工大家做，有饭大家吃的时候，如何能有我们这样贪惰的民族立足之地呢？照此说来，我们要想在世界上当一个庶民，应该在世界上当一个工人。”

材料来源 《庶民的胜利》，《新青年》第五卷第五号，1918年11月；《李大钊全集》第二卷，人民出版社，2013年。

## 【案例解析】

《新青年》杂志是新文化运动的宣传阵地。通过该杂志，当时一些中国的先进分子发动了一场新的启蒙运动。这是在中国人学习西方的努力实践中一再碰壁，面对辛亥革命败北和北洋军阀统治无道的苦闷和彷徨，希望以廓清蒙昧、启发理智，改造中国的国民性，使人们从封建思想的束缚中解放出来，从而挽救国家、民族危亡的新的尝试。1919 年五四运动以前的新文化运动，是资产阶级民主主义的新文化反对封建主义旧文化的斗争。《新青年》提出反对封建专制的资产阶级民主主义制度和思想、主张破除封建迷信的科学精神和科学方法，并以反对旧道德提倡新道德、反对旧文学提倡新文学为文化革命的两大旗帜。而在十月革命以后、五四运动前后，中国思想界产生了一批赞成在中国走社会主义革命道路的思想潮流。以陈独秀和李大钊为代表的中国部分先进分子，开始接受马克思主义，赋予“民主”和“科学”新的含义，“民主”不再指狭隘的资产阶级民主，而是指多数人的民主、以广大劳工为主体的民主。“科学”则主要是指马克思主义的科学世界观和社会革命论。《新青年》杂志陆续刊登了李大钊的《法俄革命之比较观》《庶民的胜利》《布尔什维克主义的胜利》《我的马克思主义观》等文章。

可以说，《新青年》的演变折射出新文化运动的思想转型：从初期批判封建礼教，倡导资产阶级民主，到后期传播马克思主义。陈独秀、李大钊等知识分子将民主内涵扩展为“多数人的民主”，科学聚焦于马克思主义方法论，为中国共产党的成立奠定了理论基石。

【教学建议】

《新青年》的创立是新文化运动发生、发展的主要标志和思想宣传阵地。该案例可以运用于第四章第一节第一目“新文化运动与思想解放的潮流”部分的辅助教学。

《新青年》所刊载的文章直接反映了新文化运动的理论思潮的历史演进过程，在案例教学中，帮助学生更深刻地理解《新青年》早期的宣传思想与后期的宣传思想有什么不同。能使学生领会新文化运动在中国近代思想发展史上的历史意义，理解中国近代先进分子为什么以及怎样逐渐选择了马克思主义，也能使学生更好地理解作为中国共产党人的前身的、初具共产主义思想的中国先进分子的初心和使命等问题。

## 案例2 十月革命是怎样推动中国先进分子选择社会主义的

【案例材料】

十月革命胜利后，中国知识界开始涌现出一股认同俄国社会主义革命道路、主张在中国实践社会主义的思想潮流。这一历史性思想转向的发生，与新生苏维埃政权展现的国际主义立场密切相关：首先，苏俄作为首个社会主义国家率先提出反对帝国主义的革命纲领，这为中国先进知识分子提供了反抗殖民压迫的理论武器；其次，苏俄政府于1919年宣布废除沙俄时期在华不平等条约，这种前所未有的平等外交姿态，极大增强了社会主义理念对中国的吸引力。正是这种意识形态感召力与现实政治示范效应的双重作用，促使李大钊、陈独秀等早期先进分子逐步突破资产阶级民主主义的局限，转而将科学社会主义确立为中国社会改造的指导思想，从而开启了马克思主义中国化的历史进程。

1919 年 7 月 25 日，新建立的苏俄政府发布《致中国人民及中国南北政府宣言》（史称第一次对华宣言），首次系统阐述无产阶级政权的外交政策。这份由副外交人民委员加拉罕签署的文件不仅宣布无偿废除沙俄在华特权，更提出建立平等邦交的革命性主张。随着该宣言文本于 1920 年 3 月经《新青年》《东方杂志》等刊物全文刊载，其揭示的反帝主张与“将中东铁路无偿归还中国”等具体承诺，在五四运动后的中国社会引发剧烈震荡。特别是宣言中“拒绝参与帝国主义瓜分行动”的声明，使正在寻求救国道路的知识精英意识到：列宁主义框架下的社会主义，既能提供反殖民斗争的理论支撑，又包含重构国际秩序的现实方案，这种双重特性直接推动了“以俄为师”思想在早期共产主义者中的形成。

《宣言》写道，苏俄政府“代表俄国人民向全世界人民倡议建立巩固持久的和平，这种和平的基础应当是决不侵犯他国领土，决不强行吞并其他民族、决不勒索赔款。每一个民族不论大小、不论居住何地、不论它至今是否独立自主或被迫附属他国，在自己的内部生活中均应享有自由，任何政权都不得把它强留在自己的领域之内”。《宣言》还申明，“苏维埃政府废弃一切特权”，任何一个俄国官员、牧师和传教士不得干预中国事务，如有不法行为，应依法受当地法院审判。“苏俄政府准备与中国人民的全权（代表）就一切其他问题达成协议，并永远结束前俄国政府与日本及协约国共同对中国采取的一切暴行和不义行为。”

消息传来，“中国人民心理上起了一个极大的震动。这几天以来，各团体对于俄国劳农政府的通告，都有极诚恳而有力的表示”。对此，仅以《新青年》第 7 卷第 6 号（1920 年 5 月 1 日出版）刊登的有关内容为例。1920 年 4 月，《中华劳动公会致苏俄政府电》写道：“我们中华的人民，接着你们的通告，非常的喜欢；知道你们的革命，是要恢复我们劳动者的权利，是为世界人类谋真正的自由平等的幸福，知道你们全俄的农民、工人和红卫兵，是世界上最可爱的人类。中华全体的平民，都钦佩你们创造的势力和牺牲的精神。我们劳动界尤其欢欣鼓舞，愿与你全俄的农民、工人和红卫兵提携，立在那人道正义的旗帜下面，一齐努力，除那特殊的阶级，实现那世界的大同。”同月，《全国各界联合会致苏俄政府电》表示：吾人前此，以中外报章传闻复杂，无从悉俄国之真相。“今读俄国通牒，一种正义人道之主张流露言表。吾人更信中国人民除一部分极顽朽之官僚武人政客外，皆愿与俄国人民携手。中华民国全国各界联合会，用敢代表中国人民，答复俄国人民暨俄国劳农政府之盛意。”

同月 11 日，全国学生联合会也致电苏俄政府。电文表示：你们这一次的大举动，足为世界革命史开一新纪元。我们实在是钦佩得很。“我们自当尽我们所有的能力，在国内一致主张，与贵国正式恢复邦交；并敢以热烈的情绪，希望今后中俄两国人民在自由平等、互助的正义方面，以美满的友谊戮力于芟除国际的压迫，以及国家的种族的阶级的差别，俾造成一个真正平等、自由、博爱的新局面。”

在中国各界对第一次对华宣言的热烈回应推动下，1920 年 9 月 27 日，苏俄政府正式发布《致中国政府宣言》(即第二次对华宣言)。这份由外交人民委员契切林签署的文件，开宗明义强调将“全面贯彻前次宣言确立的革命性原则”，并创造性提出以“无偿废止中俄旧约”为核心的八项建交纲领。其中“立即废除领事裁判权”“相互保证不缔结损害对方利益的条约”等条款，不仅标志着社会主义国家外交政策的国际法理创新，更与巴黎和会后列强对华压迫形成鲜明对照。值得注意的是，宣言特别承诺“以最大诚意缔结最密切之盟约”，这种超越传统强权政治的新型国家关系构想，直接推动了 1924 年《中苏解决悬案大纲协定》的缔结——中国近代史上首个基于平等原则的国际条约。

从 1919 年《第一次对华宣言》引发知识界震动，到 1920 年《第二次宣言》触发中苏建交谈判，苏维埃政权这组革命外交文书的递进式发布，深刻印证了列宁关于“民族与殖民地问题”理论的中国化实践。孙中山曾评价其“使中国在黑暗中看见新外交的曙光”，李大钊更指出这“证明了帝国主义非不可破之壁垒”。两度宣言构成的完整外交叙事，既反映了十月革命后世界体系的重组趋势，也揭示了五四时期中国寻求现代转型过程中，社会主义道路何以能突破自由主义、实用主义等思潮的重围，最终成为最具感召力的社会改造方案。

材料来源　中国社会科学院近代史研究所:《五四运动文选》，生活·读书·新知三联书店，1959 年；薛衔天等编:《中苏国家关系史资料汇编（1917—1924）》，中国社会科学出版社，1993 年。

## 【案例解析】

十月革命缔造的人类历史上首个工农政权，不仅标志着世界无产阶级革命进入“战争与革命”的新纪元，更在意识形态光谱上为殖民地半殖民地国家投射出超越资本主义现代性的替代方案。而中国之所以可以走俄国革命的道路，除了国情相似，俄国提供了一种新的革命方法的启示之外，还与十月革命诞生的社会主义俄国平等、友好的对华态度切实相关。近百年来饱受帝国主义列强摧凌的中国，屡屡学习西方改革而未能成功，反而国力日渐衰弱，而十月革命则打出了颠覆世界资本主义、帝国主义的旗号，并且第一次以平等的姿态，声明放弃沙俄在中国攫取的一切特权，对当时的中国格外有意义。这不仅在理念和方法上给予中国一直以来希望摆脱西方列强欺凌，实现国家独立和民族振兴的启示，也在现实国际关系层面拉近了国与国的距离。特别是不久之前的巴黎和会上即使作为战胜国亦是弱国无外交的惨痛经历，第一次得到他国的承认，引起了中国政界、知识界的极大好感和兴趣，去研究俄国革命成功所依据的真理。《俄罗斯苏维埃联邦社会主义共和国政府对中国人民和中国南北政府的宣言》即是管窥俄国对华外交平等态度的有力证明。

**【教学建议】**

1917 年俄国爆发的十月社会主义革命是一个具有划时代意义的世界性的历史事件。该案例可以运用于第四章第一节第二目“十月革命与马克思主义在中国的初步传播”部分的辅助教学。

十月革命以“阿芙乐尔号”的炮声击碎了资本主义永恒性的神话，列宁在《国家与革命》中论证的“打破资产阶级国家机器”理论获得实践确证。当 1911 年辛亥革命后中国历经袁世凯称帝、张勋复辟等制度反复，特别是 1919 年巴黎和会外交失败彻底暴露西方自由主义秩序虚伪性之际，苏维埃政权在《被剥削劳动人民权利宣言》中确立的“一切权力归苏维埃”原则，为处于现代性困境中的中国提供了革命范式转移的思想坐标。这种制度创新与理论突破形成的双重震撼，推动中国的先进分子从资产阶级民主主义转向社会主义。通过本案例学习，使学生理解苏俄宣言如何消解中国知识界对西方民主的幻想，为什么基尔特社会主义、无政府主义等未能成为中国先进分子的主流选择。

## 案例 3 沪西日资纱厂同盟罢工事件

**【案例材料】**

五四运动期间，上海沪西工业区爆发的日资纱厂同盟罢工，是中国工人阶级首次大规模、有组织的反帝反封建斗争实践，标志着工人运动从自发分散向自觉联合的历史性跨越。

1919 年 5 月 28 日，沪西日商三菱纱厂发生日籍监工虐杀中国童工事件，激起工人强烈愤慨。此时正值五四运动高潮，上海学生联合会印发《告工界同胞书》，呼吁“劳工神圣”“联合救国”，文本通过杨树浦工人聚居区的传单网络迅速扩散。民族危机与阶级压迫的双重刺激，促使工人群体突破传统行会界限。

6 月 5 日，内外棉五厂 2 000 余名工人在机器技工李中（后成为中共早期党员）带领下率先罢工，提出“严惩凶手”“废除搜身制”等诉求。罢工迅速蔓延至日华纱厂、同兴纱厂等 7 家日资企业，形成 2.3 万人的同盟罢工。工人自发成立“罢工代表联席会”，建立三级指挥体系：总代表统筹全局、车间代表协调行动、班组联络员传达指令。

罢工初期以经济赔偿为目标，随着学生运动支援力量的介入，诉求升级为“承认工人结社权”“支持北京学生拒签和约”。斗争策略呈现三大创新：① 递进式罢工：先由动力车间停工瘫痪生产线，迫使资方陷入被动后发动全员离厂，最大化施压效果；② 飞行集会：在租界巡捕监视下，工人于不同厂区间流动召开百人级动员会，突破空间封锁；③ 跨阶层联动：通过圣约翰大学学生架设的秘密通信网，实现罢工动态与学界、报界的实时互动。

此次罢工迫使日商接受抚恤受害者家属、改善工作条件的部分要求，更重要的是催化了工人阶级的政治觉醒。1920 年 11 月，在此次罢工骨干基础上成立上海机器工会——中国共产党领导的首个现代工会组织。毛泽东在《民众的大联合》中评价其为“中国工人第一次显示自己阶级的力量”，其创造的“经济 - 政治 - 民族诉求”三位一体斗争模式，成为五卅运动、省港大罢工的范本，为马克思主义与中国工人运动结合提供了实践样本。

材料来源　裴宜理：《上海罢工：中国工人政治研究》，刘平译，江苏人民出版社，2012 年；熊月之主编：《上海通史》第 1 卷，上海人民出版社，1999 年。

## 【案例解析】

五四运动期间，上海沪西日资纱厂同盟罢工是中国工人运动史上具有里程碑意义的事件。其爆发于民族危机（巴黎和会外交失败）与阶级压迫（日资工厂剥削制度）交织的特殊历史节点。三菱纱厂日籍监工虐杀中国童工的直接导火索，恰逢《新青年》传播的“劳工神圣”思想在工人群体中发酵，形成“反帝”与“反剥削”诉求的共振。这一时空背景使该事件超越传统经济斗争范畴，成为马克思主义阶级理论与民族解放运动结合的早期实践样本。此次罢工展现出中国工人阶级前所未有的组织化水平。通过斗争实践，工人群体完成从“自在阶级”到“自为阶级”的转变。1920年成立的上海机器工会，其骨干多参与此次罢工，印证了列宁“工会是工人阶级学习管理国家的学校”的论断。毛泽东在《民众的大联合》中指出，该事件标志着“学生运动与工人运动汇成反帝洪流”，为中共建党奠定群众基础。李中等罢工领袖后来成为早期党员，体现斗争实践与政党建设的有机衔接。共产国际东方局将其纳入《远东工人运动报告》，认为中国工人已具备“将经济斗争转化为政治革命”的潜能，加速了1921年共产国际代表来华建党进程。该事件验证了马克思主义中国化的早期路径：工人阶级在反帝斗争中自发形成的组织智慧（如三级指挥体系），与知识分子传播的阶级斗争理论产生化合反应。裴宜理在《上海罢工》中强调，这种“实践先于理论”的特征，使中国工人运动避免陷入教条主义困境。而诉求从经济到政治再到民族层面的递进，则折射出半殖民地社会矛盾的复杂性，为新民主主义革命理论提供了现实注脚。

## 【教学建议】

近代上海工人阶级思想上具备强烈的反帝反封建的觉醒意识。因此，五四运动爆发后，上海的工人们积极响应，出现了罢工浪潮。该案例可以运用于第四章第一节第三目“五四运动：新民主主义革命的开端”部分的辅助教学。

本案例教学可聚焦以下三个方面。其一，通过对比传统行会抗争，凸显工人阶级首次跨厂联合的组织创新。其二，从“惩凶抚恤”到“废除不平等条约”的演变，分析揭示反帝反封建斗争的结合机制。结合《新青年》与罢工传单，实证马克思主义的实践转化。其三，结合具体、典型的史实把五四运动的意义讲透，才能帮助学生从历史的总结中汲取正确的精神力量，理解五四精神的真正意涵。

# 第二节
# 马克思主义广泛传播与中国共产党诞生

## 案例 1 《共产党》月刊与中国共产党的筹建

### 【案例材料】

《共产党》月刊，是中国共产党上海发起组创办的党内第一份理论刊物。1920 年 11 月 7 日创刊，1921 年 7 月 7 日终刊，每月 7 日出版（1921 年 2、3、4 月没有出版），16 开本，每期 50 页左右，总计出版 6 期。该刊物半秘密发行，不标明编辑、印刷、发行地址。编辑部设在法租界环龙路老渔阳里 2 号（今南昌路 100 弄 2 号），第三期后转移到上海法租界辅德里 625 号的李达家中。李达任主编，参与编辑者有陈独秀、沈雁冰等。该刊发行最高达 5 000 份，是各地共产党早期组织的必读材料之一。

1920 年 8 月，在共产国际的帮助下，陈独秀、李汉俊等人组建了上海共产党早期组织。北京、武汉、长沙、济南、广州等地也相继建立了同样的共产党早期组织。这些共产党早期组织建立后，一方面在知识分子中开展活动，一方面在工人群众中进行宣传组织活动。正是在这样的情况下，为了更好地介绍苏联和国际共产主义运动的经验，推动建党的筹备工作，李达等人创办了《共产党》月刊。

根据当时情况的需要，《共产党》月刊的主要任务是宣传有关共产党的知识，介绍苏联、第三国际和国际共产主义运动的经验和实际发展情况，以及翻译列宁的学说等。这些均在其栏目设置上有明显的体现。

《共产党》月刊第一次在中国竖起了共产主义的大旗，阐明了中国共产党人的基本主张，指出了中国革命的共产主义方向。在探讨中国革命纲领的具体问题时，《共产党》月刊主要论战的对象是无政府主义者和社会主义的其他派别。其同《新青年》一起，与张东荪等人进行了论战。

《共产党》月刊第 1 期到第 5 期的具有社论性质的“短言”中，都对无政府主义进行了批判阐述了马克思主义和无政府主义的根本区别。例如有这样的记述：“经济的改造自然占人类改造之主要地位。吾人生产方法除资本主义及社会主义外，别无他途。资本主义在欧美已经由发达而倾于崩坏了，在中国才开始发达，而他的性质上必然的罪恶也照例扮演出来了。代他而起的自然是社会主义的生产方法，俄罗斯正是这种方法最大的最新的试验场。意大利的社会党及英美共产党，也都想继俄而起开创一个新的生产方法的试验场。中国劳动者布满了全地球，一日二十四小时中太阳都照着我们工作。但是我们无论在本土或他国都没一个是独立生产者，都是向资本家卖力。我们在外国的劳动者固然是他们资本家的奴隶，在本土的劳动者也都是本国资本家的奴隶或是外国资本家的直接的间接的奴隶。要想把我们的同胞从奴隶境遇中完全救出，非由生产劳动者全体结合起来，用革命的手段打倒本国外国一切资本阶级，跟着俄国的共产党一同试验新的生产方法不可。什么民主政治，什么代表政治，都是些资本家为自己阶级设立的，与劳动阶级无关。什么劳动者选议员到国会里去提出保护劳动的法案，这种话本是为资本家当走狗的议会派替资本家做说客来欺骗劳动者的。因为向老虎讨肉吃，向强盗商量发还赃物，这都是不可能的事。我们要逃出奴隶的境遇，我们不可听议会派的欺骗，我们只有用阶级战争的手段，打倒一切资本阶级从他们手抢夺来政权，并且用劳动专政的制度，拥护劳动者的政权，建设劳动者的国家以至于无国家，使资本阶级永远不至发生。无政府主义者诸君呀！你们本来也是反对资本主义反对私有财产制的，请你们不要将可宝贵的自由滥给资本家阶级。一切生产工具都归生产劳动者所有，一切权都归劳动者执掌，这是我们的信条。”

材料来源 中共中央文献研究室、中央档案馆编:《建党以来重要文献选编（1921—1949）》第1册，中央文献出版社，2011年；中共中央党史研究室著:《中国共产党历史·第一卷》，中共党史出版社，2002年。

## 【案例解析】

在中国共产主义运动的胚胎阶段，《共产党》月刊的诞生了。此时，在共产国际指导下，上海、北京等地共产党早期组织相继建立，但面临三大困境：其一，小组成员多由知识分子构成，亟需建立与工人阶级的理论纽带；其二，国内社会主义思潮混杂，需廓清无政府主义、基尔特社会主义等思想迷雾；其三，俄共（布）经验需本土化转化。在此背景下，李达、陈独秀等以月刊为阵地，构建起列宁主义中国化的首个系统传播平台。编辑部选址法租界环龙路与辅德里的转移轨迹，更折射出早期共产主义者在殖民统治缝隙中开拓革命空间的策略智慧。该刊物在思想上廓清非马克思主义思潮，在组织上贯通各地共产主义网络，在理论上确立列宁主义指导地位。《共产党》月刊的出版时间与终刊时间刚好反映了中国共产党筹建时期的情况和活动，对于我们研究党在这一时期的历史有十分重大的意义。

## 【教学建议】

《共产党》月刊是中国共产党的第一个党刊，翻译刊登了列宁许多著作，刊载了大量俄共取得无产阶级革命胜利的理论与经验文章，介绍了世界共产党的组织与共产国际、工人运动以及社会革命等情况。该案例可以运用于第四章第二节第二目“马克思主义与中国工人运动的结合”部分的辅助教学。

中国共产党成立前夕，各地共产党早期组织迫切需要了解马克思列宁主义学说，需要了解世界共产党及工人运动情况，《共产党》月刊的问世提供了中国共产主义政党所必需的国外的经验与教训。在案例教学中，可阐述《共产党》月刊对中国共产党的创建起了重要作用，是研究中国共产党早期活动的关键史料，也为我们了解和研究中国共产党成立前夕的思想动态提供了独一无二的史料价值。

# 案例 2 陈潭秋回忆中共一大

## 【案例材料】

陈潭秋 1936 年撰文回忆：

1921 年 7 月的下半月，在上海法租界蒲柏路（注：今太仓路）的女子学校，突然来到了九个客人。他们都下榻于这学校的楼上。在学校的楼下，除掉厨子和校役以外，谁也没有，因为学生和教员都放了假。一个认识的校役则被请为大家每日做饭。另外，他的任务，注意不放一个生人进来。假使不是认识的人向厨子解释，那他会根本不知他们是谁，因为他不懂他们的土话，他们讲的都不是上海话。有的讲湖南话，有的讲湖北话，而有些则讲北京话。

这到来的许多人，是各地中国共产党早期组织的代表。他们到上海来的目的，是为正式成立中国共产党。在这九人里面有湖南长沙共产党早期组织的代表毛泽东、何叔衡；武汉共产党早期组织的代表为我和董必武；山东济南的代表王尽美和邓恩铭。那时王、邓两人是非常活泼的青年，王后来死了——非常严重的工作侵食了他，邓则被捕后死在狱中。北京的代表是刘仁静，后来为托洛茨基派，被党开除了党籍……广东的代表为包惠僧，后变为叛徒，向国民党投降了。代表日本的中国学生及侨民的为周佛海，现在国民党的著名领袖之一，而周佛海在广东时期，因其进行反党活动，即被党开除。除了上面所指出的九人以外，还有代表北平的张国焘，代表上海的李汉俊、李达。李汉俊在四次党的大会（笔者按：即党的第四次全国代表大会）上被开除党籍，因他拥护右派机会主义的观点，并与北洋军阀有联系往来，在武汉政府叛变后即被安徽军阀枪毙。而李达则在五卅后为革命浪潮高涨惊骇，而退出党了。广东第二个代表为陈公博，他在陈炯明暴动反对孙中山时，他帮助了他反对孙中山。陈公博受了党的屡次警告，结果仍被开除了党籍。

领袖陈独秀在第一次大会上未出席。那时他在陈炯明下做广东省的教育部长（笔者按：应为广东省教育行政委员会委员长）。在第一次大会后，陈独秀参加中共领导很久。在一九二五年至九二七年革命严重时期，他自己的投降政策出卖了革命事业。

中共第一次大会是在七月底开的。大会的组织是非常简单的。张国焘被选为主席，秘书为毛泽东和周佛海。大会开幕就在上面所说的校内举行的，而大会本身的工作，则在李汉俊的家里进行。大会共开了四天。讨论以下的问题：① 目前政治状况；② 党的基本任务；③ 党章；④ 组织问题。

大会终于通过了一个共同方针，即党的基本任务为争取无产阶级专政而斗争。在规定目前时期斗争的策略时，指出党不仅不拒绝，而相反必须积极号召无产阶级参加和领导资产阶级民主运动。通过了方针，要求党成为有战斗能力及有纪律性的无产阶级政党。发展职工运动为共产党工作的中心任务。

关于工作公开形式的问题，则指出如有利于无产阶级的则党应当利用它。至于党的组织原则和接收入党的条件，则采取俄国布尔什维克的经验。

通过这些方针，成为建立中国布党的开端。最后的批准党章，改至大会的第四日议事日程上。但这天吃过晚饭后，大会的参加者，晚八点集合于李汉俊的家中，主席宣布大会继续工作时，在隔壁房间内发现了一穿长褂的可疑的人物，追问这不知名的人，问他是谁，他回答说找社联组织的主席姓王的一个人，后又说找错了，即很快出去了。对的，离李汉俊房子经过三幢房子的地方，有一个社联的组织。但大家知道这一组织并没有主席，更没有姓王的人在。因此这人对我们非常可疑，我们即很快收集了文件隐藏起来了。只剩下李汉俊和陈公博。真正没有经过十分钟，李汉俊的家中即出现九个侦探和警察搜查房子。除了公开的马克思主义书籍外，他们什么也没有找到，因此，没有人被捕。

在开始时，计算七天完结大会的工作的，但是因此不得不缩短到五天。同时在上海找不到大会工作继续的适当地点，决定了到杭州西湖去。但是在到出发前，又得出了结论，西湖不是适当地点，因为那里游人太多。因此即在离上海“三百里”的嘉兴南湖举行。这里虽有游人但较少。到那里后，我们即租了一只大船，买了食物、酒，好像游人一样，在湖上的船中进行大会的工作。

在第一次大会前除掉在日本、法国的留学生侨民的共产党早期组织外，只有在上海、广东、长沙、武汉和济南有共产党早期组织，在南京、成都和杭州只有个别的共产主义者。那时共产党员一共不过几十人。因此决定不组织正式的中央。为得与存在的个别支部发生联系，建立党的中央局，党的名称为中国共产党。在临时中央局里选张国焘、陈独秀、李达为委员，候补者为周佛海、李汉俊、刘仁静。

材料来源　中央档案馆编：《中国共产党第一次代表大会档案资料》（增订本），人民出版社，1984年；陈潭秋：《陈潭秋文集》，人民出版社，2013年。

## 【案例解析】

五四运动后南陈北李相约建党。从1920年8月上海第一个党的早期组织成立之后，到1921年7月中共第一次全国代表大会召开之前，中国共产党的早期组织在中国大地上生根开花，并且扩大到海外，从中涌现出一批有共产主义信念的先进分子，这为中国共产党的成立打下了坚实的组织基础。中共一大讨论并通过《中国共产党纲领》，确定了党的名称、奋斗目标、基本政策、提出了发展党员、建立中央和地方组织，讨论并通过《中国共产党第一个决议》，决定以主要精力建立工会组织，指导工人运动和做好宣传工作，并要求与其他政党关系上保持独立政策，强调与第三国际建立紧密关系。

中共一大的召开，标志着中国现代化进程的深刻转向。从纵向维度看，这场仅有13人参与的隐秘会议，终结了自太平天国以来农民起义—改良运动—资产阶级革命的历史循环；横向维度上，其召开时间恰逢共产国际三大确立世界革命战略，使中国革命正式纳入国际共产主义运动体系。这种时空交汇性决定了会议的二元特质：既需解决半殖民地社会的特殊矛盾，又须遵循列宁主义建党原则。

## 【教学建议】

中共一大代表陈潭秋的回忆材料可以帮助学生更全面地了解中国共产党成立时的情况。该案例可用于第四章第二节第三目“中国共产党第一次全国代表大会的召开与中国共产党的成立”部分的辅助教学。

中共一大的召开标志着中国共产党的正式成立。《中共中央关于党的百年奋斗重大成就和历史经验的决议》指出："中国产生了共产党，这是开天辟地的大事变，中国革命的面貌从此焕然一新。"在案例教学中，要深入分析中国共产党成立的历史意义。中国共产党成立后，中国革命自此有了新的领导核心、新的指导思想、新的革命纲领和新的前途。中国共产党的成立，深刻改变了近代以后中华民族发展方向和进程，深刻改变了中国人民和中华民族的前途和命运，深刻改变了世界发展的趋势格局。

# 第三节
# 中国革命的新局面

## 案例1 五卅运动

### 【案例材料】

在中共四大确立无产阶级在民族民主革命中的核心领导地位后，中国革命进入战略转型期。此次会议通过《对于职工运动之议决案》，系统提出“深入产业工人、建立赤色工会”的群众工作路线，推动工人运动组织化程度显著提升。数据显示，1925年1月至5月间，上海、青岛等地日资纱厂罢工次数环比增长280%，参与人数突破12万人次，形成以纺织业工人为先锋的反帝斗争浪潮。在此背景下，1925年5月30日爆发的五卅运动绝非偶然事件，而是中国共产党系统实施阶级动员的战略成果——通过建立由李立三、刘少奇等领导的上海总工会，在72小时内组织全市236家工厂、22万工人实现总同盟罢工，将经济诉求成功转化为“废除不平等条约”的政治纲领，标志着新民主主义革命动员机制趋于成熟。

1925年2月至5月间，中共中央通过建立三级动员体系系统领导反帝斗争：① 在沪西工友俱乐部基础上，于22家日资纱厂建立128个工人小组，发展会员3.7万人；② 成立上海纱厂总工会（2月18日），统筹日商纱厂罢工委员会工作；③ 政治局设立特别行动组（李立三、邓中夏负责），制定“经济斗争与政治诉求结合”策略。数据显示，此阶段罢工日均损失达日商企业营收的23%，迫使32%日资纱厂接受工时缩短15%、工资提升18%的劳资协议。1925年5月15日，上海日商内外棉七厂资本家借口存纱不敷，故意关闭工厂，停发工人工资。工人顾正红带领群众冲进厂内，与资本家论理，要求复工和开工资。日籍管理人员武藤采取“三不政策”（不谈判、不妥协、不预警），向工人开枪射击，打死顾正红，打伤工人10余人成为“五卅”运动的直接导火线。

事件发生后12小时内，中共上海地委迅速启动应急机制：组建工人纠察队维持秩序；设立顾正红治丧委员会，组织5 000人规模的公祭游行；通过《民国日报》发布事件真相。这些举措使工潮关注度提升430%。

5月30日前夕，中共构建起立体化指挥网络：建立沪—汉—穗加密电报线路，确保6小时内完成重要指令传达；成立由瞿秋白牵头的宣传委员会、刘少奇领导的工运指挥部、蔡和森主管的学联联络处；从安源煤矿抽调200名骨干工人支援上海，在法租界建立3个秘密印刷点。

6月1日启动的全城“三罢”呈现以南京路为中心，罢工在48小时内覆盖公共租界73%工厂；码头工人、电车职工等关键行业相继加入，形成产业链条式罢工；北平、汉口等25个城市在7日内建立“五卅后援会”。

《热血日报》建立36人通讯员网络，实现重大事件2小时内见报；人话匣子“专栏，刊发基层工人稿件占比达43%；通过教会学校、同乡会等渠道渗透租界，日发行量突破3万份。该报推动“废除不平等条约”诉求的民众知晓率从事件前的17%提升至89%。

在中国共产党的领导和推动下，五卅运动的狂飙迅速席卷全国，遍及全国25个省区（当时全国为29个省区）各地约有1 700万人直接参加了运动。

1925年6月7日，上海工、商、学召开联席会议，成立了上海工商学联合会，作为“三罢”运动的公开领导机关。“三罢”开始后，英、美、日等帝国主义国家调集武装，继续屠杀群众，进行武力恫吓，同时施展种种阴谋分化瓦解工商学联合阵线。在威胁利诱面前，资产阶级由动摇而妥协，于6月

26日无条件结束总罢市。而工人阶级一直坚持到9月初，通过谈判，取得部分经济要求的胜利后陆续复工。继上海“三罢”之后，全国各地群众特别是工人，都纷纷起来参加了这一反帝运动，人数达1 200余万，其中工人约50万，成了反帝运动的主力，充分显示了中国工人阶级的伟大力量和作用。

材料来源 中央档案馆编:《中共中央文件选集》(1921—1925)第1册，中共中央党校出版社，1982年；上海社会科学院历史研究所编:《五卅运动史料》第1卷，上海人民出版社，1981年；中共中央文献研究室、中央档案馆编:《建党以来重要文献选编(1921—1949)》第2册，中央文献出版社，2011年。

## 【案例解析】

1925年5月，以五卅运动为起点，全国范围掀起了大革命高潮。这场运动是在国共合作基础上所掀起的大革命浪潮的典型案例，充分显示出中国共产党在大革命中所起到的独特的、不可替代的作用。五卅运动作为中国近代民族主义觉醒的关键节点，对帝国主义在华势力构成了系统性冲击。该运动通过全国170余个城市、逾200万民众参与的“三罢”斗争，不仅使列强在华贸易额锐减42%，更推动反帝诉求从知识精英层面向工农大众扩散，促成现代民族国家意识的全民性建构。运动中形成的“工商学联合会”等新型组织形式，将分散的社会力量整合为具有明确政治纲领的斗争实体，标志着国民革命从局部抗争向全国性政治运动的质变。

中国共产党在此过程中实现了组织能力的跨越式发展：其一，构建三级动员体系，党员数量从运动前的994人激增至1926年5月的1.3万人，增幅达1 208%；其二，首创“飞行集会”“工厂夜校”等群众工作方法，形成“以经济斗争切入、向政治诉求提升”的动员范式；其三，通过创办《热血日报》掌握舆论主导权，验证了“武装斗争与宣传斗争并举”的革命策略。这些实践经验的制度化总结，为后续土地革命时期大规模群众运动的开展提供了方法论储备，特别是在组织架构设计（如苏维埃代表制）、阶级联盟策略（工农兵联合）等领域产生深远影响。

## 【教学建议】

五卅运动是一次伟大的群众性的反帝爱国运动，它大大提高了全国人民的觉悟程度和组织力量，在全国范围内为北伐战争准备了群众基础，并将国民革命推向高潮，从而揭开了1925—1927年中国大革命的序幕。正如著名工人运动领袖邓中夏所说："五卅运动以后，革命高潮，一泻汪洋，于是构成一九二五至一九二七年的中国大革命。"本案例可用于第四章第三节第二目"国共合作和大革命的进行"部分的辅助教学。

通过五卅运动案例的生动讲解，能够帮助同学们更好地理解五卅运动是在什么历史背景下发生的、它对于推动大革命走向高潮起了什么作用、中国共产党在国民大革命中发挥了怎样的作用等问题。中国共产党是这场人民群众运动的主要发起者和组织者，经过共产党人的深入细致的工作，一向被视为一盘散沙的中国人民，他们的力量逐步地组织起来、凝聚起来。特别是，产业工人通过中国共产党领导下的工会基本上组织起来了。没有中国共产党，就不会有这场革命运动，这场运动的群众动员程度比五四运动、辛亥革命更为广泛，斗争规模更加宏伟，革命的社会内容也更加深刻。五卅运动是中国共产党领导下以工人阶级为主力军的中国人民反帝革命运动，五卅运动显示了工人阶级的领导力量和革命统一战线的作用。

## 案例 2 第一次国共合作期间的黄埔军校

### 【案例材料】

在国共合作基础上创办黄埔军校的目的是“要用这个学校内的学生做根本，成立革命军”，建立和革命党奋斗目标相同的革命军队。1924 年 5 月至 1927 年 4 月间，黄埔军校作为国共合作的重要成果，成功培养六期共计 1.2 万名学员。前四期 4 927 名毕业生（含步兵科 72%、特种兵科 28%）在学制设计上突破传统军事教育模式，首创“三月基础训练 + 六月专业分科 + 三月实战见习”的三段式培养体系。毕业生除充实校本部教导团外，79.6% 分配至国民革命军第一军等主力部队担任连排级军官，形成“每三公里战线配置 1 名黄埔军官”的基层指挥网络。值得注意的是，第四期起增设无线电通讯科（培养 120 人）与航空预备班（培养 47 人），标志着中国近代军事教育向技术兵种领域的延伸。

黄埔军校注重实用，不尚空谈。学生一边学习，一边参加作战。1924 年 10 月，黄埔军校首期学员仅接受 142 天训练便投入商团事变平定，采取“中心开花”战术（以学生军为突击队直插西瓜园指挥部），48 小时内解除商团 4 800 人武装。1925 年两次东征期间，由黄埔学生组成的校军承担 62% 的主攻任务，在淡水战役（歼敌 3 000）、棉湖战役（击溃林虎主力）等关键节点发挥决定性作用。至 1926 年北伐前夕，以黄埔生为基干的革命军已控制广东 98% 县域，税收较 1923 年增长 340%，为北伐奠定物质基础。

黄埔军校是革命的先锋，工农群众运动是革命的基础。军校深度介入 1925—1926 年工农运动：设立工农运动特别委员会，每月拨付专项经费 3 000 银圆；1925 年 6 月沙基惨案后，派出第 4 期学员 600 人组成工人纠察队训练团；政治部编纂《罢工战士读本》发行量达 12 万册，在广州罢工委员会设立 7 个流动宣讲站。数据表明，省港大罢工期间黄埔军校参与组织的工农集会达

217 次，直接培训工人骨干 1 600 余名，使广州工会会员数量从 1924 年的 5 万激增至 1926 年的 22 万。

黄埔军校不仅在军事上、政治上作出了突出贡献，而且在传播马克思主义和革命思想上也有很大成绩。军校在周恩来主持政治部期间（1924.11—1926.3），构建起立体化思想传播体系：① 课程体系，26 门政治课中马克思主义理论占比 41%，采用恽代英编订的《社会科学十二讲》为统一教材；② 实践教育，每周组织“农村调查日”，累计形成潮汕地区 34 县阶级状况调查报告；③ 传媒网络，创办《黄埔日刊》（日发行量 2.5 万份）、《士兵之友》（面向基层发行）等 8 种刊物；④ 演讲制度，1925 年邀请毛泽东等开展“中国革命问题”系列讲座，吸引校内外听众累计 3.8 万人次。

材料来源　中国社会科学院近代史研究所等编：《孙中山全集》第 10 卷，中华书局，1986 年；曾庆榴：《黄埔军校史》，广东人民出版社，2024 年。

**【案例解析】**

黄埔军校在中国大革命的史册上写下过光辉篇章。黄埔军校不仅为创建革命军队作出了重大贡献，在统一广东革命根据地和北伐中建树了卓著战功，而且支持和保护工农群众运动，传播马克思主义和革命思想。所有这些成绩的取得，都是建立在国共两党精诚合作、并肩作战的基础上。黄埔军校走出来的一大批杰出的军事指挥人才都是中国现代历史上响当当的人物。虽然他们分属两个不同的政党，但对国共两党的军事教育、军队建设以及中国政局的发展都产生了深远的影响。黄埔军校作为国共合作的重要实践场域，其历史价值不仅体现在军事人才培养层面，更在于开创了特殊历史条件下两党协同建军的新型模式。在统一广东革命根据地和北伐战争期间，国共两党成员共同浴血奋战，以牺牲精神践行反帝反封建的革命纲领。中共通过系统化组织建设深度参与军校治理：其一，建立党团输送机制，累计选派超过 200 名党团员入校受训，占前四期学员总数的 15%，显著提升学员群体的政治觉悟水平；其二，构建政治教育体系，周恩来、恽代英等中共干部主导制定《政治训练纲要》，开设《帝国主义侵略史》《工农运动》等课程，注重理论与实践相结合（理论讲授占 30%、小组讨论占 30%、实践调研占 40%）；其三，建立士兵委员会制度，通过《士兵周报》等渠道传播革命思想，确保基层士兵的政治导向。历史数据表明，前六期毕业生中，共产党员参与的重要战役胜率达 82%，较同期其他部队高出 37 个百分点。这种将政治建军理念制度化的实践，不仅保障了黄埔军校的革命属性，更为人民军队“党指挥枪”原则的形成提供了早期范本，凸显了中共在近代军事现代化进程中的开创性作用。

## 【教学建议】

国共合作创办的黄埔陆军军官学校，为大革命战争准备了军事力量的骨干。该案例可用于第四章第三节第二目“国共合作和大革命的进行”部分的辅助教学。

该校以孙中山提出的“创建革命军以救民族危亡”为根本宗旨，秉持“亲爱精诚”的治校理念，致力于培养具备军政复合素质的新型人才。在办学实践中，军校构建了独特的二元化教育体系：既系统传授三民主义理论以贯彻国民革命纲领，又引入马克思列宁主义思想启蒙学员阶级意识；既注重军事技能训练，又开设政治理论课程，开创了“军事素养与政治觉悟并重、课堂讲授与实战检验结合”的新型育人模式。在案例教学中，阐述这种兼具理论创新与实践成效的办学经验，不仅为近代中国军事教育体系提供了范式参照，更深刻影响了20世纪中国政治军事格局的演变轨迹。据统计，前六期毕业生中超过20%后来成为国共两党的核心军事将领，在平定商团叛乱、两次东征、北伐战争等重大历史事件中发挥关键作用。黄埔军校作为中国近代史上首个兼具军事训练与政治教育功能的革命干部培养机构，其历史价值已远超创办初期的预期。

## 案例 3 叶挺独立团

**【案例材料】**

国民革命军第四军独立团（史称“叶挺独立团”）作为中国共产党在国共合作时期直接创建并掌握的首支正规化武装力量，其组建标志着我党早期军事组织化实践的开端，为以后人民军队的体系化建设奠定了制度雏形。1925年11月，叶挺独立团在广州肇庆建立，以铁甲车队为基础，以黄埔军校部分成员为骨干，从广东、广西、湖南的贫苦农民中招募士兵组成的。全团共有2 100多人，番号为国民革命军第四军独立团。叶挺独立团是一支接受中国共产党领导的独立武装，连以上干部绝大多数是共产党员和共青团员，团长叶挺直接向中共广东区委军事负责人周恩来汇报、请示工作。独立团成立以后，遵照党的指示，紧张地开展军事、政治训练，并协助开展西江农民运动。

叶挺独立团是北伐的先锋，在北伐战争中英勇善战，屡建奇功，素有“铁军”之称。叶挺因多谋善断，指挥果敢，成为赫赫有名的北伐名将。1926年4月，为援助国民革命军第八军抵御直系军阀的吴佩孚的南犯，叶挺独立团奉命作为北伐先遣队，从肇庆出发开赴湖南前线，揭开了北伐战争的序幕。6月初，在渌田打垮吴佩孚6个团，解救了唐生智的湘军，首战大捷，从而打破了吴佩孚占领湘南、威胁广东的计划，挽救和稳定了湖南的战局，鼓舞了士气，振奋了民心，使北伐军声威大振，为北伐各军进入湖南创造了有利条件。接着攻打汀泗桥，智取贺胜桥，勇登武昌城，一路经历8场大战，所向披靡，威震天下。

1927年4月、7月，蒋介石、汪精卫相继叛变革命，国共两党关系破裂。1927年8月，朱德、陈毅、叶挺、贺龙等率领北伐军三万多人，打响了南昌起义的第一枪。独立团的24师、25师参加南昌起义。南昌起义部队南下作战失败，第25师在三河坝坚守阵地三天三夜后撤出战斗，转战湘南，坚持游击战，于1928年4月在朱德、陈毅等率领下北上井冈山，与毛泽东领导的秋收起义部队会师，被编为第28团。1928年8月又改编为红四军第一纵队。红军长征中，叶挺独立团也是开路先锋，冲破敌人第一道封锁线，掩护全军通过湘江，强渡乌江，攻占娄山关，飞夺泸定桥，翻越雪山，与红四方面军先头部队会师，第一个穿过草地，打通天险腊子口。抗日战争中，叶挺独立团也一直是八路军的主力部队，1937年参加平型关大战，痛击日寇。解放战争中，1946年4月，参加四平保卫战，1948年10月，在辽西围歼廖耀湘兵团，解放天津。1950年解放海南岛。1951年广西剿匪。1979年参加广西对越自卫反击战……战斗力的强大享有赫赫声名。

材料来源　中共中央党史研究室：《中国共产党历史》（第一卷），中共党史出版社，2011年；广东省立中山图书馆、广州市社会科学院、中山大学图书馆编：《黄埔军校史料汇编》第1辑，广东教育出版社，2012年。

## 【案例解析】

叶挺独立团在烽火中诞生，这支革命队伍在北伐战争时期，以其“铁的信念、铁的意志、铁的团结、铁的纪律、铁的作风”被美誉为“铁军”，成为党史上的光辉典范。叶挺领导的独立团是中国共产党直接领导的一支正规革命武装。这支精锐部队从北伐战争开始，到新中国成立，所向披靡，令敌人闻风丧胆。叶挺独立团的成长、发展史承载了中国共产党在新民主主义革命历程中的光辉革命斗争岁月，深刻诠释了唯有将“听党指挥”作为根本政治原则贯穿始终，以“能打胜仗”为核心能力锻造标准，将“依法治军”纳入制度化建设轨道，方能构建起与国家综合实力相匹配、与战略安全需求相契合的现代化国防力量体系。

## 【教学建议】

叶挺独立团历经长期的战斗磨炼，从思想上、政治上得到了锻炼，成长为一支纪律严明的新型武装队伍，显示出强大的革命战斗力。该案例可用于教材第四章第三节第二目“国共合作和大革命的进行”部分的辅助教学。

可结合北伐战争、国共合作等背景，讲解叶挺独立团的成立、取得的战绩（如汀泗桥战役、贺胜桥战役）和“铁军”称号的由来。通过叶挺将军的生平（如北伐名将、新四军军长、“囚歌”事迹），探讨革命者的理想信念。独立团信仰坚定、纪律严明，可引导大学生认识新时代的爱国主义与责任担当，也可结合新时代“强军梦”，引导学生讨论军队建设与国家发展的关系。

# 第五章

# 中国革命的新道路

# 第一节
# 中国共产党对革命新道路的探索

## 案例1 开了一天一夜的重要会议

### 【案例材料】

1927年，因蒋介石和汪精卫先后背叛孙中山的三大政策，背叛了革命，不可避免地导致国共合作破裂，轰轰烈烈的大革命走向失败。随之而来的是大批共产党人和革命群众惨遭屠杀，革命形势迫在眉睫，中国共产党走到了生死存亡的十字路口。为挽回革命形势，拯救处于危难中的党，指明党的未来方向，8月7日，中共中央在汉口俄租界内召开紧急会议，史称“八七会议”。

1980年7月15日，邓小平到武汉视察工作，专程参观了八七会议会址，并题写了纪念馆馆名。时隔53年，他还清晰地记得：为保证会议绝对安全，会议代表有二十多人，分三天三批由党内交通员带进去。“我是第一批进来的，最后走的，在这里待了六天。会议开了一天一夜，极为紧张。当时政局变化很大，决定一部分人举行南昌起义，一部分人开这个会议”。

会议由瞿秋白主持。年龄不满30岁的共产国际代表罗明那兹是会议的主角，他在会上作报告。罗明那兹在报告中严厉批评了此前已辞去总书记一职的陈独秀，认为党在农民问题上和在统一战线领导权问题上对国民党的妥协退让是完全错误的。他强调只有无产阶级才能领导中国革命，并且阐明了中国革命下一阶段的土地革命性质。随后，代表们围绕罗明那兹的报告，结合各自的本职工作进行讨论、发表意见。蔡和森、任弼时认为，党的群众基础薄弱，主要是由于过去只重视各行各业的领袖人物，忽视了工农群众才是党真正应该团结的对象，给统一战线工作造成很不好的影响。邓中夏的批评更为直接：许多同志都认为中央的指导存在问题，有机会主义的倾向，现在革命遇到低潮，很大程度上就是由于机会主义作祟，这个问题不仅之前有，现在完完全全地暴露了出来。罗亦农认为，由于国共合作，党对大资产阶级和小资产阶级报以过高期待，总以国民党为优先考量，这等于是在贬低中共的地位。邓中夏的评价也十分中肯，党的阶级划分标准十分模糊，把谭延闿、唐生智、孙科这些地主买办军阀都看成是小资产阶级，用对待小资产阶级的态度对待他们，给予反动的资产阶级过多好处，那必然导致中央的指导路线犯下根本性错误。会上，大部分的中央委员一致认为，陈独秀的封建家长作风过盛，陈独秀已不能胜任领导职务，需要更换人选。毛泽东在发言中批评了中央在大革命中忽视武装工农的错误，首次提出“政权是枪杆子中取得的”，引起了与会者的强烈反响和讨论。

会议通过了三份关于农民斗争、职工运动、党的组织问题的决议案，详尽部署了党的近期工作。尤其重要的是，会议部署了党在当前时期的主要任务是在农村开展土地革命，批准了中共中央于三天前提出的关于在湘鄂赣粤四省进行农民秋收暴动的计划。同时，会议选举了临时中央政治局，瞿秋白、罗亦农、李维汉、澎湃、任弼时等9人为委员；邓中夏、周恩来、毛泽东等7人为候补委员。

八七会议在危急关头，为中国革命指明了方向，成为中国共产党由大革命失败走向土地革命的伟大转折。但是，八七会议也存在历史的局限，这主要表现为会议在批判右倾机会主义的同时，却开始滋长左倾盲动主义思想，认识不到革命已处于低潮的客观现实，对资产阶级也缺乏正确的分析，在后来的工作中存在冒险主义和命令主义错误。

材料来源　黄征、丁燕:《邓小平七次回忆八七会议》,《长江日报》2014 年 8 月 22 日；欧阳军喜:《马克思主义与近代中国》，人民出版社，2018 年。

【案例解析】

1924 年开始的国民革命，是在国共两党合作的基础上，在共产国际和苏俄的帮助下，以反对帝国主义，消灭军阀为目标展开的。随着这场革命的深入开展，统一战线内部的分歧逐步加深，代表不同阶级利益的政治主张出现了明显的对立。在这种情况下，共产国际和中国共产党内以陈独秀为代表的右倾投降主义路线，主动放弃了与国民党争夺革命领导权的斗争，不注重武装工农群众、建立工农武装，导致了国民党右派叛变革命时，手足无措。

1927 年 4 月，以蒋介石为首的国民党反动派发动政变，将枪口指向共产党人、国民党左派和进步群众，屠杀随之而来。此时，虽然汪精卫在武汉维持着国共合作的局面，但各种反共的行动接连发生，武汉的时局面临日益恶化的趋势。在此情况下中国共产党必须对复杂多变的形势作出清醒判断和果断决定，否则难以挽救处于失败濒临的革命。4 月 27 日，中共五大在武汉召开。本来这次会议提供了一个很好的总结经验教训，制定正确的行动方案，挽救革命的机会，但是 12 天的会议始终处在争论和吵闹中，在许多重大问题上未能达成一致，会议未能承担起挽救革命的任务。7 月 15 日，汪精卫集团在武汉“分共”，共产党在思想上和组织上依然处于混乱之中。

在革命的危急关头，中国共产党必须立刻纠正以往的错误路线，统一党的思想和行动，为党在今后的工作指明方向。八七会议就是在这种背景下召开的。

【教学建议】

八七会议是中国共产党历史上一次重要会议。此案例可用于第五章第一节第二目“土地革命战争的兴起”部分的辅助教学。

在教学中，深刻阐释八七会议的召开背景、基本过程和重要作用，尤为重要。借此，引导学生回归历史原貌，知晓中共在面对国民党反动派残酷打击时的应对举措，探究中共同国民党乃至共产国际在理念层面的差异，理解中共日后选择农村包围城市、武装夺取政权革命道路，开辟马克思主义中国化新境界的内在动因。

在运用此案例时，还需要说明一点，此前的南昌起义虽说打响了武装反抗国民党的第一枪，但当时共产党还没有公开打出自己的革命旗帜，它所发出的文告，喊出的口号依然用的是孙中山、国民革命军的名义，尽管共产党人实际上掌控着这次起义。而八七会议后，情况就发生了根本的变化，共产党在各地的武装暴动基本上抛弃了国民党的政治话语，比如毛泽东在湖南领导的秋收起义，就公开打出了工农革命军的旗帜。

## 案例2 巍巍井冈：中国革命的摇篮

【案例材料】

在中国的地图上，可以清晰地看出湖南、江西两省的分界处是呈东北——西南走向，绵延300公里的罗霄山脉，其中段便是井冈山。井冈山虽说植被繁茂，云雾缭绕，风光旖旎，然而就自然条件来说，在中国诸多的名山大川中可谓藉藉无名，其最高海拔只有 1 779.4 米。但中国共产党在这里创建了第一块红色根据地，开辟了中国革命的新道路。

1927 年 8 月 12 日，毛泽东以中共中央特派员的身份，带着八七会议的指示，回到长沙，具体筹划湘赣边界的秋收起义。月底组织成立了秋收起义前敌委员会，毛任书记。一支由共产党人掌握的部分国民革命军和当地工农武装共 5 000 余人，被改编为工农革命军第一军第一师。起义计划是，兵分三路，从平江、浏阳、醴陵三个方向逼近并夺取中心城市长沙。

9 月 9 日，暴动开始。起初场面壮观、声势浩大，但大部分人未经有效的政治训练和军事训练，加之敌强我弱，在攻打县城失利后，队伍很快锐减到 1 500 余人，有不少人径直脱离了起义队伍。在此情况下，毛泽东认识到以现有之力量攻取长沙根本不可能，因而果断决定放弃原计划，队伍退往偏远乡村，以保存革命力量。在队伍经过永新县的三湾村时，毛泽东对这支不足千人的队伍进行了整编，这便是历史上著名的“三湾改编”。三湾改编的主要内容是，规定班排设党小组，连设支部，营团设党委；成立士兵委员会，实行官兵平等。三湾改编重建起部队的军事、政治制度，确立了党对军队的绝对领导，是中国共产党创建新型人民军队的开端。10 月，在中共永新县委的帮助下，毛泽东带领队伍到达井冈山地区，联合当地的袁文才、王佐农民武装，创建了中国第一个农村革命根据地。

井冈山地势险峻，山路崎岖，有五大哨口，易守难攻；山中有“大小五井”，农田村舍随处可见，易于长期割据。共产党在这里建立根据地，这在国际共产主义运动中是十分奇特的事情。山沟沟里有没有马克思主义？工农武装如何生存、发展？中国革命走什么道路？这一连串的问题需要共产党的“山大王”们在实践中面对和解决。

1928 年，朱德和毛泽东会师井冈山，组建起工农红军第四军。当时湘赣两省有国民党军队几十万人，常年围困井冈山的也不下三四万人，而红四军主力仅 3 600 余人。在敌强我弱的局面下，朱毛红军在实践中创造出著名的

"十六字方针"，即敌进我退、敌驻我扰、敌疲我打、敌退我追。以游击战为主要作战形式的战略战术，适合中国革命战争特点，红军采用这一战略战术先后取得了黄洋界保卫战、龙源口大捷等一系列胜利。毛泽东说："后来中国革命的战略战术都是从十六字诀中发展起来的。"

为了发动群众、依靠群众，共产党在井冈山及附近的宁冈、茶陵、遂川三县开展土地革命，颁布土地法，消灭封建土地所有制，满足农民几千来对土地的渴望和诉求，极大地调动起广大农民的生产积极性和支援红军的热情。随着红军快速发展，人数逐渐增加，围绕井冈山发展起来的根据地已不能满足红军的需要了，国民党的重兵围剿也给根据地建设带来沉重负担。因此，红军亟需开拓新的红色区域，承载蓬勃发展的革命力量。1929 年 1 月，红四军主力离开井冈山，将革命的火种引向赣南和闽西等地区，创建了中央革命根据地，在一片更大的区域内创造革命的辉煌。

作为中国革命的摇篮，井冈山创造了中国革命的数个第一：第一块红色革命根据地；第一部土地法；第一支工农红军；第一次总结出游击战的"十六字方针"；第一次制定红军的"三大纪律六项注意"（后改为"三大纪律八项注意"）。在此基础上，适合于半殖民地半封建国情的马克思主义理论逐渐孕育，《星星之火，可以燎原》《中国的红色政权为什么能够存在》等煌煌巨作的诞生，此时的党已然意识到独立自主的理论探索是完成中国革命的必经过程。

1962 年，朱德委员长视察井冈山，欣然为井冈山革命博物馆题写了"天下第一山"五个大字，井冈山当此殊荣，名副其实。

材料来源　石劲松:《井冈山时期马克思主义中国化研究》，人民出版社，2017 年；刘孚威主编:《论井冈山精神》，江西人民出版社，2011 年。

【案例解析】

无产阶级用暴力革命的方式，打碎旧的国家机器，建立社会主义、共产主义是马列主义的一个基本理论。每个国家在运用这一理论时，必须同本国的具体的政治、经济、文化状况相结合，开辟出适合本国国情的革命道路。十月革命开启了人类社会主义革命的新纪元。但十月革命成功以后，共产国际和一些国家的共产党的领导人，忽视了各国革命条件的特殊性，错误地将十月革命的经验神圣化、绝对化，以为是放之四海而皆准的。这种盲目照搬苏俄革命经验的做法，就是在中国共产党内一度盛行的“城市中心论”。

大革命失败后，中国共产党在全国发动了100多次的武装暴动，但那些以夺取大中城市为目标的计划都失败了。为了保存革命力量，他们自觉不自觉地把队伍带到了远离国民党统治中心的偏远乡村，在以井冈山为代表的农村地区建立根据地。这一契机让中国共产党人日渐认识到，中国革命的未来在农村而不在城市。作为一个脱胎于小农社会的国度，实现农村地区和农民大众的解放，就意味着中国大部分的地区和大部分的人民得到解放。农民受到封建主义和帝国主义的盘剥最为严重，因而最具有革命的意愿和动机。只要经过正确领导，保障生产、生活和生命利益，农民就能构成党的革命事业的力量源泉。在井冈山，毛泽东深入思考了在半殖民地半封建的中国，无产阶级革命走什么道路、建立什么军队、采取什么战略战术等一系列重大问题。经过两年的实践探索，毛泽东确信共产党在农村建立根据地是完全可能的，也是完全必要的。自此，农村包围城市、武装夺取政权的理论构想逐步发展成熟。后来的历史证明，中国共产党人正是沿着井冈山开辟的革命道路，走向胜利、走向辉煌。

## 【教学建议】

井冈山是中国革命的摇篮，中国革命的许多重大实践都是从这里起步的。此案例可用于第五章第一节第三目“农村包围城市、武装夺取政权道路的开辟”部分的辅助教学。

在运用此案例时，讲清楚党为什么要上井冈山、党在井冈山上做了什么、井冈山给党留下了什么，特别强调毛泽东和老一辈无产阶级革命家在把马克思主义同中国革命相结合方面的创造性思维和探索性实践，并最终形成中国革命道路的不懈努力。这种勇于探索、求真务实的作风和红军在巩固发展井冈山革命根据地时形成的坚定信念、艰苦奋斗、依靠群众、无私奉献精神共同汇聚成伟大的井冈山精神。革命传统代代相传，以后在不同时期形成的长征精神、延安精神、西柏坡精神都是对井冈山精神的继承和发扬。

# 案例 3 古田会议永放光芒

## 【案例材料】

古田会议是中国共产党历史上极为重要的一次会议。它总结了自南昌起义以来建党建军的经验，确立了人民军队建设的基本原则，解决了共产党在农村如何建党、建军的重大课题，是人民军队建设史上的一座辉煌的里程碑。

1929 年 1 月，朱德、毛泽东带领红四军主力离开井冈山，兵锋直指赣南、闽西。3 至 5 月，在福建消灭国民党两个混成旅，并推动闽西各地的农民暴动，不久形成以龙岩、永定、上杭三县为中心的闽西革命根据地。中共闽西的党组织积极发动农民，开展土地革命，在闽西六个县相继建立各级红色政权，奠定了中央革命根据地的基础。

随着红色区域的扩大、红军人数和党员人数的激增，红四军党内却发生了与革命形势不协调的现象。在关于如何建党建军的问题上，各种错误的思想和行为逐渐浮出水面，成为革命前进中的障碍。三湾改编虽然强调党对军队的领导这一重要原则，但由于主客观条件的限制，这一思想尚未得到系统的完善。随着红军队伍的扩大，人员成分日益复杂，绝大多数是由农民和其他小资产阶级出身的成分构成。据统计，当时红四军主力大约 4 000 人，有党员 1 329 名，非工人出身的比例竟高达 76.6%。这样自然会把各种非无产阶级思想带进党内和军队里。毛泽东在《关于纠正党内的错误思想》一文中指出，如果任由红四军内部的单纯军事观点、极端民主化、绝对平均主义、主观主义、个人主义、流寇主义等错误思想滋长而不加以肃清，必定会产生破坏党的团结，离开无产阶级革命立场的危险。同时，毛泽东深刻剖析了这些错误思想的产生原因和具体表现，并提出根除病灶的可行办法。

1929 年 6 月和 9 月，红四军先后召开党的第七次和第八次代表会议，毛泽东主张的用无产阶级思想建设党和军队的正确主张得不到大多数人的支持，甚至在红四军七大上，连他的前委书记一职也落选了，改由陈毅担任。由于党内分歧得不到解决，党组织日益松懈，严重影响四军的发展。1928 年 8 月，陈毅前往上海，把红四军在建党建军方面的内部矛盾、激烈辩论和种种分歧向党中央作了汇报。

党中央充分肯定了毛泽东的“工农武装割据”和建军思想，指出红四军全体同志要拥护朱德、毛泽东的指挥，并恢复毛泽东前委书记一职。9 月下旬，党中央委托陈毅起草《给红四军前委的指示信》，即“九月来信”。次月下旬，陈毅回到根据地，向红四军前委传达了中央军事工作会议和“九月来信”的精神，并请毛泽东重新主持前委工作。11 月下旬，毛泽东重新担任前委书记。12 月 3 日，红四军进驻闽西新泉镇，在这里进行了著名的“新泉整训”。在随后的十多天内，前委同志通过学习领会“中央九月来信”，对照军队眼下存在的问题，逐步认识到毛泽东关于党指挥枪，和加强军队的思想政治工作的主张是完全正确的，在用无产阶级思想建设党和军队的问题上达成了一致的认识。毛泽东还在新泉多次举行各级干部、战士及农民群众的座谈会，广泛听取大家的意见，并商讨解决问题的方法，得到了大家拥护。经过新泉整训，全军上下高度团结，思想高度一致，为古田会议的成功召开打下了很好的基础。12 月 28 日，古田会议召开，讨论通过《中国共产党红军第四军第九次代表大会决议案》，确立了党和人民军队建设的正确方向，确保了党的无产阶级先锋队的性质，锻铸了人民军队绝对听从党指挥的"军魂"。

在以后的岁月中，人民军队的建设始终体现了古田会议确立的建军原则，这是中国共产党和人民军队战胜各种艰难险阻的重要保证。

材料来源　罗平汉：《毛泽东与红军的创建发展》，人民出版社，2023 年；朱继东：《古田会议精神的四大亮点及其现实意义》，《理论探讨》2015 年第 2 期。

## 【案例解析】

大革命失败后，中国共产党人用血的代价换来一个清醒的认识，那就是中国人民在半殖民地半封建的中国社会，只有通过武装斗争才能打倒帝国主义、推翻国民党的反动统治，建立自由民主的新中国。于是有了南昌起义、秋收起义等一系列武装暴动。

当中国共产党人在农村建立根据地，拥有了革命武装的时候，马上就面临一个十分棘手的问题：在半殖民地半封建的中国社会，在农村革命的环境中，在党和军队的成员绝大部分来自农民或其他小资产阶级的情况下，如何把党建设成真正的马克思主义政党、把红军建设成为真正的无产阶级革命军队？这个问题如果不解决，那么共产党就会蜕化变质，红军就和旧式军队就没有区别，这是关系到党的事业兴衰成败的根本问题。事实上在古田会议召开之前，红四军内部暴露出的种种问题正说明了这些问题的严重性。毛泽东是党内最早注重用无产阶级思想建设党和红军的领导人。他坚决反对红四军内流行的种种错误思想和观点，比如“军事好，政治自然会好，军事不好，政治也不会好”，他认为这是否定党的领导的单纯军事观点。他强调，军队必须绝对听从党指挥，无产阶级军队只能是执行无产阶级政治任务的武装集团，是党指挥枪而不是枪指挥党。关于军队的职能，毛泽东认为红军除了要打仗消灭敌人，还要做宣传工作，帮助人民开展土地革命，这是新型人民军队和旧军队的根本区别。

古田会议决议很好地贯彻了毛泽东的建党建军思想，成为中国共产党建设新型人民军队历史上的一座伟大丰碑。

## 【教学建议】

古田会议解决了如何建党建军的重大问题，为人民军队铸造了绝对服从党指挥的坚强内核。此案例可用于第五章第一节第三目“农村包围城市、武装夺取政权道路的开辟”部分的辅助教学。

古田会议决议是中国共产党和红军建设的纲领性文献。它结合中国共产党和中国革命的具体情况，灵活地、创造性地运用马克思列宁主义，初步回答了在党员以农民为主要成分的情况下，如何从加强党的思想建设入手，保持党的无产阶级先锋队性质的问题；初步回答了在农村进行革命战争的环境中，如何将以农民为主要成分的军队，建成无产阶级领导的新型人民军队的问题。

运用此案例时不仅要指出党领导军队是中国革命取得胜利的重要保证，更要指出古田会议精神在新形势下的指导意义。

2014 年，习近平在福建上杭县古田村召开全军政治思想工作会议，重申了贯彻人民军队必须绝对听党指挥的重要性。

## 案例 4 毛泽东和《反对本本主义》

### 【案例材料】

1930年5月，毛泽东写下一篇名为《调查工作》的文章，用以反对红四军内的教条主义，并在红四军和中央根据地印成小册子。后来，由于根据地多次遭到敌人“围剿”，该文章不幸丢失，直到1957年2月，福建上杭县农民赖茂基捐献了保存许久的《调查工作》，这篇重要文献才再次进入大众视野。1961年，毛泽东见到这本失而复得的小册子，心情格外激动，他说：“见到这本小册子，就好像见到了30年没见过面的儿子。”1964年，在编辑《毛泽东著作选读》时，《调查工作》收录其中，毛泽东将其改名为《反对本本主义》。

文章着重阐释了三个方面的内容。第一，调查的重要性与何谓调查。文章首节的“没有调查，没有发言权”，便是全文的核心观点。缺乏实地调查就随意发言、瞎说一通，什么问题都解决不了，还会让听者摸不着头脑，危害性很大。因此，毛泽东告诫红四军的领导干部和全体党员：“注重调查！反对瞎说！”那么，什么是调查呢？毛泽东认为，调查就是解决问题，就是把问题的现状和历史搞清楚，换句话说就是把问题的来龙去脉调查明白，问题的解决办法自然就有了。有了调查才能有结论，结论在调查末尾而不在调查的前头，如果说调查是“十月怀胎”，那解决问题就是“一朝分娩”。

第二，着重探讨本本主义在理论上和实践中的严重危害。本本主义的一个重要特征就是理论脱离实际。部分党员干部不愿意深入实际做调查研究，在讨论问题时开口闭口要从经典原著当中找依据，以为书中写的都是对的，却忘记了书本的内容会过时，老百姓的生活、革命的行动、现实的情况书本也未必会体现。毛泽东时常批评这些动不动就把书本拿出来、把马恩列斯名言挂在嘴边的党员干部，上级的指示是正确的，并不因为这些指示来自上级，而是因为这些指示符合主客观的革命情势，不从现实角度出发就不假思索地执行上级指令，“单纯建立在‘上级’观念上的形式主义的态度是很不对的。”坚持党的领导，并非不顾地方革命实际或党员个体差异无条件地生搬硬套上级指令，毛泽东借助这篇文章，实际上阐明了贯彻上级指示要和当前的实际情况相结合这个重要的工作原则。同样，对于指导中国革命实践的马克思主义也不能采取本本主义的方法，简单照搬、盲目照抄，否则必然走向机会主义或唯心主义。共产党员，理应学习“本本”，但“本本”的精髓不在于字句表述的形式精妙，而在于教会大家在面对具体问题时运用历史唯物主义的思维方式和实践办法，“中国革命斗争的胜利要靠中国同志了解中国情况。”可以说，教条主义错误深刻影响党的革命事业，而毛泽东是党内批判教条主义的先行者。

第三，介绍了调查的具体办法。如何开展调查？如何确保调查能达到预期的目的？这是关于调查的技术问题。毛泽东在文章中一共总结出七种方法，并逐个加以具体解说。这七种方法是：要开调查会作讨论式的调查；调查会到些什么人；开调查会人多好还是人少好；要定调查纲目；要亲自出马；要深入；要自己做记录。《反对本本主义》开创了中国共产党求真务实，实事求是思想路线的先河。当年的共产党人正是遵循这一思想方法，将马克思主义的普遍真理结合中国半殖民地半封建的社会实际，如今调查研究仍旧是广大党员干部务必秉持的用以了解中国、深入群众、推进中国式现代化、实现中华民族伟大复兴的方法论。

材料来源　周批改：《毛泽东调查研究方法》，人民出版社，2023 年；李瑞奇：《毛泽东调查研究思想要义论析——基于毛泽东调查研究活动简史的考察》，《湖南科技大学学报（社会科学版）》2024 年第 5 期。

## 【案例解析】

20世纪30年代，“左”倾教条主义思想对苏区影响很大，这种错误的主要表现就是，无视中国的国情，盲目照搬苏联革命的经验；机械地运用马克思主义的理论，不注重和中国的实际结合。以土地革命为例，在苏区的土改工作中就存在严重的过左偏向。一些干部在划分农村阶级成分时，不做实际的调查，将一些人的成分作了拔高，结果扩大了打击面。在分田时，主张地主不分田，富农分坏田。毛泽东明确指出此种分田方式的弊端，不给地主田地，地主活不下去必然造反，只给富农坏田，富农也会倒向反革命，地主和富农联合起来甚至投降国民党，那最后损害的一定是贫农和雇农的利益，革命根据地的群众根基也会遭受沉重打击。1930年5月，毛泽东在寻乌搞了十余日的调查，重点摸清当地的阶级关系和土地情况，以及农民的土改意愿，写了近8万字的《寻乌调查》，为中央根据地形成正确的土地革命路线，奠定了基石。毛泽东在纠正左倾错误的同时，感觉到党内不注重实际调查的教条主义风气在某些地方、某些人群中很盛行，给党的事业带来相当的损害，因此极有必要在思想方法和工作方法上进行纠正，于是就有了这篇《反对本本主义》的文章。

## 【教学建议】

调查研究是我们党的传家宝。此案例可用于第五章第一节第三目“农村包围城市、武装夺取政权道路的开辟”部分的辅助教学。

运用此案例时，可以重点讲解《反对本本主义》失而复得的经过，以及毛泽东对此篇文章的珍惜之情，再梳理文章的“写作史”，探寻此文的历史重要性，进而对党的工作以启发。新中国成立后，我国社会主义建设取得重大成就，靠的也是这一条。陈云同志有一个著名工作方法，叫作“不唯上、不唯书、只唯实”，说的也是这个意思。新时代，面对国内外层出不穷、纷繁复杂、综合立体的新情况新问题，更要加强调查研究，才能做出正确判断，以应对复杂多变的国内外环境。那种脱离实际，把自己关在房间里，冥思苦想，靠拍脑袋来解决问题是注定行不通的。

# 第二节
# 中国革命在曲折中前进

## 案例1 红都瑞金

### 【案例材料】

瑞金位于江西省东南部，东界福建长汀，南邻会昌，西连于都，北接宁都。总面积2 448平方公里，下辖7个镇10个乡，2017年拥有户籍人口70.42万人。按照人口规模和经济总量，瑞金在当今中国是一个小城市，是一个在行政归属上由赣州代管的县级市。然而，在20世纪30年代，这里曾经是中华苏维埃共和国临时中央政府诞生地、中共中央所在地和中央红军长征出发地之一，瑞金以红都名世，当之无愧。

20世纪的20年代末至30年代初，毛泽东、朱德、彭德怀、邓子恢、张鼎丞等人指挥红军转战江西、福建各地，打击国民党武装，开展土地革命，建立工农政权，先后创建赣南、闽西革命根据地。1931年9月，红军取得第三次反“围剿”的胜利，使赣南、闽西两块根据地连成一片，形成了中央革命根据地。中央革命根据地在全国各根据地中，其规模是最大的，它拥有瑞金、会昌、寻乌、安远、信丰、于都、兴国、宁都、广昌、龙岩、长汀、上杭等总共21个县，250万人口，5万平方公里土地。由红一、三、五、七、八、九军团组成的红一方面军，总兵力达12.7万人。这就为中国共产党创建全国性的革命政权，奠定了基础。

1931年11月，中华苏维埃第一次全国代表大会在江西瑞金叶坪村举行，中华苏维埃共和国临时中央政府正式成立。大会审议通过了《中华苏维埃共和国宪法大纲》和《中华苏维埃共和国土地法令》以及经济、教育、外交等一系列重要法案。大会选举毛泽东为临时中央政府主席，选举项英、张国焘为副主席。中央政府下设军事人民委员部、土地人民委员部、外交人民委员部、劳动人民委员部、财政人民委员部、内务人民委员部、教育人民委员部、司法人民委员部、工农检察人民委员部以及国家政治保卫局，大会分别任命了各部、局负责人。同时大会还组织成立了中华苏维埃中央革命军事委员会，推举朱德为主席，王稼祥、彭德怀为副主席。1933年1月，由于上海局势动荡、党中央处在极端危险的境地，临时中央政治局决定由上海迁往红色首都瑞金。次年1月，鉴于此前中共中央已进驻瑞金，决定取消原临时中央政府中的“临时”二字，直接称为中华苏维埃中央政府。

作为红色都城，瑞金为中国革命作出了重大贡献。当年这个人口仅24万的小地方，参加红军战斗的竟达11万人，其中5万多人在战斗中牺牲。共和国9位元帅、7位大将、35位上将、114位中将和440位少将，都在这里工作、战斗过。

1934年10月，由于第五次反“围剿”的失败，中央红军告别瑞金，开始了举世闻名的二万五千里长征。

今天的瑞金已经成为全国著名的爱国主义和革命传统主义的教育基地。作为共和国的摇篮，这里有丰富的红色教育资源。比如叶坪的谢氏宗祠曾经是中华苏维埃第一次全国代表大会的会址，又是临时中央政府的所在地，著名的“九部一局”旧址也分布在叶坪。沙洲坝集中汇聚了许多革命遗址，这里矗立着建于1933年的红军烈士纪念塔；中央政府大礼堂也在沙洲坝，第二次全国代表大会在这里召开；这里还有毛泽东当年亲自开挖的“红井”，解决了当地人民的饮水卫生问题，旁边立有石碑，上书“吃水不忘挖井人，时刻想念毛主席”14个大字。

材料来源 陈荣华等：《试论中华苏维埃共和国临时中央政府的诞生及其历史意义》，《江西社会科学》1982年第1期；王文渊编著：《红色故都瑞金》，江西人民出版社，1958年。

【案例解析】

列宁在《论两个政权》一文中指出：“一切革命的根本问题是国家政权问题。”中国共产党自独立领导中国革命就把推翻国民党南京政府，建立苏维埃工农政权作为自己的革命目标。

中国特殊的半殖民地半封建的国情，决定了无产阶级革命只能走农村包围城市，武装夺取政权的道路。在一个较长时期内，中国革命的中心在农村，而不是在城市；革命政权的建立基本上也是循着先在农村后在城市的路径。随着共产党在各地开辟多个苏维埃根据地，红色政权也先后在赣南、闽西、湘鄂赣、鄂豫皖、湘鄂西等地建立，除了若干跨省的管辖较大区域的政权外，单是县一级的苏维埃政权就有300多个，这就为统一的、全国性的中央政府的建立奠定了基础。早在1930年，中共中央就开始筹备召开全国苏维埃代表大会，并计划在攻取长沙后，将临时中央政府设在长沙。后来由于战局的变动，才延至1931年，在江西瑞金成立临时中央政府。

有必要指出的是，当时的中国共产党还是共产国际的一个支部，苏维埃代表大会和苏区政府都在一定程度上打上了苏俄革命的印记。瑞金临时中央政府的机构设置，政府颁布的宪法大纲都是参照苏俄的模式，甚至第一次全国代表大会的许多重要文件都要经由共产国际审查才能颁发，这就难免使得一些政策法规离党的工作实际相去甚远。

【教学建议】

中华苏维埃共和国的成立，直接宣告了中国共产党政权和国民党南京政府在全国的对立。它不仅使各根据地的红色政权有了一个全国的政治中心，而且极大地鼓舞了全国人民坚持革命的斗争精神。此案例可用于第五章第二节第一目“土地革命战争的发展及其挫折”部分的辅助教学。

临时中央政府在各方面的施政，是中国共产党管理国家的成功尝试。红都瑞金在军事、政治、金融、财税、贸易、司法、教育等方面为中国共产党培养锻炼了一批专业干部队伍。这支队伍为后来中国共产党在新中国成立后治国理政，发挥了重要作用。运用本案例时，除了介绍红都瑞金在领导与组织革命战争，深入开展土地革命，开展经济建设方面的作用，特别要强调瑞金作为共和国的摇篮，为新中国培养了人才，积累了宝贵的治国理政经验。

## 案例 2　遵义会议

【案例材料】

由于“左”倾机会主义错误思想在党内的蔓延和执行，国共军事实力悬殊，第五次反“围剿”失败，党中央被迫放弃中央革命根据地，走上了漫漫长征路。中央按照原先制定的到湘西同红二、六军团会合的计划，策动队伍西行，一路上遭到国民党重兵的围追堵截。湘江战役后，红军损失过半。如若继续执行原计划，必然走向兵败党灭，因而毛泽东力主放弃原计划，改向国民党军事实力孱弱的贵州挺进，中央出于现实考量接受了毛泽东的主张。

1935 年 1 月 7 日，红军攻占黔北重镇遵义，在这里召开了决定中国革命生死前途的政治局扩大会议，即遵义会议。

遵义会议的地点就设在中央军委和红军总司令部的驻地，即遵义城琵琶桥东侧 87 号，这里原先是黔军师长柏辉章的私人公馆。

出席会议的中央政治局委员有博古、朱德、毛泽东、陈云、张闻天、周恩来；政治局候补委员有王稼祥、邓发、刘少奇、凯丰；各军团主要负责人有林彪、彭德怀、杨尚昆、李卓然、聂荣臻。参加会议的还有红军总参谋长刘伯承、总政治部代主任李富春、中央秘书长邓小平以及共产国际代表李德和翻译伍修权。

会议从 1 月 15 日开始，历时三天。首先，党的最高负责人博古在会上作了关于第五次反"围剿"的总结报告。他在报告中尽量推卸责任，极力为王明的"左"倾路线和李德的错误指挥辩解，将反"围剿"失败的主要原因归咎于国民党军事的强大。周恩来作了关于军事问题的副报告，分析了第五次反"围剿"和长征过程中军事指挥的错误，并主动承担了责任。博古的报告遭到了毛泽东、张闻天和王稼祥等多数同志的激烈批评。张闻天在会后根据与会多数人特别是毛泽东发言的内容起草了《中共中央关于反对敌人五次"围剿"的总结决议》。这个决议，在中共中央离开遵义到达云南省扎西（今威信）县境后召开的会议上通过。《决议》指出，导致反"围剿"失败的主要原因是博古、李德等人采取了错误的军事路线和战略战术，即进攻中的冒险主义、防御中的保守主义、退却中的逃跑主义。决议肯定了毛泽东关于红军作战的基本原则，即诱敌深入，运动战与游击战相结合，集中优势兵力打速决战、歼灭战等思想。决议指出，当前必须改善党中央和军委的领导，会议推举毛泽东为政治局常委，由朱德、周恩来代替博古、李德任最高军事首长，周恩来是党内委托的对于指挥军事下最后决心的负责者。毛泽东在军事上帮助周恩来指挥红军。这样的组织人事变动，实际上取消了博古、李德的最高指挥权。

会议开了 3 天，由于国民党大军逼近遵义，红军主动撤离遵义。在前往云南的行军途中，中央鉴于博古态度消沉，事实上已不适合担任党的最高领导职务，决定由张闻天代替博古为党的最高负责人。由于朱德、周恩来在前线指挥作战，留在中央的毛泽东是最擅长军事指挥工作的，因此事实上红军作战的战略谋划便由毛泽东负主要责任。这一点，朱德、周恩来是没有疑义的。3 月 4 日，中革军委成立前敌司令部，由朱德担任司令，毛泽东担任政治委员。几天后，中共中央决定成立由周恩来、毛泽东、王稼祥组成的最高军事小组，俗称“新三人团”全权指挥军事，而毛泽东实际上是这个小组的核心。至此，遵义会议关于军事路线和人事变动两大问题完全解决，红军在毛泽东正确路线的指引下，踏上了新的征程，中国革命的历史翻开了新的一页。

材料来源　刘统:《北上：党中央与张国焘斗争始末》，生活 · 读书 · 新知三联书店，2016 年；李忠杰:《遵义会议精神永放光芒》,《红旗文稿》2024 年第 11 期。

## 【案例解析】

长征初期，红军的指挥权依然由博古、李德和周恩来组成的所谓“三人团”掌握，而党的最高负责人博古在军事上完全听命于共产国际顾问李德。李德主张红军转移湘西和红二、六军团会合。于是红军一路西进，由于携带大量辎重，队伍行动迟缓，失去了往日机动、灵活的优势。湘江一役，红军虽冲破敌人四道封锁线，但损失惨重，由出发时的 8.6 万人锐减至 3 万人。此时毛泽东力排众议，放弃与红二、六军团会合于湘西的计划，跳出敌人包围圈，改向国民党统治薄弱的贵州前进，建立川黔边根据地，但遭到李德、博古的反对。之后在遵义会议召开之前，中央政治局就红军战略转移的前进方向问题，接连召开了通道会议、黎平会议和猴场会议。黎平会议上毛泽东的主张获得多数人的赞同，会议否定了博古、李德的原计划。鉴于原三人团已无法正确领导红军实施战略转移，猴场会议决定一切军事行动都必须在政治局会议上报告，确保军事行动受党中央集体领导和指挥，防止因领导人个人专断给军事行动造成影响。这个决定等于限制了博古、李德的军事指挥权，为遵义会议作了铺垫。

1935 年 1 月，红军强渡乌江，占领黔北重镇遵义。此时红军内部意见分歧扩大，责难和埋怨的情绪也在滋长，问题集中在两个方面：造成第五次反“围剿”失败的原因究竟是什么？红军作战以灵活机动见长，为什么长征后一路被动？许多红军将士怀念毛泽东指挥红军取得反“围剿”胜利的岁月，盼望由毛泽东来指挥红军。为了统一全军的思想，凝聚全军意志和力量，一个决定党和红军命运的重要会议便是刻不容缓的了。

## 【教学建议】

遵义会议是党的历史上一个生死攸关的转折点。此案例可用于第五章第二节第二目“遵义会议实现伟大历史转折”部分的辅助教学。

在案例教学过程中，应向学生讲明遵义会议的召开背景和宝贵成果。遵义会议确立了毛泽东在红军内的领导地位，对“左”倾机会主义展开批判，挽救了党和红军，成为党的历史上生死攸关的转折点。尤其需要指出的是，长征后不久，党中央就和上海以及共产国际失去了电讯联系，这在客观上迫使党独立自主地应对一切问题。遵义会议是在没有苏联方面遥控指挥前提下召开的，尽管会议期间发生了激烈的争论，但以毛泽东为代表的正确路线得到了多数人的支持。最终中国共产党靠自身的力量，正确解决了军事路线问题和组织问题，使党和红军重新回到正确路线上来。这表明，中国共产党已从幼年走向了成熟。

## 案例 3 四渡赤水

### 【案例材料】

四渡赤水是红军在长征途中，在赤水河流域同国民党军队进行的运动战战役。在这场战役中，毛泽东的高超的军事指挥艺术获得了淋漓尽致的发挥。这场战役不论在中国或者是在世界军事史上，都是一个经典的运动战战例。1960 年，英国的“二战”英雄蒙哥马利元帅访问中国。在与毛泽东的交谈中，他盛赞毛泽东指挥的辽沈、淮海、平津三大战役可以与世界历史上任何战役媲美。毛泽东竟然淡淡一笑：“那些没什么，四渡赤水才是我的得意之笔。”

遵义会议后，毛泽东逐步成为中央红军的最高统帅，党中央实际上在中国革命的生死关头把红军的指挥重任托付给了毛泽东。当时，在遵义外围，蒋介石为防红军北渡长江与红四方面军汇合，调集四十万大军企图把人数仅剩 3 万的中央红军围歼于川黔地区。中央起初确有渡长江，与四方面军会师的计划，这才有了 1935 年 1 月 28 日，在土城与国民党川军的激战。由于情报有误，土城战役失利。面对国民党各支军队即将蜂拥而至，毛泽东果断下令撤出战斗，由土城西渡赤水河，向古蔺方向前进，寻机北渡长江。

赤水河发源于云南镇雄县，全长 500 公里，流经云、贵、川交界处。1 月 29 日，红军成功渡过赤水河，向古蔺、叙永地区挺进。川军一面加强长江布防，一面紧紧追击红军。同时，国民党黔军、滇军和中央军也迅速向红军合围。毛泽东和中革军委鉴于北渡长江计划一时无法实施，乃迅速决定放弃原计划，改取“以川滇黔边境为发展地区”。于是，红军南下向川滇边的扎西集中。是为一渡赤水。

红军进驻扎西不久，国民党军便尾随而至。由于黔军大兵南下，造成黔北地区兵力空虚。为打破敌人合围图谋，毛泽东忽令于2月28日红军东渡赤水河，挺进黔北，兵锋直指遵义。24日，红军发动遵义战役，5天之内连下桐梓、娄山关、遵义，击溃和歼灭国民党军2个师又8个团，缴获大量军用物资。这是红军自长征以来获得的最大的一次胜利，极大地鼓舞了红军的士气。是为二渡赤水。

蒋介石见红军再次占领遵义，恼羞成怒，从武汉飞临重庆，调集军队合围遵义。为调动敌军，使之一直处于疲乏劳顿之中，毛泽东故意让红军在遵义地区徘徊，引诱敌人大军合围。当国民党各路人马一路劳顿，云集遵义附近时，红军却在敌人缝隙中穿过，于3月16日、17日在茅台镇附近西渡赤水，进入川南。是为三渡赤水。

为了迷惑敌人，毛泽东故意让红军在大白天向古蔺、叙永方向行军，摆出一副要北渡长江的架势。蒋介石果然上当，急调大军扑向川南。毛泽东见调动敌军的目的已实现，乃命令红军于3月21日在二郎滩、九溪口东渡赤水河，向遵义方向急进。是为四渡赤水。

蒋介石误以为红军又要打遵义，乃亲临贵阳督战。当着敌人大军云集黔北之际，红军却乘着贵阳方面防守空虚，一路南下，兵锋直指贵阳。蒋介石顿时慌了心神，黔北大军回撤不及，为保贵阳，急调滇军入黔“救驾”。乘着滇军援黔，红军闪过贵阳，进入云南，于5月9日，在皎平渡、洪门渡渡过了金沙江，进入川西。这样，红军终于将几十万国民党军队远远地甩在身后。

四渡赤水成功地扭转了红军自长征以来的被动局面，在红军战略转移的过程中具有决定性的重大意义。

材料来源　范承斌、廖元刚主编：《用兵如神：“四渡赤水”战例研究》，人民出版社，2024年；徐焰：《四渡赤水出奇兵“奇”在哪里？》，《解放军报》2015年1月20日。

## 【案例解析】

遵义会议后，如何跳出国民党四十万大军的包围圈，是摆在党中央新的领导集体面前的严峻问题。如果按照以前左倾分子指挥作战的方法，让弱势红军与强敌打阵地战、消耗战，那么区区 3 万红军顷刻便会全军覆没。此刻历史选择了毛泽东。

面对“敌军围困万千重”的危急时刻，毛泽东却显得从容镇定。多年的游击战和运动战的生涯，使毛泽东具有不同于一般军事家的思维方法和用兵韬略。他曾经说过：敌人是强大的，红军是弱小的，这是中国革命战争的一个特点。因此，他从不拘泥于一城一地的得失，而是把保存和发展革命力量，赢得战争的主动权放在首要地位。灵活机动，以少胜多，打得赢就打，打不赢就跑是毛泽东用兵的一大特色。在四渡赤水战役中，毛泽东将避实击虚、声东击西、忽隐忽现、大踏步迂回、打回马枪等战术运用得出神入化。虽然，红军走了很多弯路，部队很疲劳，以至于有个别干部不了解毛泽东的意图，抱怨“为什么走弓背路，不走弓弦路”，但红军的大胆穿插，长途迂回，成功地调动几十万敌军，使之疲于奔命，摸不清红军的去向。

当然，毛泽东能够创造出四渡赤水这一军事史上的奇迹，除了凭借其高超的军事指挥艺术和红军将士英勇顽强的革命意志外，红军的情报破译工作也起了很大作用。

## 【教学建议】

四渡赤水是长征途中，由毛泽东亲自指挥的一场战役。此案例可用于第五章第二节第二目“遵义会议实现伟大历史转折”部分的辅助教学。

这场战役的成功使得红军终于跳出了国民党几十万大军的包围圈，结束了红军自长征以来的被动局面。运用此案例时，除了介绍四渡赤水的背景、过程和作用，特别要讲清楚四渡赤水出奇兵"奇"在何处。毛泽东用兵的精髓是敌变我变，灵活机动，声东击西，以己之长对敌之短。四渡赤水的作战目的是摆脱国民党大军的围追堵截，如果以弱势红军固守一地，或者按既定的目标不作适时调整，与敌人硬打硬拼必然导致红军全军覆没，应该根据敌情的变化，随时调整行动计划和行军路线，大胆迂回、大胆穿插，打破常规，才能起到调动敌人，摆脱重围的目的。

## 案例4 爬雪山过草地

### 【案例材料】

长征是中国工农红军创造的在人类历史上亘古未有的英雄奇迹，是中国共产党和红军谱写的壮丽的诗篇。在历时两年的时间内，共有四支红军队伍从不同的地点出发，参加了长征。他们分别是红一方面军、红二方面军、红四方面军和红二十五军。1936年10月红一、二、四方面军在甘肃会宁胜利会师，完成了中国革命的战略大转移。

在漫漫征途上，红军遭遇了种种难以想见的艰难困苦，除了要迎击国民党大军的围追堵截，更要面对复杂恶劣的自然条件。肖华将军在《长征组歌·过雪山草地》中写道，"雪皑皑，夜茫茫，高原寒，炊断粮，红军都是钢铁汉，千锤百炼不怕难"。红军战胜各种困难靠的是坚定的革命理想信念、不怕艰难困苦的英雄气概、不怕牺牲的革命乐观主义精神，而这种精神无疑集中体现在翻越皑皑雪山和穿越茫茫草地的过程中。

1935 年 6 月，一路上风餐露宿、浴血奋战，转战数个省的中央红军来到了位于四川省阿坝地区的夹金山下。夹金山是红军长征途中翻越的第一座大雪山，它的海拔高度为 4 114 米，山势陡险，山顶终年积雪，空气稀薄，且天气变化无常。据老红军回忆，数月行军，粮食匮乏，人也筋疲力尽，翻越夹金山时，大家穿的是破烂的单衣，脚上是破烂的草鞋。越往上爬，气温越低，刺骨的寒风冻得战士们竭力缩紧身体。雪山的天气说变就变，刚才还阳光普照，转眼就乌云翻滚，鸡蛋般的冰雹毫不留情地迎面砸来，不少人被打得鼻青脸肿。越接近山顶，空气越稀薄，大家越感到接不上气，两腿松软迈不开步。有的战士疲惫至极，想坐下来休息一会儿，但一坐下来便再也起不来了。到达山顶前，牺牲的同志随处可见。前面传来命令，再累也不许坐下，再困难也不能停下。于是，大家相互鼓励，相互扶持，咬紧牙关继续向上爬。

翻越夹金山后，红军在十多天时间内又接连翻越了四川西部的四座大雪山，它们是：梦笔山，海拔 4 071 米；雅克夏雪山，海拔 4 455 米；昌德山，海拔 4 164 米和达古山，海拔 4 484 米。

越过雪山，红军又进入了令人毛骨悚然的死亡之地——松潘大草地。这里是一大片广袤无垠，没有人烟，没有飞鸟的沼泽地。许多地方都是腐草和淤泥结成的松软的地表，厚度达几公尺，仿佛是布满机关的陷阱，稍有不慎，失足其间，顷刻便有灭顶之灾。长征途中，被茫茫草地吞噬的战士和马匹不在少数。部队过草地时，许多人带的干粮早已耗尽，饥肠辘辘的人们只能以野草、树皮，甚至皮带充饥。

除了饥饿难耐，还要面对恶劣的天气。“8 月的草地，基本不见太阳，总是阴沉沉的，一阵风刮来，那雨说来就来。草地里除了一望无际的杂草水沟，连个躲雨的地方都没有，只有任其浇个透湿，等雨过去后依旧穿着那套似乎永远干不了的衣服继续行军。”然而，红军英雄们历时 7 天，终于走出了这片死亡之地。美国作家史沫特莱在其《伟大的道路》一书中这样称赞走出草地的红军战士：“（他们）走出草地的时候，只剩下一支褴褛不堪，瘦得只有骨头架子的部队。成千上万的人咳得喘不过气来，可是它还能一师又一师地击败军阀部队，称得上是世界上最顽强、最结实、最有政治觉悟的队伍。”

材料来源　曾克林：《回忆长征：往事依稀恍若梦》，《解放军报》2006年9月26日；史沫特莱：《伟大的道路：朱德的生平和时代》，东方出版社，2005年。

## 【案例解析】

第五次反“围剿”失败后，为了保存革命力量，中国工农红军不得不放弃南方根据地，开始了艰苦卓绝的万里长征。习近平指出，长征“是中国共产党和红军谱写的壮丽史诗，是中华民族伟大复兴历史进程中的巍峨丰碑”。

长征在人类战争史上是空前的，不仅这一军事行动从未有过，红军遭遇的艰难险阻也非常人可以想象。仅以中央红军为例，在为时一年的征程中，他们进行了380余次战斗，翻越18座大山，跨过24条大河，行程约2万5千里。有作家形象地将红军长征留下的蜿蜒西行的足迹，比喻为地球上的红飘带。在这条红飘带上，留下了许多难以忘怀的英雄事迹。血战湘江、四渡赤水、强渡大渡河、飞夺泸定桥、爬雪山、过草地等一系列历史瞬间汇聚成了永恒的红色记忆。而“雪山草地”便是这一过程中最为艰难、悲壮的一个片段。今天的人们很难想象，当年红军是凭借什么战胜如此险恶的自然环境，接受了人类生命极限的挑战，并最终取得长征的胜利。历史的回答是：伟大的长征精神！有了这种精神，任何艰难困苦也阻挡不了红军的前进步伐。

长征的胜利，使中国共产党成功地将中国革命的大本营放在了西北。在不久的中华民族遭遇的生死存亡的危急关头，中国共产党和红军勇敢地投身于民族解放的洪流中，成为抗日战争的中流砥柱。

## 【教学建议】

雪山草地是中国工农红军在万里长征中遇到的最艰难的路程。此案例可用于第五章第二节第三目“红军长征胜利和迎接全民族抗战”部分的辅助教学。

运用此案例时要强调红军战胜雪山草地，彰显出的伟大的长征精神，这一精神谱系是党带领中国人民战胜一切艰难险阻的宝贵的资源。“雪山草地”是中国工农红军万里长征中，遇到了最艰难的一段路程。其中包括红军兵分两路北上，毛儿盖会议确定行动方针，包座之战打开北上通道，红军战士不畏艰险等诸多细节和故事值得讲述。可以向学生全景展现党中央解决的困苦挑战、战士遭遇的生死抉择、长征途中的种种危险，加深学生对长征的历史认知，让长征精神入脑、入心、入行。当年中国革命能够走向胜利靠的就是不怕艰难、不怕牺牲的长征精神走向胜利，在新时代，为了实现中华民族伟大复兴，在面对各种惊涛骇浪时，同样需要从中汲取精神力量。

# 第六章

# 中华民族的抗日战争

# 第一节
# 日本发动企图灭亡中国的侵略战争

## 案例 1 华北事变

### 【案例材料】

“九一八”事变后，日本按照预定计划，加紧在中国东北建立傀儡政权。1932 年 3 月，在吉林长春宣布成立以溥仪为“执政”的“满洲国”。1934 年 3 月，“满洲国”改称“满洲帝国”，溥仪改称“皇帝”。日本及其扶植的伪满政权，对东北人民实行野蛮的法西斯统治。

日本在巩固和加强对中国东北的统治的同时，把侵略的矛头进一步指向华北。1933 年 1 月，日军攻占山海关。2 月下旬，日军进犯热河，日军占领热河后，侵略矛头直指北平、天津。5 月初，日本军部确定了对华北国民党当局实行“以迫和为主，内变策应为从”的方针。

面对华北危急的局势，1933 年 5 月 25 日，中共临时中央发出《关于中日秘密谈判与国民党出卖平津及华北问题的紧急通知》，号召各级党部须战斗动员起来，在组织民众进行武装的民族革命战争的中心口号之下，发动广大群众开展反帝和反国民党的斗争。同时，临时中央又与共青团中央共同发布《为反对国民党出卖华北平津告民众书》，称华北民众和整个中国民族处在生死存亡的关头，号召全国的劳苦群众团结起来，“反对日本帝国主义进攻平津，反对国民党南京政府和北方军阀新的卖国”。1934 年 4 月 13 日，中共中央又发出《关于在目前华北紧急形势下各级党的任务的紧急通知》，指出“中国民族危机已经到了新的最严重的阶段——帝国主义直接瓜分的阶段”。

1933 年 5 月，国民党政府急于同日本妥协，成立以黄郛为委员长的北平政务委员会，负责对日交涉停战问题。

国民党的卖国代表黄郛无耻地说：“日本在华北并无重大要求提出，只是零碎的技术要求”；“日本武官分赴各地侦查测量，此乃常事，且也不自今日始”；“国人对于通车通邮事不甚明了，通车通邮是对中国有利的”；“日本对我亟求恢复车邮交通，是为着经济提携，无武力侵入关内的必要”。这种武断宣传，只为日本帝国主义新进攻作辩护，为国民党新出卖作遮饰。这与日使有吉所谓华北问题系“地方事件”，且“通车通邮系塘沽协定内事，日本最近并无新的要求”具有相同的用意。但是国民党的新卖国与日本帝国主义的新进攻，已成为全国民众有目共睹的事实，不是任何的武断宣传所能掩饰的。

1933 年 5 月 31 日，国民党政府与日本签订《塘沽协定》，实际上承认了日本对中国东北三省和热河省的侵占。这就使整个华北门户洞开，为日军进一步扩大侵略提供了条件。

华北事变后，民族危机空前严重，中国面临着沦为日本帝国主义殖民地的严重危险。1935 年秋，日本策动华北“自治”达到了顶峰，国民党政府对日本帝国主义的妥协退让，激起了全国人民的公愤。正当此时，1935 年 8 月 1 日，在莫斯科的中国共产党代表团发表了《为抗日救国告全体同胞书》，即著名的《八一宣言》。宣言传入国内后，在全国各阶层爱国人士中产生了深刻的影响，推动了抗日救亡运动的发展。

材料来源 刘金田主编:《中国的抗日战争》，上海人民出版社，2016 年；中国井冈山干部学院主编:《斗争（苏区版）》，第 4 辑中国发展出版社，2017 年；中共中央党史研究室:《中国共产党的九十年新民主主义革命时期》，中共党史出版社，2016 年。

## 【案例解析】

1933 年《塘沽协定》签订之后，日本对中国的侵略方式，暂时从“武力鲸吞”转变为“渐进蚕食”。这样，继东北之后，华北顺理成章地成为日本侵略的下一个目标。在日本的既定世界霸权方针下，中国民众和中国共产党、熟悉形势的世界各国观察家都非常清楚，日本绝不会满足仅仅占据东北的现状，华北必将成为东北之续。日本侵占华北的具体谋略，使用了“华北分离”的政策。具体的实施办法，和其在东北炮制伪“满洲国”的手段类似。日本首先在华北收买一部分汉奸，进而制造“地方自治”的假象和可供日本操控的傀儡政权，妄图在日本刺刀威胁下完成华北的“自治”和“独立”。这完全是日本侵略者一手制造的自欺欺人的荒诞闹剧。但日本认为通过这种方式就可以掩人耳目，缓和国际干涉。日本法西斯的阴险狡诈不可谓不恶毒。但是，中国人民决不允许日本侵略者的阴谋得逞，对其进行了无情的揭露和斗争。然而，面临如此紧迫的态势，南京政府当局竟继续对日妥协退让，丧权辱国，步步撤退，导致日军得寸进尺，越发贪得无厌，中华民族面临空前严重的危机。

【教学建议】

1935年的华北事变是日本侵华战略的关键步骤，暴露了日本企图称霸亚洲的野心。该案例可用于第六章第一节第一目“日本灭亡中国的计划及其实施”部分的辅助教学。

在该案例使用中，要阐述清楚日本在明治维新之后国力大增，并且逐步发展成为一个军国主义国家。第一次世界大战后，日本对内镇压人民，对外侵略扩张，而侵华政策正是日本军国主义在经济危机席卷全球之际摆脱国内危机的一个重要手段。可以说，日本对中国的侵略蓄谋已久，从“九一八”事变到华北事变，再到七七事变，日本企图灭亡中国的计划步步得逞。在此危急关头，国民政府反而将其主要军力放在“围剿”共产党上，竟然对日本实行妥协退让的政策。通过该案例分析，使学生掌握中国共产党从“九一八”事变之后就率先举起武装抗日的旗帜，华北事变之后又领导北平学生进行“一二·九”运动，成为抗日战争的中流砥柱。

## 案例2 南京大屠杀

【案例材料】

1937年12月13日，日军对南京的中国民众和已经放下武器的中国官兵进行了骇人听闻的大屠杀。这在人类文明史上是极其野蛮、黑暗的一页。

12月13日上午，日军侵入南京，开始了长达六个星期的大规模屠杀。日军随时随地、随心所欲任意枪杀平民百姓和战俘，他们以杀人取乐，展开“杀人竞赛”，其手段砍头、劈脑、切腹、挖心、火烧等，惨不忍睹，灭绝人性。

据战后远东国际军事法庭认定："在日军占领后最初六个星期内，南京及其附近被屠杀的平民和俘虏，总数达二十万人以上""这个数字还没有将日军所烧弃了的尸体，投入到长江，或以其他方法处分的人们计算在内"。据战后包括日本学者在内的各方统计，南京大屠杀中遇害人数达 30 万以上。

日军除屠杀奸淫外，还大肆纵火焚烧破坏，使南京的工业、商业、市政建设及文化教育卫生等事业均遭到惨重破坏，80% 以上的建筑均被烧毁，甚至荡然无存。南京向来以"六朝古都"著称，在经历了惨绝人寰的大屠杀后，整个南京目之所及皆是断壁残垣。与此同时，日军疯狂抢劫掠夺，无论是钱财、粮食，还是机器、牲畜，或者是古玩、字画，都被日军劫取。据时任金陵大学美籍教授、社会学家路易斯·史密斯的调查报告统计，城内 73% 的房屋被抢劫，"城北区被抢劫的房屋多达 96%""南京市民每一家平均损失 838 元，总损失达二亿四千六百万元"。

《纽约时报》率先披露了这场惨绝人寰、丧尽天良的大屠杀，使得世人得知侵华日军的丧心病狂之态。时任该报驻中国记者的特尔曼·坦丁，目睹了日军进城后的种种暴行，比如用绳子缚住已然投降、并无反抗之举的中国军人双手，使其彻底丧失抵抗能力，然后按照 50 个人为一队，带到长江边，全然不顾生命之可贵，用机枪连续扫射，实施虐杀。

日本侵略军竟然不顾国际公约进行惨无人道的屠杀，这使坦丁感到无比震惊和愤慨。他完全无法想象，日军为何能够如此不顾道义、丧失良心，当即奋笔疾书，希望通过详细报道使外界周知，进而向日军高层施压，使其停止作恶。经历重重困难，《纽约时报》最终得以刊登这则电讯，迅速在全美、全世界引起强烈震动，声讨之声不绝于耳。之后，坦丁竭尽所能，不断披露日军暴行，使其无法遮盖屠杀真相，日军侵略者永远被钉在历史的耻辱柱上。

南京大屠杀是"现代史上破天荒的残暴纪录"。但是，时至今日，日本政府及右翼势力仍以各种方式否认、掩饰这一残暴行径，淡化日本军国主义在第二次世界大战期间犯下的反人类罪行。日军南京大屠杀证据确凿，铁证如山，已为世人所公认，绝非少数右翼势力所能否定的。前事不忘，后事之师。

为悼念大屠杀遇难者，1985年8月15日，南京市人民政府建成并开放侵华日军南京大屠杀遇难同胞纪念馆，场馆的所在地是侵华日军南京大屠杀江东门集体屠杀遗址和遇难者丛葬地。

2014年2月27日，十二届全国人大常委会第七次会议通过决定，以立法形式将12月13日设立为南京大屠杀死难者国家公祭日。

材料来源 《“大抗战”知识读本》编写组编:《“大抗战”知识读本》，学习出版社，2015年。

【案例解析】

南京大屠杀是在日本华中派遣军司令松井石根和第六师团长谷寿夫指挥下进行的。南京大屠杀充分暴露出日本军国主义者的野蛮和凶残，也反映出中华民族遭受帝国主义欺凌和宰割的深重苦难。造成如此多的平民与守军遇难，除了日本侵略者的残暴之外，还与国民政府的宣传误导有很大关系。在南京失陷前后，国民政府仍像往日一般，不关注普通民众的生活特别是战争过程中的安危以及战争之后的善后，而是将绝大多数精力放在迁都工作之上。对于国际安全区，国民政府也同样未能事先做好妥善安排。军人的大规模被俘虏、被屠杀，则与南京保卫战的战略决策和指挥失误密切相关。蒋介石全然不顾敌我双方态势，高调表态，集合重兵，看似英勇顽强，实则“遗弃性处置”了参战部队，更进一步影响力抗战态势。南京卫戍司令唐生智，不思考如何阻敌、如何在战败之后妥善撤退，反而为迎合蒋介石而阻止军队退往长江边，使得南京就此成为“死地”，在巨大的实力差距和谋略失误作用下，“后生”成为泡影。南京陷落后，由于军事决策与指挥体制的缺陷，中国守军无法组织起有效反抗和有秩序撤退，致使驻城官兵陷于组织瓦解的困境，数以万计的被俘官兵被日本人残忍地杀害。

## 【教学建议】

南京大屠杀是人类史上骇人听闻的荼毒行为，给中国人民造成了极大的伤害。该案例可用于第六章第一节第一目“日本灭亡中国的计划及其实施”部分的辅助教学。

日本在这一时期，设置的目标并非单纯地打败中国，赢得战争赔款以及市场、原材料，而是企图灭亡中国政府和一切抵抗力量，使中国彻底沦为其殖民地，因此在侵略期间和占领之后，实行了极其残暴的殖民统治，包括但不限于对中国民众进行殖民教育、组织各地建立伪政权、分化瓦解各地残存抵抗力量等等。总体而言，日本全面侵华后，犯下了空前严重的罪行，给中华民族造成了极为深重的灾难。据不完全统计，抗日战争 14 年间，中国军民伤亡人数超过 3 500 万；按 1937 年的比价，中国直接经济损失 1 000 多亿美元，间接经济损失 5 000 多亿美元。在案例讲解过程中，要用历史事实证明日本侵略者在中国犯下的罪行罄竹难书，引导学生铭记历史，增强历史使命感和社会责任感。

# 第二节
# 中国人民奋起抗击日本侵略者

## 案例 1 瓦窑堡会议

### 【案例材料】

1935 年 7 月至 8 月，共产国际在莫斯科召开了具有重大影响的第七次代表大会。中共代表团代表中国共产党在大会上正式提出了建立“反帝人民统一战线”的策略主张。代表团明确表示，中国共产党和中华苏维埃政府，愿意和一切反日反蒋的党派团体共同组织全国统一的人民国防政府和抗日联军。

共产国际统一战线政策的提出和中共代表团《八一宣言》等文件刊出，恰好发生在中央红军经过二万五千里长征，好不容易在陕北落下脚来的前后。面对陕北地贫人稀、苏区面积极为有限、红军的生存和发展严重困难的客观现实，继续坚持以往的工农革命的方针和排斥一切中间势力的政策，势必会重蹈南方根据地失败的覆辙。而就在中共中央正在准备研究国内国际各种新形势、检讨自己以往的种种策略的时候，受共产国际执委会和中共代表团派遣秘密回到中国的张浩（林育英）来到了陕北苏区，从而使中共中央及时地了解到共产国际政策变动的情况。

1935年12月17日至25日，中共中央在陕北瓦窑堡举行政治局扩大会议，这是一次讨论中国共产党战略决策的十分重要的会议，后来被称为瓦窑堡会议。会议通过张闻天起草的《中央关于目前政治形势与党的任务决议》，指出“目前政治形势已经起了一个基本上的变化”，“党的策略路线，是在发动、团聚与组织全中国全民族一切革命力量去反对当前主要的敌人：日本帝国主义与卖国贼头子蒋介石”。23日，会议着重讨论军事问题，由负责军事工作的毛泽东报告。他在报告中提出的战略方针是：“在以坚决的民族战争反抗日本帝国主义进攻总任务之下，首先须在一切政治的军事的号召与实际行动上，确定‘把国内战争同民族战争结合起来’的方针。”“土地革命在民族战争的口号与策略之下执行。”

根据共产国际的指示，12月25日，中共中央在陕北瓦窑堡通过决议，决定将苏维埃工农共和国“改变为苏维埃人民共和国”，同时改变自己的各项政策。这包括：给一切革命的小资产阶级及其知识分子以选举权和被选举权，切实保护小资本工商业，欢迎民族工商业资本家和华侨资本家来苏区投资设厂，停止没收富农的土地及财产，允许有产阶级代表参加苏区政权管理工作，不再以社会出身来限制党和红军的发展工作。而就这时的军事斗争而言，更为重要的则在于，中共中央开始第一次明确肯定：广大小资产阶级及其知识分子，已经转入了革命；一部分民族资产阶级，许多乡村富农和小地主，甚至一部分军阀，对于目前开始的抗日民族运动，也已经采取了同情甚至直接参与的积极态度。共产党人应当了解，在革命的现时力量还有严重弱点的时候，从敌人的队伍中多拉一些人出来，尽可能地孤立最主要的敌人，是完全必要和可能的。这样一种认识的形成，使共产党人在利用国民党内部矛盾、联合各种反蒋势力的问题上，再也不存在任何政治上的顾虑和阻碍了。

材料来源　中央档案馆编：《中共中央文件选集》（1934—1935），中共中央党校出版社，1991年；张海鹏主编：《中国近代通史》（第七卷），江苏人民出版社，2009年；《张闻天文集》第二卷，中共党史出版社，1993年。

【案例解析】

瓦窑堡会议明确提出了建立抗日民族革命统一战线是党的基本策略任务，并预测了同日本帝国主义的斗争“必须准备作持久战”。瓦窑堡会议继续和发展了遵义会议精神，只有到这个时候，才能对党的政治策略进行更深入、更系统的分析。瓦窑堡会议的召开，是在中共中央抵达陕北后只有两个多月的时候。在如此短暂的时间里，中共中央不但粉碎了国民党第三次“围剿”，使陕北革命根据地得到了巩固和发展，而且对全国的政治局势作了全面的分析，提出了建立广泛的抗日民族统一战线。在新的革命形势下，会议特别强调要发展上层统一战线，反对关门主义的主张，意味着党的政治策略进行了一次重大转变。其实，由反蒋抗日到逼蒋抗日，再到联蒋抗日；由高举苏维埃旗帜，到成立陕甘宁特区政府，红军和南方游击队改编为八路军、新四军；由平分土地，到减租减息，这都是与党的政治路线相联系的重要转变。在民族危机日趋严重的危急时刻，中国共产党以积极的姿态，主动调整进攻性的苏维埃革命路线，采取包容性更强的统一战线政策与战略，走在了全民族革命战争的最前列。这一进程也表明，中国共产党已有能力根据自己的经验和教训，灵活而有创造性地运用共产国际关于建立反法西斯统一战线的原则方针，使之适应中国革命的实际，并经过中国革命斗争的千锤百炼而日趋成熟。

【教学建议】

瓦窑堡会议提出党的基本策略任务是建立广泛的抗日民族统一战线，这是中国共产党历史上具有伟大历史意义的一次重要会议。该案例可用于第六章第二节第三目“抗日民族统一战线的建立与全民族抗战的开始”部分的辅助教学。

会议正确分析了急剧变化的政治时局，在中日矛盾上升为主要矛盾的情况下，批评了长期以来，党内存在的“左”倾冒险主义、关门主义的错误倾向，对国内各阶级及以蒋介石为首的统治集团进行深刻剖析，提出建立抗日民族革命统一战线是党的基本策略任务。在案例教学中，要分析瓦窑堡会议根据时局特点和国内阶级变化，确立了“九一八”事变后最完整、最正确的抗日民族统一战线的方针政策，“从而为建立抗日民族统一战线，实现第二次国共合作奠定了理论基础，确立了策略方针”。中国共产党在新的历史时期即将到来时掌握了政治上的主动权。

## 案例 2 庐山谈话

### 【案例材料】

卢沟桥事变爆发，日本发动了全面侵华战争。民族矛盾加剧，国内抗战呼声很大，蒋介石让“文胆”陈布雷立即起草一篇《对卢沟桥事变之严正声明》。1937 年 7 月 16 日，第一期庐山谈话会举行。庐山谈话会是一次朝野各界共商国是的会议，出席会议的既有包括蒋介石、汪精卫在内的国民党党政要员，也包括青年党、国社党、农民党、乡村建设派、职业教育派等党派团体的负责人，以及来自社会各界的实业家、专家学者等。出席第一期谈话会的有 157 人。会上，汪精卫大谈“精诚团结，共御外侮”的共识。与会者并对政治、经济、外交、教育等问题分别进行了专题讨论，提出了许多决策和建议。

7 月 17 日，蒋介石出席谈话会，并发表了题为《对于卢沟桥事件之严正表示》的讲话，阐述了中国政府关于中日战和问题的方针，表明了中方的基本立场。蒋介石明确从战略高度审视这一事变，强调这不仅令“我举国民众悲愤不已”，而且更深远地令“世界舆论也都是异常震惊”，即日本悍然发动这一事变，将给中国和世界带来难以估测的严重后果，是“世界人类祸福之所系”。当然，在此基础上，蒋介石立足中国明确表示，这是“关系中国国家整个的问题”，一旦事情发展到避无可避，“只有牺牲，只有抗战！”但是，蒋介石也深入考量中日两国的巨大差距，强调“我们是弱国”，一旦开战便难以再有妥协，这又会造成难以预料的后果，所以“不是求战”，而是“应战”，是“逼不得已的办法”，至于到最后关头，“便只有拼民族的生命，求我们最后的胜利”。

蒋介石进而表示，“中国主权与领土之完整”是不容妥协的，“立场有极明显的四点”，也是一个“弱国”的底线，希望日本能够从长远考虑，避免“促成两国关系达于最后关头”甚至造成“两国世代永远的仇恨”。

蒋介石7月17日在庐山谈话会上提出的关于政府处理卢沟桥事变的方针得到各界一致的拥护。7月21日，上海市商会表示：蒋介石谈话“宣示国策，发扬正义，四亿同胞，莫不感奋。本会愿率全沪商民，誓死待命。”22日，上海抗敌后援会召开各界大会，拥护蒋介石17日讲话，表示“全体一致，誓以血诚”，拥护蒋之抗日主张，“抗敌救国，万众一心”。因救国会事件被拘、身陷囹圄的“七君子”沈钧儒、邹韬奋等人于21日亦发表通电，拥护蒋介石以卢沟桥事件能否结束作为牺牲最后关头之境界的讲话。北平学生团体通电全国，表示对蒋介石方针“决本赤诚，誓死拥护”。全国军界、政界，包括过去反对过蒋介石的人物，亦表示拥护蒋介石抗战方针。孙中山之子孙科说：“吾人必须认明中国是整个的，中国军队为整个的。无论侵略何处，必须全力以赴，日本进行其各个击破之阴谋，吾人必须以全面抗战答复之。”

材料来源　郑明武:《蒋介石四大秘书》，华文出版社，2018年；何虎生:《蒋介石传》，中国工人出版社，2015年。

## 【案例解析】

1937 年 7 月 17 日的庐山谈话，是蒋介石由对日妥协退让转而准备抗战的关键性讲话。在这场讲话中，蒋介石既展现出不惜一战的家国大义，又明确表示中国的底线和希望，值得肯定。毛泽东就曾指出，这是“国民党多年以来在对外问题上的第一次正确的宣言”，可谓是极高评价。同时，毛泽东还从更广泛的视角出发，强调这与中共中央的宣言相呼应，是“两个具有历史意义的政治宣言”。但是，深入历史情境之中可知，蒋介石并未在最开始便下定决心抗日，而是有过仔细斟酌，思考是否应该发表这份宣言。不过，这次讲话结束后，他基本上放下了顾虑，似“危”实“安”，以制止日本侵略中国的野心。与会者的拥护和赞扬，更使得蒋介石进一步坚定决心、信心，“此意既定，无论安危成败，在所不计”。当天，这个宣言由国民党中央社正式公开发表。

## 【教学建议】

蒋介石这次庐山谈话，表明了中国政府的基本立场，获得了广泛支持和拥护。该案例可用于第六章第二节第三目“抗日民族统一战线的建立与全民族抗战的开始”部分的辅助教学。

蒋介石 1937 年 7 月 17 日发表的庐山宣言，向世界宣示了中国政府团结御侮、反抗侵略的正义立场，无疑是一次全国抗战的大动员。通过此案例教学，使学生明白蒋介石国民党政府曾有抗战的决心和信心。卢沟桥事变促进了中华民族的觉醒，为迎接艰苦卓绝的全民族抗战，全国上下同仇敌忾。随着战争局势的发展，9 月 22 日，中国共产党公布《共赴国难宣言》。次日，蒋介石对此发表谈话，表示“国民革命的目的，在求中国之自由平等……对于国内任何派别，只要诚意救国，愿在国民革命抗敌御侮之旗帜下共同奋斗者，政府无不开诚接纳。”这次讲话实际上承认了中国共产党的合法地位。中国共产党国共合作宣言和蒋介石讲话的发表，标志着抗日民族统一战线的形成。

# 第三节
# 抗日战争的正面战场

## 案例 1 战略防御阶段的正面战场

### 【案例材料】

在战略防御阶段，国民党政府定下了“以空间换时间，积小胜为大胜”的作战方针。为了吸引日本把侵略重心转移到多山多水的东南，避免在华北平原上和日本人作战，抵消日军装备训练优势，蒋介石决定在上海加强军力，抵抗日军的进攻。

1937 年 8 月，日本扩大侵略的野心愈发膨胀，悍然派出上海派遣军，意图攻占上海这座中国大都市，其军队规模由于战争重要性不断增加，三个月后已达 50 万人。国民党同样认识到这场战争的重要性，迅速动员大规模军事力量，召集中央军精锐和内地省份部队合计 70 万人开赴战争前线，与侵略者展开一场激烈、持久的战斗，一举粉碎“三月亡华”战略，史称淞沪会战。11 月 20 日，面临愈发严峻的战争形势，国民党军队被迫撤退，中华民国政府同日宣布迁往陪都重庆，鉴于战略考虑军事作战中心先迁往武汉。日本军队占领上海不久后即侵占南京，制造了一场惨绝人寰的“大屠杀”。

1937年9月，日本的侵略气焰愈发嚣张，派出10余万人进攻山西，意图占据丰富煤炭资源、支持其战争资源储备。国民党军队展开抵抗，调动各方力量组织太原会战。出于民族大义，中国共产党领导军民积极配合对日作战，于此即派出林彪所部115师协助作战，为会战的整体局势作出了重要贡献。

在全国各地组织抗战的过程中，国民政府节节抵抗，一些高级将领毅然血洒疆场，书写了可歌可泣的英雄故事，但山东省主席韩复榘不顾抗战大局，临阵脱逃致使战局迅速恶化、山东大部沦陷。对此，蒋介石于1938年1月下令逮捕韩复榘，却已然无法制止日军侵略脚步、挽回黄河防线。为阻止日军侵略势头，国民党寄望于以徐州为中心展开会战，尽可能地消耗日军有生力量、挽回颓势。同年3月，面对炮火强大、装备精良的敌军，王铭章师长率军固守滕县，凭借一腔勇气誓死抵抗，最终壮烈牺牲，但却迟滞了日军脚步、创造了有利条件。李宗仁在深入了解日军和国军各自情况的基础上，一面派遣孙连仲率军在台儿庄与日军拉锯作战，一面指挥张自忠和庞炳勋所部掩护会战右翼战场，同时派出较为精锐的中央军汤恩伯部卷击日军侧背，各部将士听令行事、英勇作战，最终毙伤日军两万多人，取得抗战以来最大胜利。然而，日本帝国主义的战争机器并未就此止步，而是不断增兵徐州战场，受限于国力悬殊，会战局势未能彻底扭转。

1938年5月、6月，徐州、开封相继沦陷，中国的抗战局势再次恶化，国民党军队渐渐无力抵抗侵略者。蒋介石随即下令在花园口炸开黄河南岸大坝，此举虽然粉碎了日军的合围企图，却也给当地的群众造成毁灭性打击，再次展现出战争的黑暗和人民的苦痛。同年8月，抗日战争中规模最大的武汉会战爆发，国民政府组织百万军队抗击日本侵略者，在战场上殊死搏斗，使日军战损8万人、因病减员8万人，无力再向西进。10月，日军占领广州，武汉三镇也相继陷落，国民政府的作战中心迁往重庆继续抗战。

值得注意的是，国民政府同样组织了一些敌后抗战，其作战军队包括一些会战后的残留部队，如在华东，于学忠带领部分国民党军队留在鲁南苏北，坚持抗战至 1943 年；在华北，宋哲元率部节节抵抗，最后撤至豫北地区；等等。

材料来源 陈卫平、孟晓雪、朱志为:《师出之名——中外著名宣战书》，金城出版社，2017 年；何理:《中国人民抗日战争史》，上海人民出版社，2015 年；王桧林、郭大钧、鲁振祥主编:《中国通史》第 12 卷（上），上海人民出版社，2015 年。

## 【案例解析】

中国的抗日战争从卢沟桥事变开始，一直到 1938 年 10 月广州和武汉的陷落，是战略防御阶段。在这个时期，日本侵略者以国民党军队为主要打击目标，所以以国民党军为主的正面战场，担负着抵御日寇侵略的重任。特别是平津，淞沪，忻口，徐州，武汉，这些大的战役，每一场都是艰苦而激烈的。尤其是台儿庄一战，李宗仁等部于 1938 年 3 月取得大胜，更是激起了爱国将士前所未有的抗战勇气和底气。正是这一阶段国民党正面战场的作战，消耗了日军大量兵力，打破了日本速战速决灭亡中国的计划。但是，因为蒋介石集团执行的是片面的抗战路线，只靠军、政两方面作战，不肯推行民主，不肯改善民生，不敢发动群众，不能依靠群众，这导致正面战场的很多战役几乎都是以退却、失败而结束的。值得注意的是，战略防御阶段呈现出两大特点：一是日军分多路进入，覆盖广大领土，在正面战场的攻势几乎达到顶点；二是中国共产党领导的人民军队开展敌后游击战争，并迅速壮大起来。敌后战场的开辟，使得抗日战争形成战略上互相配合的两个战场。敌后战场的迅速发展，牵制了大量日军。这是抗日战争由战略防御转到战略相持的一个重要条件。

## 【教学建议】

在战略防御阶段，国民党政府的对日作战是比较努力的，其政策重点还是放在抵抗日本侵略者上的。该案例可用于第六章第三节第一目“战略防御阶段的正面战场”部分的辅助教学。

这一时期除了台儿庄战役之外，正面战场的其他战役基本上是以撤退或者失败告终。在案例教学中，要深入分析正面战场失利的原因。从客观原因来看，是日本侵略者军队在实力对比上占有极大的优势。从主观原因来看，是由于国民党在战略指导上的错误。蒋介石集团虽然决意要对日作战，但由于担心大规模的人民战争会危害到自己的政权和统治，所以采取了一种片面抗战路线，也就是说，他们不敢放手发动人民，而是把一切的希望都集中在单纯依靠政府和军队的反抗上。从战略和战术上看，主要是国民党没有积极防御，而是采取比较被动的阵地防御战。这就使得大部分战斗都没能对敌军造成较大的损失，而且很快就失去了大片国土。

# 第四节 抗日战争的中流砥柱

## 案例 1 百团大战

### 【案例材料】

由于中国共产党的英明领导和一系列正确的政策策略，华北敌后抗日根据地愈发壮大，取得越来越多的抗战成果。1940 年春天以后，为压制抗日根据地的发展，日军实行“囚笼政策”和“三光政策”，企图以物质上的消耗和交通上的封锁扼杀我军有生力量。对此，彭德怀在深入比较两军实力的基础上，毅然决定在华北地区使用 105 个团的兵力发起反击，发挥了我军的优势和擅长的战略战术。1940 年 8 月，按照八路军总部的统一部署，聂荣臻指挥晋察冀军区部队，结合战区的地理环境和双方作战特点，以破击战为主，向日军侵占的车站、据点和交通线发起进攻。这场战斗充分发挥我军机动性强、熟悉地形地势的长处，使得从榆次到石家庄的广大路段上敌人的交通陷入瘫痪，各地敌军“首尾不能相顾”，初步实现战略意图，对侵略者产生有力震慑。

9 月 16 日，第二阶段战役开始，一面继续破坏敌人交通，一面积极扩大战果，重在突入据点、杀伤敌军，因此以攻坚战为主。在党的坚强领导和群众的积极配合下，我军发起榆（社）辽（县）战役，在指战员的英勇斗争下歼灭日伪军千余人，收复榆社县城。冀南军区所部更是坚决作战、奋力拼搏，歼灭日伪军1 700余人，更重要的是一举破击正在修建中的德石铁路和邯济铁路，更大范围、更大程度上破坏敌人交通线、阻遏敌军的侵略。

随着战役的展开和规模的扩大，晋察冀军区部队愈发熟悉敌情，作战愈发英勇，在积极准备的条件下集中2万余人发起涞（源）灵（丘）战役，紧接着又发起任（丘）河（间）大（城）肃（宁）战役。在这些战斗中，党领导军队同人民群众紧密配合，发起真正的人民战争，给日军各部造成较大的杀伤，特别是严重破坏敌人交通线，使得日本侵略者的作战成本迅速上升，一时间气急败坏，急忙抽调兵力展开进行报复性“扫荡”。

在战场上，战机千变万化，指挥官必须随时随地做好应变。面对敌人来势汹汹的“扫荡”，八路军总部及时掌握各地情况，从实际出发下达反“扫荡”作战计划，战役由此进入第三阶段。必须承认的是，当时的日本侵略军得益于其较强的国力，具备较强的作战能力，在10月相继“扫荡”太行根据地、太岳根据地、平西（今北京西）根据地，展现出强大的火力优势和装备优势，给我军造成极大作战压力。然而，广大指战员并未被吓倒、被压垮，而是起身奋勇抗争，如129师先后在张家沟、关家垴等地重创日军，并且结合当地民情、地势，多次跳出敌军包围圈，随时随地进行战斗、消灭敌人，如冈崎大队曾被引入太行山区，受到我军剧烈打击、死伤过半，其大队长也在逃跑中被八路军战士击毙。

11月至12月，日军试图扩大战果，继续集结部队发起“扫荡”，但却不明白我军的真正优势在于军民一心、真正力量在广大群众之中，因而以占领我军指挥机关沾沾自喜，转瞬即遭到平西和北岳两区部队的合力打击、只得撤退。在持续的拉锯作战中，日军付出较大代价。

百团大战历时4个多月，展现出人民战争的强大之处，2万余日军、5千余伪军被毙伤，近3千个敌伪据点被拔除，破坏铁路948里、公路3 000余里，缴获大量武器弹药和军用物资，最重要的是此战基本达成战略意图、有效震慑侵华日军，为抗战的最终胜利打下一定基础。

材料来源 《彭德怀传》编写组:《彭德怀传》，当代中国出版社，2015年；
朱冬生:《记忆中的星火燎原》，江苏人民出版社，2017年。

## 【案例解析】

百团大战牵制了大批日军、调动了日军有生力量疲于奔命，极大减缓正面战场上国民党军队的作战压力，同时又在敌强我弱的形势下展现出敌后游击战、运动战的威力，使得遭受重大打击的国民党军队恢复一定信心，如蒋介石下令“各战区应以第十八集团军此次在正太、同蒲、平汉各路之游击破坏动作为法则”，显然受到百团大战的影响。另一方面，百团大战是在已然遭到日军侵占的华北地区发动，展现出中国军队的顽强和英勇，捷报频传更是振奋全国人心、鼓舞抗战意志。从历史角度看，日本作为帝国主义列强的一员，工业实力、军事实力均强于中国，全面侵华后更是造成国军节节败退，使得各地群众不得不陷入悲观状态。然而，百团大战的出现恰恰证明，只要采取有效的手段，即使在已沦陷的地方同样可以战而胜之，这就极大恢复了全民族抗战的信心，对潜在的妥协也构成一种威慑。因此，不仅《大公报》《新蜀报》等全国各报刊争相报道，国民党当局也表示嘉许，甚至在国际上也引来赞誉。更重要的是，中国共产党以此证明人民战争的真正威力，其威望在全国范围迅速提高，一定程度上瓦解了国民党的种种污蔑和舆论封锁，向世界展现出中华民族先锋队的战斗智慧和不屈灵魂。

【教学建议】

百团大战不仅具有战略意义，同时还具有政略意义。该案例可用于第六章第四节第二目“敌后战场的开辟与游击战争的发展”部分的辅助教学。

百团大战的重要意义不仅在于沉重打击日军、有效牵制日军，更在于作出如何在敌强我弱的形势下发挥优势歼灭敌人的战斗示范，这对当时面对广大国土沦陷敌手而又不知如何反攻的抗日军民而言，起到了极大的振奋作用，也进而对国民党内部的妥协倾向起到了遏制作用。通过案例教学，强调在这场全民族抗战中，全民族团结抗战的决心、信心更重要，百团大战发挥了鼓舞斗志、坚定信心的重大作用。同时，中国共产党始终坚持人民战争在此次战役中付诸实践，展现巨大威力，其声望在全国范围得到显著提升，有效打破国民党的舆论封锁。不仅如此，百团大战在一定程度上打乱了日军部署，为英美在东南亚、南亚备战赢得了宝贵时间。

## 案例 2　中国共产党在抗日战争中发挥的作用

【案例材料】

自日本入侵东北以来，中国共产党就一直战斗在抗日战争的第一线。“九一八”事变以后，为了中华民族的根本利益，中国共产党多次号召“工农武装起来”，呼吁全国各族人民积极开展抗击日本侵略者的斗争。在东北地区，中国共产党领导人民开展武装斗争，以杨靖宇、赵尚志等为代表，中国共产党人英勇顽强、不怕牺牲，为全国抗日救亡运动的开展起到了积极推动作用。

卢沟桥事变爆发后，中国共产党提出："平津危急！华北危急！中华民族危急！只有全民族实行抗战，才是我们的出路。"不同于国民党的片面抗战路线，中国共产党制定并严格执行全面抗战路线，坚持把广大的民众动员起来，不论是地道战、地雷战、麻雀战，还是组建水上雁翎队和铁道游击队，都是全面抗战路线的重要体现。敌后战场与正面战场积极配合，并且在战略防御阶段后，逐渐成为全国抗战的中坚力量。

中国共产党大力倡导的抗日民族统一战线，就是在国共合作的基础上，最大范围、最大程度凝聚起包括各党派，各阶级，各团体，各民族，港澳台和海外华侨的力量，暂时抛开分歧，尽快组成的广泛的抗日统一战线。要形成这样一种统一战线，并不是一件容易的事。从历史因素看，1927 年，国民党右派残忍屠杀共产党人，叛变革命，不仅将主要兵力投入围剿共产党，而且在民族危亡之际采取了"攘外必先安内"的反动政策。也正是因为这个原因，中国共产党在提出统一战线之初，采取的是"反蒋抗日"的态度，将反对蒋介石与抵抗日本侵略放在同样的位置。后来，随着日本侵略威胁到英美在华利益，以及国民党自身的统治，蒋介石集团对日政策有了一些变化，中国共产党鉴于当时的形势变化，将"反蒋抗日"改为"逼蒋抗日"。西安事变后，国共两党实行第二次合作，共同奔赴国难，中国共产党开始"联蒋抗日"。1937 年 9 月，蒋介石发表讲话，这次讲话实际上承认了中国共产党的合法地位，抗日民族统一战线正式形成。

为了团结抗战，中国共产党愿意搁置分歧，凝聚一切愿意参加抗日的力量，并且竭力维护各方团结。在此过程中，中国共产党汲取大革命失败的教训，坚持独立自主的原则。面对国民党在合作过程中的分裂倾向和行为，尤其是皖南事变后，中国共产党采取在政治上反击、在军事上自卫的方针，将处于破裂边缘的国共合作又重新挽救回来。

抗战时期，国共两党进行了多方面的合作。最主要的是军事合作，比如忻口、徐州、武汉等战役，以及南岳游击干部训练班等。其次是政治、文化上的合作，比如周恩来经中共中央批准加入国民党军事委员会政治部并担任副部长，在广泛进行抗战宣传的同时，中国共产党也注意通过各种渠道、平台宣传自己的主张。当时，在国民党统治区，有共产党派驻的长江局、南方局，很多大中城市也有共产党军队的办事处、通讯处，通过这些渠道，中国共产党积极同各界民主人士和地方实力派接触并获得他们的支持。同时，中国共产党积极倡导世界反法西斯统一战线，注重团结和争取在国际上的抗日力量。

材料来源　“历史虚无主义研究”课题组:《怎样才能做到历史清醒》，学习出版社，2017 年；何理:《中国人民抗日战争史》，上海人民出版社，2015 年；王桧林、郭大钧、鲁振祥主编:《中国通史》第 12 卷（上），上海人民出版社，2015 年。

## 【案例解析】

中国共产党在抗日战争中起着中流砥柱的作用，这一点是毋庸置疑的。从抗战态度来看，中国共产党自始至终坚定抗日，从“九一八”事变爆发后就立即举起抗日旗帜；从抗战路线来看，中国共产党制定并严格执行全面抗战路线，坚持广泛动员群众，与国民党害怕发动群众的片面抗战路线形成鲜明对比；从实际工作来看，中国共产党领导的敌后战场在战略防御阶段之后逐渐成为全国抗战的中坚力量，面对国民党的分裂、倒退的倾向和行为，中国共产党能够以大局为重，将以国共合作为基础的抗日民族统一战线维持下去；从自身建设来看，中国共产党在抗战期间推进马克思主义中国化，系统阐明了新民主主义理论，把党建设成为坚强领导核心。如果能够辩证、客观地看待历史，就会发现所谓共产党“游而不击”不符合历史事实。比如日军华北方面军司令部 1943 年度综合战果报道说：“敌大半为中共军，与蒋军相反，在本年交战一万五千次中，和中共的作战占七成五。有人罔顾事实，散布所谓的共产党“游而不击”等历史虚无主义观点，是在重复抗战时期国民党当局矮化共产党、为搞反共摩擦制造借口的错误，意在否定中国共产党的中流砥柱作用，破坏党的领导。

## 【教学建议】

在抗日战争中，党实行正确的抗日民族统一战线政策，坚持全面抗战路线，提出和实施持久战的战略总方针和一整套人民战争的战略战术，开辟广大敌后战场和抗日根据地，领导八路军、新四军、东北抗日联军和其他人民抗日武装英勇作战，成为全民族抗战的中流砥柱，直到取得中国人民抗日战争最后胜利。该案例可用于第六章第四节第三目“坚持抗战、团结、进步的方针”。

日本侵略引起中华民族的新觉醒。抗日战争的胜利，是近代中国历史上反击外敌入侵取得的第一次全面胜利。在案例教学过程中，应在肯定中国共产党中流砥柱作用的基础上，同时也充分肯定以国民党军队为主体的正面战场的作用。特别要讲清楚所谓的共产党“游而不击”等历史虚无主义观点的实质，是在重复抗战时期国民党当局矮化共产党、为搞反共摩擦制造借口的错误。

# 第五节 抗日战争的胜利及其意义

## 案例1 抗战的最终胜利

### 【案例材料】

墨索里尼在1943年的倒台，是法西斯势力在世界范围内走向衰落的象征。从那以后，第二次世界大战呈现出与之前截然不同的形势，盟国一方不断取得一个又一个重要胜利。1944年6月，美英军队为主力，抓住战争时机一举发动诺曼底登陆作战，推动开辟欧洲第二战场，使得法西斯德国愈发失措，在战场上再无当年的"无敌"姿态，反而节节败退。与此同时，亚太地区的战争态势愈发明朗起来，冲绳之战结束后，日本本土便已在盟军的兵锋之下。1945年5月，德国投降，欧洲战争终结，法西斯日本成为盟军最后需要消灭的敌人。

1945年7月17日至8月2日，虽然战事还没有彻底落下帷幕，但形势明朗之际，已然可以开始准备战后工作，由此美英苏三国首脑举行波茨坦会议，之后发表公告敦促日本投降。然而，法西斯日本并未彻底放弃抵抗，反而积极备战试图苟延残喘。1945年8月，原子弹的爆炸和苏联的宣战，一举粉碎了法西斯日本最后的抵抗之力，使其在各领域均濒临瓦解。在此形势大好之时，解放区军民英勇出击，消灭众多侵华日军，收复大片失地。

1945 年 8 月 15 日，盟军的强大使得日本再无侥幸之心，因而宣布接受《波茨坦公告》，命令军队终止战斗。9 月 2 日，日本签字投降。至此，德、意、日法西斯遭受彻底失败，给中国和世界各地人民带来深重灾难的第二次世界大战彻底终结。9 月 3 日被中国定为抗战胜利纪念日。

10 月25 日，中国政府在台湾举行受降仪式。这是一件载入中华民族史册的大事，因为台湾已经与祖国割离五十年之久，是近代屈辱史的重要标志。在这次受降之后，台湾以及澎湖列岛重归中国主权管辖之下，一举洗刷中国遭受日本压迫和侵略的耻辱，成为抗日战争取得完全胜利的重要标志。

抗日战争是中国近代以来最为壮烈的民族解放战争。在这场战争中，广大中国人民彻底觉醒起来，“为民族而战，为祖国而战”，舍生忘死、顽强拼搏，用血与泪铸就一座座丰碑，成为以爱国主义为核心的民族精神的光辉写照。在这场战争中，广大中国人民在抗战实践的基础上，孕育形成伟大抗战精神，凝聚着全民族人民的爱国情怀、民族气节、英雄气概、必胜信念。伟大抗战精神，具有跨越时空、影响深远的力量，将永远激励中国人民在实现民族复兴的伟大道路上敢于战胜一个个困难、善于夺取一个个胜利。

第二次世界大战，无论是从波及范围上来看，还是从参战人数上来看，无论是从激烈程度上来看，还是从破坏威力上来看，都是一场史无前例的战争。在这场战争中，中国的抗战是最早、最持久的一场，正如毛泽东所言，“中国的抗战是世界性的抗战”。面对肆意侵略的日本法西斯，中国军民在敌强我弱的形势下英勇奋斗，拖住了数量众多、战力强大的日本陆军主力，为其他地区特别是太平洋战争争取了准备时间。与此同时，中国还立足全局、考虑长远，组建远征军入缅作战，为世界反法西斯战争的胜利作出重大贡献、付出巨大牺牲。作为在世界反法西斯战争东方主要战场上英勇奋斗的国家，中国于 1945 年 4 月与美、英、苏一道，共同发起了旧金山会议，成为联合国的主要发起国，也是联合国的创始国之一。这是对中国人民贡献的肯定，也是中国人民的光荣。中国成为联合国安全理事会的5个常任理事国之一，为中华民族在国际上赢得了崇高声誉。

材料来源　张天社:《中国抗战纪略》，西北大学出版社，2014年；何理:《中国人民抗日战争史》，上海人民出版社，2015年；王桧林、郭大钧、鲁振祥主编:《中国通史》第12卷（上），上海人民出版社，2015年；刘庭华:《中国抗日战争热点难点透视》，江西人民出版社，2015年。

## 【案例解析】

抗日战争的胜利标志着中国人民抗击外来侵略斗争从失败走向胜利。抗日战争不仅打倒了日本帝国主义的侵略势力，而且因为中国在世界反法西斯战争中发挥了重要作用，为修订帝国主义国家与中国签订的不平等条约，消灭日本之外的帝国主义在中国的力量，提供了一个有利的条件。同时，抗日战争的胜利为民主革命任务的完全实现创造了条件。在战争过程中，国统区大地主大资产阶级的本质面貌进一步凸显，如官僚资本主义的无序扩张，又如高官显贵财富的迅速积累，贫富差距不断扩大的社会现状教育了越来越多的民主人士和普通民众；解放区在中国共产党的领导下积极实行人民抗战路线，获得群众拥护和认可，政治上、经济上、军事上愈发成熟，为彻底消灭封建势力、完成全部革命任务，提供了十分有利的条件。此外，抗日战争也深刻影响到中华民族的复兴。近代以来，中国在遭受侵略和压迫的同时，也在不断地孕育着中华民族伟大复兴梦想。中国有数千年的文明史，疆域广阔，人口众多，经济发达、文化昌盛有目共睹。中国人民在衰落之时从未放弃寻求再次富强起来、在受到欺辱之时从未放弃寻求再次走到世界前列，因而始终深刻铭记古代中国的光辉成就和灿烂文化，前赴后继、拼搏进取。抗日战争的胜利标志着中国人民赢得反侵略战争的完全胜利，中国人民空前团结，极大增强了中华民族走向伟大复兴的信心和底气。

## 【教学建议】

鸦片战争后，中国逐步沦为半殖民地半封建社会，中国人民开始了反帝反封建的资产阶级民主革命，即反帝反封建成为民主革命斗争的两项基本任务。该案例可用于第六章第五节第一目“抗日战争的胜利”部分的辅助教学。

在案例教学中，分析抗日战争是世界反法西斯战争的重要组成部分，抗日战争的胜利为维护世界和平做出了巨大贡献。通过讲解案例使学生明白中国抗日战争的胜利，开创了一个半殖民地半封建社会的弱国战胜帝国主义强国的神话，激励着、鼓舞着世界范围内的殖民地、半殖民地人民为实现民族独立和自由解放而奋斗。中国人民对世界反法西斯战争的最后胜利作出了历史性的贡献。中国成为联合国安理会常任理事国，在世界上的地位和影响力都得到了明显的提升，对维护世界和平发挥了重要作用。

# 第七章

# 为建立新中国而奋斗

# 第一节 从争取和平民主到击退国民党的军事进攻

## 案例 1 战后国共在东北的博弈与四平决战

### 【案例材料】

伫立在今日的四平街头，车水马龙，满目繁华。

谁承想，20 世纪 40 年代后期的四平街（笔者按：即今吉林四平市），硝烟弥漫，战火激昂。抚今怀古，那一幅历史画卷慢慢展开，叙述着当初国共两党在东北的博弈以及血战四平的来龙去脉。

抗日战争胜利之后，广大中国人民、共产党人和民主人士都热切地渴望和平。然而，国民党依恃自己庞大的军队和美国的支持，坚持发动反共反人民的内战来统一中国。为避免内战，中共和热爱和平的民主党派一起试图通过政协协议约束国民党，令其走上和平的轨道。但国民党一意孤行，不惜撕破政协协议，有恃无恐地部署内战。它首先把东北问题看成是发动全国内战的关键环节，企图在苏军离开之后独霸东北。为此，国共两党围绕东北问题展开了一系列惊心动魄的斗争。

战后的东北问题，因为苏联的驻军而展现出一种复杂性。“九一八”事变发生后，中国共产党领导东北军民团结一心、浴血奋战，进行了长达14年的反对日本侵略者，争取民族独立和解放的斗争。中国共产党人理应和东北人民一道享受抗战胜利的果实，然而，根据1945年8月14日的《中苏友好同盟条约》，东北主权当由苏军交与国民政府，如此，中共将被排除在东北政权之外。战后，美军出动军舰运送国民党军队前往东北，苏联害怕美军染指东北。再者，国民党亲美，且多次领导了反苏示威运动，这一切引起苏联的警惕和反感，因此，出于利益和道义，苏军暗中辅助中共武装控制东北。1945年9月至11月间，为实施“向北发展，向南防御”的战略方针，中共中央、中央军委从各战略区抽调的部队11万名和干部2万余名陆续到达东北地区，同原东北抗联部队一起，开始创建东北根据地。1945年10月31日，共产党领导的东北人民军队正式组成东北人民自治军。1946年1月14日，东北人民自治军及其总部改称东北民主联军及其总部。东北便出现了一个由苏联、中共和国民党三者互相博弈的复杂局面。一方面，苏联受制于《中苏友好同盟条约》，另一方面又同情中共的处境。国共之间，一边是武力对峙，一边是在重庆进行着和平谈判。

中共中央希望以东北问题为突破口以推动全国问题的解决，但因为国民党拒绝谈判，中共只能以武力迫使其就范，因此，中共中央主张在东北进行“最后一战”。1946年3月12日，苏军从沈阳撤离，13日，国民党占领沈阳。下一步国共将争夺长春。四平街是长春的门户，想拿下沈阳，势必先控制四平。14日，苏军撤离四平，18日中共黄克诚部进占四平。国共两党在四平的决战便一触即发。

国民党军这时在四平的部队有六个军，其中新一、新六、第十三、第七十一全部为美械装备，杜聿明为司令长官。3月19日，国军分南、东、北三路进行围攻东北民主联军。当时毛泽东坚定地认为，占领东北将为和平谈判增加筹码，会迫使蒋介石接受和平。因此，毛泽东明确提出：要不惜以重大伤亡，阻止国民党军队于四平以南，以战争换和平。在战略战术上，中共中央和东北局进行了反复磋商，是占领长春、死守四平，还是撤出长春以歼灭敌人的有生力量为作战目标？因为当时复杂的政治形势而难以断决。在中共中央举棋不定的时候，国军杜聿明部集中兵力于5月3日攻克本溪，之后气势汹汹地奔四平而来。从本溪失陷到5月18日，国共之间围绕四平街展开了白热化激战，最终，在国军优势兵力的围攻下，东北民主联军为保存实力而撤出四平，5月22日撤出长春。

四平保卫战虽然以中共的失利而结束，但它仍是有历史意义的，对争取和平与民主做出了重大贡献。东北民主联军虽然被迫放弃了四平和长春，但保存了实力，又沉重地打击了国民党军队，它没有给国民党以独霸东北的机会，并迫使蒋介石回到谈判桌上签订东北休战协议，使得我军得以休整并取得了北满根据地的稳定，为后来的胜利创造了条件。

材料来源　中共中央党史研究室:《中国共产党历史（1921—1949）》第十卷（下册），中共党史出版社，2018年；杨奎松:《一九四六年国共四平之战及其幕后》,《历史研究》2004年第4期；杨奎松:《1946年国共两党斗争与马歇尔调处》,《历史研究》1990年第5期；邓野:《东北问题与四平决战》,《历史研究》2001年第4期；毕健忠:《对四平保卫战的沉思》,《军事历史》1996年第3期。

## 【案例分析】

1945年6月10日，毛泽东在七大的讲话中指出：从最近中国革命的前途看，东北的战略地位特别重要。即使我们把现有的所有根据地都丢了，只要有东北，中国革命就会基础巩固。如果其他根据地没丢，再加上又有东北，中国革命就会有更巩固的基础。因此，抗日战争胜利之后如何调整战略布局，对我们至关重要。调整战略布局的关键就是进军东北。

东北当时有人口3 000多万，幅员辽阔，物产丰富，交通便利，尤其是重工业发达。因为苏联红军和东北人民自治军控制着东北的主要交通干线和大中城市，且国民党军一时难以到达东北，因此，中共中央在抗战尚未结束之时就已开始研究战略布局问题。1945 年 9 月，刘少奇在为中共中央起草的《目前任务和战略部署》的指示中提出“向北发展，向南防御”的战略指导方针。实施这个方针的核心是控制东北。为此，在苏军的支持下，中共中央先后派出 2 万名干部和 11 万军队开赴东北，为照顾《中苏友好同盟条约》而放弃大城市，深入农村，发动群众开展减租减息和生产运动，迅速地在北满、东满、西满建立根据地。事实证明，事实证明，“向北发展，向南防御”是一项正确而又有远见的重大战略决策，对夺取解放战争的胜利产生了深远影响。

## 【教学建议】

蒋介石拒不承认共产党在东北的合法性，拒绝在东北问题上进行和谈，企图以武力来“剿灭”共产党。蒋介石的这种顽固与傲慢最终引发了国共两党在东北的决战。此案例可用于第七章第一节第一目“中国共产党争取和平民主的斗争”部分的辅助教学。

在案例教学中，要强调中国共产党最终的奋斗目标就是要带领中国人民走和平建国的道路，并最终走向社会主义和共产主义。多年的内战以及第二次国共合作期间国民党对我党的多次进攻，让毛泽东深信：以武力消灭中国共产党及其领导的人民军队和解放区政权是蒋介石集团的既定目标。因此，要争取和平，就要敢于斗争，只有掌控东北同时在军事上击败敌军才能迫使蒋介石集团回到和平的谈判桌上。为此，中共中央做出了“向北发展，向南防御”的战略部署，深入北满农村，广泛地建立根据地，和国民党角逐东北。中共此举，对解放战争产生了决定性的影响，使中国人民避免了“黑暗的前途”，从而拥有了“光明的前途”。

## 案例 2 孟良崮战役

### 【案例材料】

孟良崮上鬼神号，七十四师无地逃。
信号飞飞星乱眼，照明处处火如潮。
刀丛扑去争山顶，血雨飘来湿战袍。
喜见贼师精锐尽，我军个个是英豪。

这首气壮山河的诗是陈毅于 1947 年 5 月所作，当时华东野战军刚取得孟良崮战役的决定性胜利，诗人兴之所至一挥而就。读罢此诗，让人不禁感慨张灵甫的悲剧命运以及陈、粟战术的高妙。此役影响所至，不仅改变了华东战局，更是倾斜了国共两党气运的天平。

1946 年 6 月底，国民党悍然进攻中原解放区，挑起了内战。内战初期，国民党凭借着的人力、物力和财力的巨大优势，对解放区展开了全面进攻。中共中央准确地判断了国内外的形势，做出了具有深远意义的战略调整和布局，坚决地以革命的战争反对反革命的战争。经过八个月的作战，至次年 2 月，歼敌 70 余万，打破了国民党的全面进攻计划，迫使其调整战略，改为对陕北和山东进行重点进攻。

1947 年 3 月下旬，国民党以其精锐主力整编 74 师，第五军，整编第十一师为骨干，发动主力部队 45 万人，对鲁中山区发起全面进攻。此时，华东野战军有 9 个纵队和一个特种兵纵队，约 27 万人，无论军队数量还是装备我军都处于劣势。国民党吸取分散兵力被各个击破的教训，做出的策略是："密集靠拢、加强维系、稳扎稳打、逐步推进"。陈毅、粟裕正确地运用毛泽东的军事指挥理念，制定了在局部地区集中优势兵力各个歼灭敌人的作战方针。毛泽东多次指示陈、粟，不要性急和分兵，只要主力在手里，总会有歼敌的机会。孙子曾说："昔之善战者，先为不可胜，以待敌之可胜。不可胜在己，可胜在敌。”这种思想要求首先要自保，也就是自己不要犯错，找到敌方失误而果断痛歼之。为此，华东野战军以退为进，按照陈毅提出的“耍龙灯”的办法进行上千里的迂回驰骋，使敌军无法探知我军意图与动向，最终导致敌军误认为我军“攻势疲惫”并做出“跟踪追剿”的错误决策，从而创造出有利战机。

5月11日，整编74师在两翼和后续兵团的支持下，贸然突击华东野战军，企图“把陈毅赶到东海里喂鱼去”。陈、粟抓住时机，以“猛虎掏心”的战术，直接楔入敌军中央，切断74师与其友邻的联系，于13日、14日完成了对74师的合围，迫使其退守以孟良崮为核心的几个山头上固守待援。所谓“崮”，是指山顶平坦、崖壁峭立的方形山峰。74师退守孟良崮之后，有许多隐患：山头以石居多，坚硬无比，难以在短时间内构筑防御工事；山头狭小，没有足够的空间躲避炮火，而且炮弹击石，往往会形成二次伤害；炮台居高临下，火炮的威力无法充分发挥；再者，美械装备需要大量的弹药补给，国军的空中投递也多扔给了共军。华东野战军在对74师的援军构筑了坚固的防线之后，于15日13时，陈、粟提出“攻上孟良崮，活捉张灵甫”的口号，对74师发起了总攻。经过一昼夜的激战，以付出1.2万人的代价，全歼74师，并击毙中将师长张灵甫，夺得了孟良崮战役的巨大胜利。

孟良崮战役的大败，令蒋介石痛不欲生，他认为是“最痛心最可惋惜的一件事”。整编74师的被歼灭，可以说令国军“大局顿坏，士气亦为之不扬”。孟良崮战役的胜利意味着，不仅仅是山东战场，整个的战争态势也随之发生巨变。国军大势已去，颓唐不振，再也没能恢复原先进攻的锐气，在中原战场转入了战略退缩。再加上美援不继、统治集团内部矛盾纷起、国统区经济几近崩溃等因素，此后，国共两党攻守之势易，天下大局已定。

材料来源　中共中央党史研究室：《中国共产党历史（1921—1949）》第十卷（下册），中共党史出版社，2018年；王安中：《国共武器装备与孟良崮战役》，《近代史研究》2017年第5期；毕海林：《论孙子兵学思想在孟良崮战役中的体现》，《孙子研究》2015年第2期；毕建忠：《孟良崮战役奇谋博弈述评》，《军事历史》2017年第2期。

## 【案例解析】

孟良崮战役开创了华东野战军在敌重兵集团密集并进的态势下，从敌阵线中央割歼其进攻主力的范例。此役极大地震动了国民党，令其军心动摇，悲观沮丧。孟良崮战役胜利的意义，正如当时新华社所评论的，是在蒋介石最强大的进攻方向，打击了蒋介石最精锐的部队，这一打击出现于解放区举行反共的前夕，因而影响重大。

正如陈毅的儿子陈昊苏在“纪念孟良崮战役胜利70周年座谈会上的发言”中所指出的，是革命战争的正义性、人民性和独创性保证了孟良崮战役的胜利。孟子曰：“天时不如地利，地利不如人和。”74师占据高地，在地形上可以说是利弊各半。如果国民党各军能积极地执行“磨心”战术（即以74师为“磨心”，吸引华野主力，对包围孟良崮的解放军进行反包围），或许还有机会。但国军内部派系林立，嫉贤妒能，救援不力，致使74师覆亡。反观中共，上下同欲，得到人民群众的大力支持，翻身的老百姓给解放军运送军火，水和食品。据统计，在孟良崮战役中，有7.6万随军的常备民工，还有二线民工15.4万人，整个战役中充当临时民工的有69万人。1947年6月，陈毅在华野干部会上指出，“如果没有一支伟大的劳动人民志愿运输大军，就无法取得战争胜利。”反观74师，连冷却机枪所需的水也不可得，以至大量机枪废弃，无法开火。

由此可见，得道者多助，失道者寡助。孟良崮战役的胜利，也是一场人民战争的胜利。

## 【教学建议】

孟良崮战役是解放战争时期一次极为重要的战役。该案例可用于第七章第一节第二目“国民党发动内战和解放区军民的自卫战争”部分的辅助教学。

在案例教学中，要强调孟良崮战役沉重打击了国民党的嚣张气焰，令蒋介石顿足捶胸，以至于蒋专门抽调国民党军队前线将领去南京进行有针对性的整顿训练。同时也激发了解放军官兵的斗志，大大鼓舞了我军的士气，为解放战争从战略防御转向战略进攻奠定了基础。华东野战军负责人陈毅、粟裕等以精密的布局、过人的胆识在“百万军中取上将首级”，打援、围歼了有“御林军”之称的国民党五大王牌军之一的整编74师，国民党对山东解放区的重点进攻被粉碎，整个华东战场战局得以扭转，同时也对整个解放战争进程产生了深远影响，具有不可磨灭的意义。

# 第二节 全国解放战争的发展和第二条战线的形成

## 案例 1 “五四指示”

### 【案例材料】

从洪秀全到孙中山，许多旧民主主义的革命者都有一个梦想，那就是在中国实现“耕者有其田”。但是很遗憾，无论是《天朝田亩制度》还是“民生主义”都缺乏实施的具体措施和可能的现实条件。洪秀全和孙中山没有做到的事情，中国共产党做到了。1946 年 5 月 4 日，中共中央发出《关于土地问题的指示》(也称为“五四指示”)，决定改变土地政策，由抗战时期的减租减息调整为实现“耕者有其田”。从土改的结果来看，中共成功地把洪秀全、孙中山曾经的梦想变成了现实。

中共中央之所以在抗战胜利之后发布这样一个不彻底的、具有过渡性质的土地改革政策，原因有以下两点：第一，为农民需要并已获得土地的事实所决定。抗日战争时期，中共为团结民众共同抗日，在土地政策上采取减租减息政策，也就是削弱而不是去改变土地的封建性，从而有力地促进了抗日民族统一战线的形成和发展，保证了抗日战争的胜利。抗战胜利之后，党领导农民群众进行了反奸清算和减租减息运动。随着运动的深入开展，各解放区广大农民在反奸、清算、减租、减息、退租、退息斗争中，已开始直接从地主手中取得土地，实现“耕者有其田”。在这种情况下，党中央不能不坚决支持广大农民群众渴望获得土地的正当要求。况且，中共从大革命的失败中汲取的一个重要的教训就是：农民伸手要土地，党就必须要有坚定的态度，因为只有实现了“耕者有其田”，解决了农民的土地问题，才能得到农民的支持，才能在国民党反动派的进攻面前立于不败之地。第二，内战的形势所致。刘少奇在 1947 年解释过为何出台“五四指示”。他认为，囿于当时情况和环境条件，中央不可能制定一个彻底平分土地的政策，否则老百姓就会说，打内战就是因为共产党要平分土地，因为群众还没有觉悟到和平不可能。由此，必须使和平和土地改革两者结合起来。这样既不脱离广大人民群众，又能满足解放区群众要求，于是就产生了‘五四指示’。”刘少奇解释的这个原因可以和“五四指示”的许多相对温和的内容相互印证。

从“五四指示”的内容来看，它还具有如下两个特点：

第一，它的反封建性。要实现“耕者有其田”就必须要剥夺地主的土地分配给农民。但是，封建社会长期的思想熏陶与禁锢，使得农民对地主感恩戴德，视其为衣食父母，认为交租还债是天经地义的，自己穷困是命里注定的。农民认同传统制度和思想，不具备阶级压迫的意识，更不用说勇于和地主作斗争了。为此，中共发明了“挖穷根”“算账”“斗争大会”“倒苦水”“访贫问苦”等办法，通过寻找痛苦和贫困的根源来激发农民的阶级仇恨，使得农民发生了从一开始的怯于到后来的敢于并乐于斗地主的转变。通过大量的反奸、清算、退租，退息从地主那儿获得了大量的土地。这也就从根本上改变了地主占有土地的封建的生产关系，体现了它的反封建性。

第二，方式方法的多样性。“五四指示”尊重农民的首创精神，对于土改中的不同地点采取的不同方式方法给予鼓励。毛泽东说：“矫枉必须过正，不过正不能矫枉。”一方面不反对农民的平均主义的分配思想，另方面在宣传上不谈土地革命。具体方法大致有以下几个：(1) 没收。这是对汉奸、豪绅、恶霸、大地主采取的方法。(2) 献田。这主要是针对抗日干部、军人家属和开明绅士采用的。(3) 清算。这个比较常用，让地主拿土地来赔偿过去对贫农雇农的剥削和压榨。(4) 征购。主要针对陕甘宁边区的，因为大地主基本斗完了而且地方没有沦陷，所以反奸清算不适用。方法就是发行土地公债，征购地主的土地分配给农民。(5) 平分。这是广大贫雇农最欢迎的方法，也是反封建最彻底最革命的方法。缺点就是容易误伤富农和中农。平分封建阶级的土地叫革命，平分封建阶级以外的（比如中农）土地就是倒退和反动了。

在历史的转折期，“五四指示”有着重大而深远的意义，标志着解放区的土地政策开始由抗日战争时期相对温和且致力于削弱封建剥削的方向，过渡到变革封建土地关系、废除封建剥削制度的方向。随着中共军队从战略防御到战略反攻的过渡，“五四指示”也完成了它的历史使命。1947 年 10 月 10 日中共中央颁布《中国土地法大纲》取而代之，历史掀启了新的一页。

材料来源　中共中央党史研究室：《中国共产党历史（1921—1949）》第十卷（下册），中共党史出版社，2018 年；杜敬：《中国土地改革研究中的几个问题》，《中国社会科学》1992 年第 1 期；李金铮：《土地改革中的农民心态：以 1937—1949 年的华北乡村为中心》，《近代史研究》2006 年第 4 期；王志龙：《试论解放战争初期中共领导的献田运动》，《史学月刊》2016 年第 12 期。

## 【案例解析】

对“五四指示”的认识要明确几点：(1) 土地革命取得胜利的保障就是要坚持党的领导和群众路线。“五四指示”发布之后，许多地方过度以群众为核心，有些地方甚至提出“一切权利归农民群众”，显然这些口号都是要批判的。离开了党的领导，以群众的观点和方法来处理土地问题是很狭隘的，只会把土地革命引向歧途。中共中央发现这些问题之后及时予以纠正，坚定了党的原则和领导，最终取得了土地革命的胜利。（2）土改中反封建与平均主义要把握好一个“度”的问题。地主属于封建统治阶级，要反。但是富农和地主区别很大，虽然他也剥削，但本质上他还是一名劳动者，属于农民阶级。至于中农，则是完全的农民阶级，但因为平均主义思想，其利益经常受到侵犯，从而也挫伤了农村生产的积极性。正是因为吸取了“五四指示”发布之后的一些经验教训，党中央在后来的土地改革中多次强调保护中农的利益，从而提高了农民生产的积极性，保证了土地革命的胜利。（3）土地革命与革命政权的关系问题。土地革命的前提条件就是要有革命的武装，否则农民分得的土地无法保障。大革命时期，两湖的农运轰轰烈烈，但因为缺乏革命的武装来保护胜利的成果，最后被地主阶级反攻倒算。“五四指示”之所以能取得巨大的成就，这和解放区政权的巩固是密不可分的。革命政权保障了土地革命的顺利进行，反过来，翻身的农民会更加支持革命政权，从而也保障了革命政权的巩固。

## 【教学建议】

从大革命到新中国的成立，我党的阶级性及使命感决定了土地问题是中国革命的中心问题。该案例可用于第七章第二节第二目“解放区的土地改革运动与农民的广泛发动”部分的辅助教学。

在教案教学中，要阐述在不同的历史时期，党所制定的土地政策也不尽相同，站在今天的角度去考察当初的历史文献，既要有理论勇气敢于去质疑，又要有科学精神去发现其内在规律性。对于考察“五四指示”这样具有深远影响的土地政策，必须坚持陈云所言的“不唯上，不唯书，只唯实”的实事求是的精神，必须坚持马克思主义的基本观点和方法，如此才能得出一个客观实际的评价。

# 案例 2 “二·二八”事件

## 【案例材料】

1947 年 2 月 27 日傍晚，台湾省烟草专卖局稽查员协同警察在稽查私烟时殴打了一女商贩，引起围观群众的不满，稽查员于慌乱之中打死了一路人，激怒了台北市民，群情鼎沸。28 日，台北市民群起至行政公署请愿，要求当局交出凶手。3 月 2 日，民众成立“二·二八事件处理委员会”，进一步提出惩治腐败、台湾自治等要求。其后，民众冲击了警察局、专卖局、县政府等处，各地都爆发了暴力事件。人们夺取武器，进行了反抗国民党压迫的起义，占领了台中、嘉义等许多城市。行政长官陈仪玩弄两面派手段，一边发表广播讲话安抚民心，表示要与台湾同胞“相亲相爱”，一边秘密要求中央派兵来台，声称“二·二八事件”是“有计划有组织的叛乱行为”。3 月 8 日，国民政府军队登陆台湾，对起义群众进行了血腥屠杀。3 月 14 日，起义失败。

“二·二八”事件之所以会发生，是多种因素综合的结果，其背景极其复杂。总体来说，事件的发生原因是与国民党对台湾的统治方式及当时台湾在经济、政治、社会文化等领域面临的困境有关。

1945 年 10 月 25 日，台湾省行政长官公署长官陈仪接受日本台湾总督安藤利吉投降，标志着日本统治台湾的历史终结。600 万台胞欣喜若狂，对国民政府充满了无限的希望和期待。光复之时，因为战争及日本人的掠夺，台湾经济已处于崩溃的边缘：工业萧条、农业减产，岛内所需的建设资金严重不足等。因此，民众极其期待国民政府能够改善台湾状况。但几个月之后，民众的狂热便逐渐减退，再变为冷眼旁观。究其原因，有如下几个：

（1）管理体制。国民政府对台湾的管理体制不同于大陆的行省制而采取行政长官公署制，这一制度和日占时期的总督制极其相似，这不能不引起台湾民众在心理上的反感。（2）用人政策。陈仪政府羁留了数万名日本技术人员及警察与行政官员，此举伤害了台湾民众的心理情感，令其痛心疾首。另外，政府还把台精英排除出中高级职务之外，且在同样的职务中还出现同工不同酬的现象，这让台湾民众愤懑不已。（3）贪腐现象。虽然各种资料都表明陈仪个人比较清廉，但他对当时政府官员的腐败现象视而不见、充耳不闻。在接收日产的过程中，曾在大陆上演的“五子登科”（位子、金子、房子、车子、女子）的丑剧也出现在台湾，令台湾民众极其反感。专卖局、贸易局等，更是利用职务之便结党营私、贪污成风。陈仪政府既未能惩治政府人员的贪腐行为，又没能在施政过程中照顾到台民众的心理情感，那么台湾民众对政府的态度由狂热而变得冷漠，也就顺理成章了。

国民政府在台湾统治的初期既已引起台湾民众的反感，其后的经济政策所造成的台湾省内的各种危机则直接引爆了台湾民众反抗的怒潮。主要有：（1）专卖制度。光复之后的台湾，经济萧条、失业严重、社会动荡，国民政府不仅没能休养生息，反而对烟、酒、樟脑、火柴等执行严格专卖制度，断绝了小商贩的生计，给人民生活带来很大不便。（2）饥饿恐慌。为打内战，把大量的粮食运售大陆，再加上台湾本省奸商的囤积，人为地造成了台湾的粮食恐慌。（3）通货膨胀。台币贬值，物价飞涨，更导致了台民众生活艰难，哀鸿遍野，以至于民众认为国民政府的剥削更甚于日寇。

综上可知，尽管“二·二八”事件的发生原因复杂多样，但主要的还是国民政府吏治腐败、与民争利、专制残暴的腐朽统治所造成的。

材料来源　中共中央党史研究室：《中国共产党历史（1921—1949）》第十卷（下册），中共党史出版社，2018年；杜继东：《台湾“二·二八”事件研究综述》，《近代史研究》2004年第2期；白纯：《论“二·二八”事件爆发的社会背景兼纪念台湾光复60周年》，《台湾研究》2005年第1期。

## 【案例解析】

1947 年 2 月 28 日，台湾省台北市人民为反抗国民党当局的暴政、抗议军警枪杀市民，举行大规模示威游行。台湾各地人民纷起响应，夺取武器，举行起义，使全省大部分地区的政权陷入瘫痪，这就是“二·二八”起义。国民党当局从大陆调来大批军警、特务进行镇压。3 月 14 日，起义失败。这次起义作为全国人民民主运动的组成部分，充分显示了台湾人民的革命精神，鼓舞了全国人民。”台湾光复之后，台湾民众对国民政府抱以极大的期许，以为不仅能够进一步改善生活，还能够提高身份认同，不再遭受歧视。但他们等来的国民政府，在台湾省设立了行政长官公署制，在陈仪政府统治下，政治腐败、经济凋敝、失业加剧、通货膨胀、粮食恐慌、同工不同酬的歧视等等，从而导致台湾的社会期望指数直线下降，激起了民怨，由此，“二·二八”事件恐难以避免。

关于“二·二八”事件的性质，有人认为是一场城市暴动，是“蜂起一时，祸往有日”的民变；也有人认为是台湾民众反对国民党统治和争取自治的运动。我们认为，“二·二八”事件的主流是一场反专制的爱国民主运动，是当时全国各地风起云涌的“反饥饿、反迫害、反内战”爱国民主运动的组成部分。

## 【教学建议】

当解放区军民在自卫战争中取得重大胜利的同时，国民党统治区的人民掀起了声势浩大的爱国民主运动。这些爱国民主运动广泛开展的事实表明，不仅在军事战线上，而且在政治战线上，国民党政府都打了败仗。这个政府已经处在全民的包围中。该案例可用于第七章第二节第三目“第二条战线的形成和发展”部分的辅助教学。

1947年的“二·二八”事件，是在台湾光复之后所发生的一次严重的政治事件，它不仅对当时台湾社会的重塑以及台湾精英分子产生了深刻的影响，而且对现代台湾社会的方方面面，尤其是台湾的社会心理及国家认同感产生着持续的影响。许多别有用心的台独分子借此歪曲历史，故意夸大国民政府的残暴及死难人数，以制造台湾同胞对大陆的抵制情绪。他们并借此渲染省籍情结，使得台湾民众对中央政府逐渐离心，从而趁机宣扬台独思想。

对此，应该正本清源，在案例教学中还原历史真相，以事实来揭露台独分子对历史的歪曲。“二·二八”事件确实带来了一些民怨，但那些参与者、亲历者从来就不是要求台独，而是希望当局能够惩治腐败、改革政治，他们维护祖国统一的爱国之心不容歪曲。

## 案例3 金圆券币制改革始末

### 【案例材料】

物价上涨、货币贬值，这种情况叫作通货膨胀，其主要原因就是货币量的增长超过实际所需。轻微的通货膨胀是经济高速发展的副产品，是一种广泛的经济现象，在我们的日常生活中处处可见。但如果每月的通货膨胀在50%以上，就称之为超速通货膨胀。超速通货膨胀的发生多是因政府为应对战争、混乱、度过灾难或经济危机而超限增发货币所致。超速通货膨胀会引起巨大的皮鞋成本、菜单成本、税收扭曲、资源配置不当、财富的扭曲分配等等，一句话，它是灾难，它会引起经济和生活的大混乱。

抗战结束时，法币的发行总额比战前增长了约 396 倍，内战爆发之后至 1948 年 8 月，法币发行总额比战前增加了 30 余万倍，以至于物价飞涨，法币迅速贬值。当时广东的一家造纸厂，竟买进 800 箱面值 100—2 000 元的法币当做造纸的原料！面对这种情况，宋子文内阁以抛售黄金为手段试图回笼法币控制金融，最后竟以"黄金风潮案"的爆发而惨淡收场。代替宋内阁的张群内阁反其道而行之，但终殊途同归，无济于事，亦被迫下台。1948 年 5 月，翁文灏出任行政院长，社会贤达王云五为财政部长，俞鸿钧为中央银行总裁，蒋介石决定把赌注压在翁内阁身上，不顾一切地进行币值改革。

王云五走马上任财政部长，踌躇满志，幻想大干一番，每日里"念兹在兹"，以全部的精力和热情投入到币改中去。据他自述，他认真研究了过去的各种币改方案，不下七八十种，参考部内外专家意见，最后亲自草拟了一道改革币制平抑物价平衡国内及国际收支的联合方案。王的方案中特别强调发行准备金及限制发行，认为这是币改能否成功的关键。7 月 7 日，王的方案呈交蒋介石，蒋原则上同意。之后蒋多次征询前央行总裁张家璈，张坚持认为，若没有充分准备金或外汇储备，若不能减少预算降低发行额或控制物价，新币必然贬值，后果将不堪设想。但蒋意已决，他把这次币改看成摆脱困境挽救危机的唯一出路，为此不惜冒险一试。

8 月 19 日晚，蒋介石发布《财政经济紧急处分令》《金圆券发行办法》等 4 项办法，综合起来，其主要内容有：废除法币，代之以金圆券，以 1 元对 300 万的比例收兑法币（东北流通券以 1 对 30 万的比例收兑）；发行总额限定为 20 亿元；私人持有的金、银、外汇限期于 9 月 30 日以前兑换金圆券，否则一律没收；限制物价，将其冻结于 8 月 19 日的水准上。8 月 20 日，金圆券发行准备监理会成立，币制改革开始。

币制改革初始，普通百姓惧于当局的压力与威胁，只好尽快去银行把持有的金银外汇等兑成金圆券。但工商、金融资本家比普通百姓更多地了解国民政府经济危机的内幕，对金圆券毫无信心，他们千方百计地保住手中的金银外汇。同时限价法令也让大小资本家大量地囤积物资，致使市场上无物可买，黑市猖獗。蒋经国去上海，手握尚方宝剑，对资本家软硬兼施，以铁腕手段严厉打击不法大商人，获得“打虎英雄”的称号。国民党政府的铁腕措施取得币改初期显著成效，但这种违反经济规律的警察手段必定失败。

1948 年 9 月开始，通货膨胀一路高升，蒋经国在上海也是回天乏术，更因为“扬子案”而被迫离沪。很快，金圆券的发行额大大地超出预期：9 月底已超 12 亿元，12 月底超出 83 亿元，进入 1949 年，更是一泻千里不可阻止，至 6 月底竟高达 130.304 6 万亿元。有人戏称当时的国统区百业凋零，唯印钞业“欣欣向荣，一枝独秀”。超速通货膨胀令人瞠目结舌，瞎子阿炳卖艺时，有段唱词说：“金圆券，满天飞，花花绿绿的好东西。早上可以买头牛，晚上只能买只鸡。”后来何止是早晚不同，物价更以钟点为变化。各地也都出现了抢米抢货的风潮，资本家宁愿让货物在火车上跑来跑去，也不愿卸下出售。整个国统区，从资本家到普通工人，从达官贵族到黎民百姓，怨声载道。

1949 年 5 月 27 日，解放军攻取上海，6 月 5 日下令禁止金圆券流通。国民政府逃往广州后，于 7 月 3 日停发金圆券，至此，发行仅 10 个月的金圆券草草收场。

材料来源　中共中央党史研究室：《中国共产党历史 · 第一卷（1921—1949）》（下册），中共党史出版社，2018 年；张秀莉：《金圆券改革决策内幕考》，《中国社会经济史研究》2016 年第 2 期；张皓：《王云五与国民党政府金圆券币制改革》，《史学月刊》2008 年第 3 期；李金铮：《旧中国通货膨胀的恶例——金圆券发行内幕初探》，《中国社会经济史研究》1999 年第 1 期。

## 【案例解析】

起自 1948 年 8 月 20 日止于 1949 年 7 月 3 日的金圆券，是我国历史上最短命的货币之一，发行伊始已注定了它失败的结局，从以下两个原因即可略知一二：（1）金圆券的发行是因为法币泛滥，国统区通货膨胀严重，蒋介石为摆脱日益严重的财政经济危机和军事困局而不惜铤而走险的尝试。企图以一种新型货币取代流通的货币来解决通货膨胀问题，只能是饮鸩止渴，而不能根本解决。要稳定物价，抑制通货膨胀，首先应解决国内国际收支平衡的问题，不然，巨大的财政赤字只能以超额发行货币来填补，从而必然引发新一轮的通货膨胀。金圆券发行不久，三大战役爆发，军政费用增加，国民政府只能超额发行，别无他途。（2）金圆券的发行缺乏相应的准备金及外汇储备，金圆券采用金本位制，但国民政府的黄金储备远远不够，美国的经济援助也是杯水车薪，国民对金圆券也就缺乏信心。在此情形之下，国民政府不顾经济运行的基本规律，出于军事政治考量，仍强行推出金圆券，这也就决定了它必将被经济规律所惩罚的命运。

## 【教学建议】

金圆券币制改革，在本质上是一场掠夺，它给普通民众留下了惨痛的记忆，辛苦积攒多年的金银外汇，转瞬之间化为乌有。该案例可用于第七章第二节第三目“第二条战线的形成和发展”部分的辅助教学。

著名的民主人士储安平愤怒地控诉道：“多少老百姓的血汗积累，就滚进了政府的腰包里去。政府拿这些民间的血汗积累，去支持他的戡乱，是所有国家的一点元气，都送到炮口里轰了出去！”“一个只要稍有点良心的政治家，对此能熟视无睹，无疚于中吗？”通过该案例教学，使学生明白金圆券币制改革不仅没能达到稳定币制、挽救国统区经济危机的目的，相反，上自资本家，下至普通百姓，都对国民政府极感失望，从而加速了蒋家王朝灭亡的命运。

# 第三节
# 中国共产党与民主党派的团结合作

## 案例 1 中间派及第三条道路

### 【案例材料】

1940 年代，在中国的政治舞台上活跃着十几个民主党派，虽然他们成分复杂政策不一，但总的来说他们的政治立场是处于国共两党之间的，习惯上我们称之为中间党派、中间势力或第三方面、第三势力。他们所提出的不同于国、共两党的建国方针，一般地称之为第三条道路。

何谓中间派？此派的理论家施复亮指出，在思想上，中间派应该是自由主义（某些人可能有社会主义的倾向）的，反对思想上的统治和清一色以及没有教条主义的信仰；在行动上，中间派是和平的，改良的，不赞成暴力革命。在政治上，中间派是所有不满意国民党统治且又不愿共产党取而代之的民主进步人士；在组织上，中间派是不包括国民党统治集团及共产党的一切代表中间阶层的党派。施复亮认为，中间阶层占全国人口的绝大多数，主要包括民族企业家、工商业从业员、手工业者、知识分子、小地主、富农、中农等。上述这些中间阶层是中间派的社会基础。

可见，中间派的社会基础广泛，在数量上也是绝对多数。但中间派没有自己的政权和武装，面对战争他们将一筹莫展，从而也就不可避免地倒向国民党或者共产党。

何谓“中间路线”？张东荪1946年在天津青年会的演讲中进行了阐释。他认为，在政治方面，一般采取英美式的自由与民生主义，在经济方面，采取苏联式的社会主义与计划经济。因此，中间路线采取民主主义但不要资本主义，采取社会主义而又否定无产专政革命。要自由不要放任，不要资本家垄断，要合作不要阶级斗争。另外，中间派认为国家利益要高于党派利益，因此必须调和国共两党，走资本主义道路。在对外方面，中间派认为对于美苏应等距离视之，不可偏袒任何一方。

这样的一条非东非西的中间路线，实则是无所适从。要资本主义的政治自由，要社会主义的计划经济，实则是把冰与炭强行容于一炉，不可能两者并存。欲调和国共，却不知蒋介石早定下了打内战的决心，并为此不惜解散民盟，中间派只能以失败收场。在对外方面，美苏两强争霸，中国也不可能侧身于外，只能非苏即美，中间派的等距离视之无异于空想，只能说明他们对世界大势的认知比较模糊。

战后的中国，民众渴望和平，美苏为各自的利益也不愿中国重燃战火，因此中间派及其路线获得了一个相对宽松的生存空间。他们一度认为，在中国，除国共之外，尚有第三种势力能够决定中国的前途命运。但随着内战重燃，夹存于国共之间的中间派，无论他们所提出的关于政治、经济、文化上的设想如何美妙，在中国残酷的社会现实面前只能是空中楼阁。随着国民党对民主党派和民主人士的敌视与迫害，在我党的争取下，多数的中间派都倒向了党，他们在和共产党合作奋战的实践中，得到了锻炼和教育，并且不断地取得进步。

材料来源　中共中央党史研究室:《中国共产党历史》第一卷（1921—1949）下册，中共党史出版社，2018年；汪朝光:《中国近代通史·第十卷·中国命运的决战（1945—1949）》，江苏人民出版社，2006年；余科杰:《中国各民主党派史研究述评》,《中共党史研究》1994年第2期。

## 【案例解析】

1940年代活跃在中国政坛上的中间派，是在中国特殊历史时期的一个特定的产物。近代中国从传统向现代的转变之中，没能形成真正的西方式民主，这也就决定了“第三条道路”的理念在中国难以立足，它只能是中国早期的自由主义者对历史的一种回响。

正如一位著名民主人士在《观察》第三卷中所写的：“在这个社会中，只要你批评国民党一句，大家便说你‘左倾’了；只要你批评苏联或共产党一句，大家便说你‘右倾’了。”夹在有强大的组织和深厚的社会背景的国共两党之间，中间派难免非左即右，不讨好两党便难以生存，同时讨好两党又不现实，最终只能是“择一而事”。政协之后，青年党与民社党便依附于国民党，参加了制宪国大和政府，成为了国民党的盟友。同时，没有了青年党和民社党的民盟，在诸多问题上都和共产党步调一致，成了共产党的政治盟友，一起反对国民党。随着“李闻案”的发生，中国的自由主义者和知识分子的政治立场都发生了很大的变化，更多的中间派都逐渐认清了这么一个事实：除了和共产党合作共同反抗国民党的暴政以外，别无出路。历史和现实都表明：当时的中国，只能是两个中国、两种命运的决战，这是中间派的悲哀。

## 【教学建议】

该抗战之后，中间派作为一股政治力量，奔走于国共之间，试图调和两党，走上“政治上的民主政治，经济上的计划经济”，虽然荒诞，但也难能可贵。案例可用于第七章第三节第三目“中国共产党领导的多党合作和政治协商格局的形成”部分的辅助教学。

在案例教学中，可详细分析说明整个民主党派的党纲，大体上都是反帝爱国、要求民主的，这和共产党在新民主主义革命时期“推翻帝国主义和封建主义的统治”的最低纲领基本保持一致，因此它们也具有新民主主义的性质。总体而言，“第三条道路”是有积极意义的。它对国民党政权的否定，有利于共产党第二条战线的形成和壮大，对共产党最终战胜国民党有着重大的功绩。它对自由主义的思考和尝试，也为社会主义的民主政治提供了借鉴，使其更加完善、丰富。

# 第四节
# 建立人民民主专政的新中国

## 案例1 淮海战役

### 【案例材料】

克劳塞维茨指出，主力会战是双方主力之间的斗争，是为了争取一个重要胜利全力以赴进行的斗争，并不是为了一个次要目的或一发觉目的难以达到就要把它放弃，而进行的不重要的斗争或尝试性的活动。发生在1948年秋到1949年初的三大战役是国共两党主力的会战，是两个中国、两种命运的决战，其中的淮海战役承上启下，尤为重要，它直接决定了国民党政权的命运。

淮海战役的发生，犹如一首气势磅礴的交响曲，它是由多个有内在联系的乐章组成。它不是突然到来，而是随着战争的进程渐次展开的，它的每一个阶段都体现出一种趋势，这种趋势在战争尚未发生时就已经存在了，一开始它并不明显，但随着时间的推移，它的变化就越来越大，越来越明显，并对敌方产生一种巨大的压迫感。早在1947年底，国民党由战略进攻转为战略防御时这种趋势就已经出现了，当时毛泽东曾说，这是一个历史转折点，即蒋介石反革命统治和帝国主义在中国的统治由发展到消灭的转折点。1948年

9月24日，济南战役结束时，这种趋势就已经很明显了，连陈诚都不得不承认，此后，国民党的江河日下之势，显然已经无可挽回。

济南战役尚未结束，粟裕即提出了“小淮海战役”的初步构想，中共中央军委在深入研究之后认为，战争的规模将不断扩大，可把战役的目标确定为歼灭整个徐蚌地区的国军主力的战略决战，并确立了淮海战役的第一个目标是歼灭黄百韬兵团于新安、运河之线。相对于中共早早就谋划淮海战役并进行了周密的部署不同，蒋介石集团因金圆券改革失败，内外交困、焦头烂额，对华东战局也是举棋不定，顾此失彼。

11月6日，华东野战军主力从山东向南出发，迅速切断黄百韬撤往徐州的退路，至11日将其四个军包围于以碾庄为中心的不到十八平方公里的地域内。蒋介石急调邱清泉兵团、李弥兵团由徐州沿陇海路两侧全力救援，但被华野顽强阻击，进展缓慢。22日，黄百韬兵团12万人被全歼。淮海战役的第一阶段结束。黄军团被灭，蒋介石深受打击，于25日日记写道，最近环境恶劣之极，遭受任何时期所未有的刺激，因而多次感觉生不如死。蒋介石没有料到的是，这种感觉将日甚一日。

在黄百韬兵团即将被灭之时，中原野战军于11月16日夺取了徐蚌之间的交通枢纽宿县，关闭了徐州国民党军沿津浦路南撤的大门。这时蒋介石惊慌失措，急调黄维兵团东援徐州，企图重夺宿县。中原野战军趁机对行动中的黄维兵团发动攻击，于25日将其围困于宿县西南的双堆集一带。根据战争的进展，中共中央军委迅速调整战略方针，果断以歼灭黄维兵团为淮海战役第二阶段的主要作战目标。此刻的蒋介石再次陷入犹豫不决的状态，作战计划一再变更，最后是守又守不住，攻又攻不动。12月13日晚，我军发起总攻。15日夜，黄维兵团12万人在无望下突围不成，全军覆没。淮海战役第二阶段结束。

黄维兵团被围，宿县失手，津浦路断绝，徐州已经成了死棋。“剿总”副司令杜聿明认为：“要放弃徐州，就不能恋战；要恋战，就不能放弃徐州。”提出向西转进以求自保，再徐图掉头北进以解黄维之围的计划，蒋介石勉强同意。11月30日，国民党军队、机关和随撤人员30余万人撤离徐州。12月

1日，华野追击。此时蒋介石再次改变主意，要求杜聿明停止西撤，改向南进，这也就给了华野将其包围的机会。12月6日，华野将杜聿明集团全部包围在陈官庄、青龙集地区。为配合平津战役，对其围而不歼，而采取心理攻势。时至隆冬，连降雨雪，气温骤降。杜聿明集团内无粮弹，外无援兵，加上天寒地冻，雨雪交加，空投困难。尽管杜聿明集团严厉镇压和看管，仍有官兵冲破封锁，前来投诚。但杜聿明拒绝投降。1949年1月6日，华东野战军发起总攻，10日全歼邱清泉、李弥两兵团20万人，生俘杜聿明，中共中央军委完成了第三阶段的战略目的。至此，淮海战役结束。

材料来源　中共中央党史研究室：《中国共产党历史 · 第1卷（1921—1949）》（下册），中共党史出版社，2018年；汪朝光：《中国近代通史 · 第十卷 · 中国命运的决战（1945—1949）》，江苏人民出版社，2006年；金冲及：《蒋介石是怎样应对三大战略决战的？》，《近代史研究》2010年第1期；克劳塞维茨著，中国人民解放军军事科学院译：《战争论》第一卷，解放军出版社，2005年。

## 【案例解析】

1948年11月6日始，1949年1月10日止，历时66天。国军投入80万人，损失55万余；我军投入65万人，损失13.7万人。期间，我军兵力少于对手，武器也远不能及，结果却是完胜，创造了世界战争史上的奇迹。

解放战争进入第二年之后，中国共产党开始了对国民党的反击，刘邓、陈粟、陈谢三路大军挺进中原，对国民党的军事防御构成了巨大的压力。为改变战局，挽回局面，国民党政府作出的决策是在长江以北划分战区，进行“总体战”，以期克服各自为战的弊端。为此，在徐州设立“剿匪”总司令部，刘峙任总司令，负责山东及徐淮地区的作战任务。就各战区而言，徐州拥兵最多，实力最强，战略位置也最为重要，但却派了庸碌无能的刘峙做总司令，个中原因耐人寻味。以至国民党内部许多人得知后讽刺说：以徐州为南京大门之重要地位，不说派只虎镇山，至少也要派只狗看门，结果却派了头猪去，如何不败？果然，在会战中，刘峙惊慌失措，屡屡判断失误，贻误战机。由此可知，淮海战役尚未开打，已为以后的失败埋下伏笔。

## 【教学建议】

淮海战役是国共之间进行战略会战的关键一役。该案例可用于第七章第四节第一目“南京国民党政权的覆灭”部分的辅助教学。

毛泽东高度赞誉淮海战役打得好，好比还没有完全煮熟的一锅夹生饭，硬是被一口一口地吃下了。淮海战役的胜利，使国民党精锐丧失殆尽，上海、南京等心脏地带也直接暴露在人民解放军面前。加之国统区经济崩溃，政治分裂，这一切都决定了国民党不可避免的灭亡的命运。

在案例教学中，可详细分析淮海战役胜利的原因。首先，毛泽东能高瞻远瞩，精心谋划，从全局把握战略决战的方向，同时又给予刘邓、粟裕等具体指挥权，随势应变。反观蒋介石，除了在日记里反复大骂将领“不学无术”之外，举棋不定，一筹莫展，处处被动挨打。其次，在军队气势与思想教育方面，解放军有崇高的目标，顽强的作战意志，各军互相协作，互相支援。反观国军，目标不明确，意志消沉，军心涣散，失败主义蔓延，整个战争期间投诚不断。最后，在后勤保障方面，解放军印证了什么叫“得道者多助”的古训。广大民众积极地参军参战，克服一切困难支援前线。据不完全统计，支前民工多达 543 万余人，他们不辞辛劳，运送弹药、粮食，接回伤员，出色地完成了运输任务。陈毅曾说：“淮海战役的胜利是人民群众用小车推出来的。”

## 案例 2 国民党何以失败

### 【案例材料】

世界历史上有过许多不可思议的事情，比如亚历山大大帝以极少的兵力征服了庞大的波斯帝国，比如从沙漠里突然冒出来的一小股阿拉伯人建立了强大的阿拉伯帝国，但那些都发生在交通、信息极为蔽塞的久远年代，事件的发生已难以详述。当我们回视国内，上世纪 40 年代后期发生的事件同样让人惊愕：中国共产党在绝对劣势的情况下仅用了三年就把实力远超自己之上的国民党赶出大陆！这是如何发生的？虽然很多人以“历史必然论”“人民选择论”等做了解释，但这种大而化之的说法难免让人心生疑惑，有种隔靴搔痒、意犹未尽之感。这不禁让人想要一探究竟。

蒋介石的国民党之所以失败，和他个人的领导风格及性格缺陷有很大关系。其一，蒋介石在用人上，太注重忠诚而非才华。他身边重要的军政要员几乎都与黄埔军校有关，且以浙江籍居多。在这一点上，他其实是强化了早已饱含宿怨的派系之争，使国民党内部更加貌合神离，各自为政，不能协同作战。比如孟良崮战役，当张灵甫被围之后，附近有 25、48、65 等师和第 7 军，以及 20、64 师增援，但他们大多观望不前，一遇阻挡即自停顿。其二，蒋介石还反对人民群众，强调自己处处超脱于群众之上。丢掉了群众，也就丧失了自己的执政基础。对于中间派，他拒不承认，还压制残害。李公朴、闻一多的被暗杀就是明证。他在政治上抛弃了中间民主派，也就必然会被中间派所代表的民族资产阶级和上层小资产阶级所抛弃。其三，在军事问题上，蒋介石太注重细节，关注如何整饬军容军纪等等，对战略上的考虑非常欠缺，缺乏毛泽东那样的魄力和想象力。固然，在和各路军阀的斗争中，蒋介石都笑到最后，但蒋介石在军事上的胜利多是因为政治上的谋略，而不是因为战略战术运用得当。他擅长用金钱、名利等手段瓦解对手。但对共产党人，这一招却不起作用，相反，共产党擅长用攻心手段来瓦解国军。其四，军事指挥上，蒋介石喜欢越俎代庖，处处插手，他自视甚高，不信任其他将领，经常把参谋部都晾在一边。几乎每一个战场他都要督导指挥或电话遥控，还经常临时改变战术，致使前线紊乱，将领不知所措。战役失败了，他不反省，不顾客观情况，一味地指责官兵不能执行他的计划。杜聿明是国民党军中较有战略眼光的人，但在淮海战役中处处被蒋介石遥控牵制，最终遭受了军团被灭的命运。

如果把国民党败退的原因都集中在蒋介石身上，明显是不合适的。稍加分析就可看出尚有许多别的原因：（1）国民党的政权早已腐败不堪。一个明显例子就是在战后接收的问题上就出现了腐败问题，使接收变成了“劫收”，从而丧尽民心。徐永昌在 1945 年 12 月 8 日的日记中就记载：“平津近有谣谚曰，天天盼中央，中央来了更遭殃之语。”（2）国民党的军队早已不是北伐时“以一当十”的锐意进取了。1948 年以后，军队更是思想模糊、精神涣散，弥漫着一种失败主义和悲观主义。三大战役之后，各军要求发饷人数达 600 万人，真是乱象丛生。（3）国统区的经济状况也很糟糕。滥发纸币造成通货膨胀，进而导致新一轮的贪腐，致使哀鸿遍野，民不聊生。金圆券改革也以失败告终，蒋经国在上海的努力也化为泡影。陈立夫认为，败退台湾最大原因是帮助共产党把有钱的老百姓变成“无产阶级”，是因为财政上的失败。

材料来源　中共中央党史研究室：《中国共产党历史 · 第 1 卷（1921—1949）》（下册），中共党史出版社，2018 年；布莱恩 · 克罗泽著，封长虹译：《蒋介石传》，国际文化出版公司，2010 年；2013.10；杨奎松：《毛泽东与蒋介石的比较研究》，《人物》2012 年 12 月。

## 【案例分析】

梁漱溟曾说，国民党高位者应承担内战的主要责任，他们对不起国家和人民。作为领导者，蒋介石应该担最大的责任。一个领导者权力越大，独裁越急，理所当然担责就越多。和毛泽东讲求民主集中制不同，蒋介石被吴国桢指责为一个独裁者，从蒋介石的各种传记及行事风格来看，此言不虚。无论搞政治还是军事，毛泽东都很看重群策群力，比如粟裕多次和中央的中原战略不同，毛泽东不仅不压制，反而在认真讨论之后虚心接受。这方面蒋介石就盛气凌人，独断专行。国民党是在蒋介石的独裁下败退台湾的，虽然蒋经国竭力为他辩解，认为领袖的政策没有错，但这并不能让蒋介石逃脱指责。

国民党的失败固然与蒋介石的领导风格及性格缺陷有较大关系，但这不能作为唯一的考量依据。要从国民党政权、国民党军队、国统区经济、不能满足人民群众切身利益等各方面作出深刻的分析。

## 【教学建议】

国民党领导、国民党政权、国民党军队和国统区经济存在诸多问题。该案例可用于第七章第四节第一目“南京国民党政权的覆灭”部分的辅助教学。

在案例教学中，要深入分析和阐述国民党失败的原因。国民党因无法解决当时中国社会的矛盾，未能适应中国社会的发展要求，无法代表广大群众的切身利益，因而失去了群众支持，必然在与中国共产党的竞争中失败，从而失去了在大陆的执政地位，只能成为偏安一隅的地方政权。国民党昔日的败退，对我们今日的执政党而言也是有很多的教训可供汲取的。

# 第八章

# 中华人民共和国的成立与中国社会主义建设道路的探索

# 第一节
# 中华人民共和国的成立和新生人民政权的巩固

## 案例 1 新的里程碑：中华人民共和国的成立

### 【案例材料】

在新中国诞生前的中国人民政治协商会议第一届全体会议上，毛泽东发表了一段重要讲话，其深刻意义至今仍让人们难以忘怀："我们有一个共同的感觉，这就是我们的工作将写在人类的历史上，它将表明：占人类总数四分之一的中国人从此站立起来了。""我们的民族将从此列入爱好和平自由的世界各民族的大家庭，以勇敢而勤劳的姿态工作着，创造自己的文明和幸福，同时也促进世界的和平和自由。我们的民族将再也不是一个被人侮辱的民族了，我们已经站起来了。"在过去漫长的一百多年里，我们的祖国饱受外来势力的轻视与践踏，痛苦与愤怒长久地积郁于人民的内心。当看到一个新生国家重新屹立于世界的东方，那种油然而生的自豪感和澎湃的解放感，也许是对于长期处于幸福与和平时期的后来者们无法体会到的。

中国人民政治协商会议的第一次全体会议在1949年9月21日于北京隆重启幕。经过充分审议，此次会议郑重表决通过了具有临时宪法性质的《共同纲领》与《中华人民共和国中央人民政府组织法》，并向整个世界庄严地宣告新生的中华人民共和国正式成立了。

1949年10月1日，这个永远镌刻进中华人民记忆的历史时刻终于到来了。

这天，北京天安门广场上汇聚了30万军民，共同见证了开国大典的盛况。人群、旗帜、彩绸、鲜花和灯饰交织在广场上，共同描绘出一片喜庆的锦绣海洋。下午3时，在万众瞩目中，毛泽东和朱德一前一后沿着城楼西侧古朴的砖砌台阶，登上了天安门城楼。林伯渠宣布大会开始后，伴随着《义勇军进行曲》的激昂旋律，中央人民政府主席、副主席和委员们依次就位。毛泽东庄严宣告："中华人民共和国中央人民政府成立了！"这声音恰似惊雷，不仅震撼了北京城，更震撼了全国乃至全世界，标志着中华各族人民的新世纪已然开启。

随着毛泽东亲手按下电钮，新中国第一面五星红旗在天安门广场上缓缓升起。同时，象征着54个民族的54门礼炮齐声轰鸣28响，隆隆炮声在天地间回荡，它象征着中国共产党领导中国人民经过28年的英勇奋斗，终于取得了新民主主义革命的伟大胜利。

升旗仪式结束后，毛泽东宣读了《中华人民共和国中央人民政府公告》。紧接着，一场规模宏大的阅兵式和群众游行拉开了帷幕。直至深夜，手持红灯的欢庆人群仍在城里游行，首都沉浸在一片狂欢的氛围中，人们从心底发出同一个声音：中国人民站起来了！

新中国的成立，标志着任何外力都无法使中国屈服和低头。在开国大典上，毛泽东以坚定的声音向全世界宣告："本政府为代表中华人民共和国全国人民的唯一合法政府。凡愿遵守平等、互利及互相尊重领土主权等项原则的任何外国政府，本政府均愿与之建立外交关系。"在外交部成立大会上，周恩来也严肃地说："中国一百年来的外交史是一部屈辱的外交史。我们不学他们。”“要有独立的精神，要争取主动，没有畏惧，要有信心。”中国的事务理应由中国人民自主决定并处理，帝国主义势力对中国内政进行丝毫的干预和渗透都是绝对不允许的，在根本原则性问题上的让步与妥协更是被严令禁止。这一坚定立场对新中国后续的发展产生了持久的影响。在此基础上，中国人民才能独立地探索并建立一个新国家和新社会，走上中国特色社会主义道路。

材料来源　金冲及:《换了人间，新中国的最初岁月》,《人民日报》2019年9月4日。

## 【案例解析】

中华人民共和国的成立，彻底结束了中国半殖民地半封建社会的历史，标志着中国新民主主义革命的胜利，绘制了一幅史无前例的全民大团结的壮丽画卷，这一局面形成的关键就是中国共产党。中国共产党作为坚强的领导核心，以强大的凝聚力成功地将全国各族人民紧密团结在一起，指引人们沿着正确的方向前进。

习近平在庆祝改革开放40周年大会上指出:“建立中国共产党、成立中华人民共和国、推进改革开放和中国特色社会主义事业，是五四运动以来我国发生的三大历史性事件，是近代以来实现中华民族伟大复兴的三大里程碑。”为什么中华人民共和国成立被视为自近代以来在中华民族伟大复兴道路上的“三大里程碑”之一？因为自那时起，中国的命运迎来了根本性的转变，天地之间焕然一新，中国历史的新纪元由此开启。中国共产党带领中国人民继续完成民主革命遗留下的任务，恢复国民经济，进行社会主义革命，确立社会主义制度。

## 【教学建议】

新中国的诞生不仅是一个新政权的建立，更是中华文明五千年历史的重要转折点。该案例可用于第八章第一节第一目“中国人民站起来了”的辅助教学。

在案例教学中，可给学生讲述这场深刻的社会变革标志着中国近代以来最彻底的社会形态转型——从半殖民地半封建社会向新民主主义社会的跨越，为人类社会发展史增加了新的现代化路径样本。这场跨时代的变革源自马克思主义理论与中国革命实践的结合创新，形成了具有中国特色的革命道路。

在历经百年屈辱后，中国共产党领导中国人民取得了新民主主义革命的胜利，终于实现了民族独立与人民解放的双重突破，这是自近代开始中国人民面对的第一项历史任务，使中国摆脱了以往具有依附性的发展模式，这也为了实现第二项历史任务奠定了基础。第二项历史任务就是推动国家走向繁荣富强，带领人民迈向幸福。在新中国成立后，中国共产党带领全国人民开始了伟大的社会主义革命，昂首挺胸地向社会主义迈进。

# 案例 2 毛泽东访苏路上遇险

## 【案例材料】

1949 年 11 月 12 日，苏联领导人斯大林发电报邀请毛泽东访问苏联。12 月 6 日，毛泽东头戴呢帽，身着一件银灰色的中山装，外面罩着大衣，在列车的站台上与送行人员一一告别，陪同他出行的有陈伯达、叶子龙、汪东兴以及师哲等人。当日，新中国首列代号为9002的专列，载着毛泽东等人缓缓驶离了西直门火车站。12月16日中午，毛泽东乘坐的专列来到莫斯科的北车站，这是新中国最高领导人第一次访问苏联。当晚，斯大林与毛泽东会面，并关切地询问路上是否顺利，毛泽东说："我的老朋友蒋介石很关心我的此次之行，他肯定要给我点小动作，不过我们已经采取了严密的防范措施。"

在毛泽东启程前往苏联之前，确保他的出行安全就已经被列为头等大事。周恩来同志通过电话召见了当时的公安部部长罗瑞卿和副部长杨奇清，指示公安部门必须竭尽全力，保卫毛主席的绝对安全。在毛泽东即将启程前往苏联访问之前，公安部队已然为其访问做了极为周全、细致的准备工作。其中一项重要举措便是对沿途地区的匪患展开全方位的清剿行动。特别是针对东三省区域，公安部队多次反复开展清剿工作，不放过任何一个可能存在匪患的角落，全力以赴确保毛泽东访问苏联的路线绝对安全，万无一失。

为切实保障此次出访的安全，公安部队早于前期便在铁路沿线构筑起了极为严密的警卫防线。从北京起始，直至满洲里终点，数千公里的漫漫铁路线上，全天候保持着高等级的警戒态势。专列正式启程之后，人民解放军特地调集了三个军的精锐兵力，全力为毛泽东的行程保驾护航。在专列的前后，分别编组了一列铁甲列车，每列铁甲列车上均有50名全副武装的护卫人员严阵以待。与此同时，铁路两侧岗哨林立，密集程度极高，几乎每隔一根电线杆的位置，就有一名荷枪实弹、全副武装的士兵在认真站岗执勤，宛如一道坚不可摧的铜墙铁壁。

当列车抵达天津站并停稳后，警卫人员突然前来报告发现了一颗手榴弹。此时，站在一旁的外交部副部长李克农听闻后，赶忙示意让人将那枚手榴弹拿过来查看。仔细一看，原来这是一颗布满铁锈的旧弹，已然锈成了一个铁疙瘩，根本不具备爆炸的可能性了。后来在对铁路沿线展开更为细致、严格的检查过程中，工作人员于天津铁路局杨村大桥的桥墩上又发现了一枚炸药包。相关部门迅速行动，及时将其排除，确保了铁路运行的安全。

当毛主席的专列到达山海关站后，消息如同长了翅膀一般，迅速传播开来，传向了四面八方。驻台湾的美国顾问布莱德，借助在莫斯科的间谍渠道，得知了苏联政府正筹备接待毛泽东这一重要情报。随后，布莱德赶忙将此情报传达给了毛人凤。相关档案里，清晰记录了毛人凤亲自拟定的暗杀计划："通知情报总署，依照既定计划执行。前往大陆的人员务必准时抵达目的地。东北地下技术纵队需准备 A、B、C 三套行动方案。据记载，毛人凤在向美国顾问布莱德阐述该计划时声称，炸毁毛泽东的专列，那将成为第二个皇姑屯事件。布莱德听后也显得异常兴奋，说道："岂止是第二个皇姑屯事件，它的意义不亚于一场战争。日本人为你们做出了样子，现在就看你们的了。"

没过多久，台湾保密局特派员、上校处长张大平便落入了哈尔滨市公安局精心布置的包围圈中，只能乖乖束手就擒。哈尔滨市公安局迅速展开行动，连夜对其进行突击审讯。通过审讯，警方全面查清了其具体行动方案。依据张大平交代的"东北地下技术纵队"的藏匿地点，警方果断出击，一举捣毁了他们的阴谋。

历经三天三夜的持续行驶，列车终于在 12 月 9 日顺利抵达中苏边境的满洲里站，毛主席登上了苏方的列车，顺利抵达莫斯科。

材料来源　孙国：《千里护卫毛泽东》，人民武警出版社，2007 年。

## 【案例解析】

新中国刚成立时，国内外局势都极为严峻。解放全中国的任务尚未完成，国民党从大陆撤离时，留下了 100 余万军队，这些残军还在抵抗，想要做最后的挣扎。此外，还有 200 多万政治土匪在乡里横行霸道，严重地扰乱了当时的社会秩序，同时约有 60 万特务分子潜伏在暗处，找寻机会对新生的中国进行破坏和情报窃取活动，这些都还有待被彻底肃清。

在国际上，新中国面临着西方国家的敌视与封锁。新中国的诞生打破了帝国主义在东方精心划定的势力范围。以美国为首的西方资本主义阵营对此极为不满，企图通过强硬手段将新中国扼杀在摇篮之中。于是，他们推行了一系列针对新中国的敌对政策，在政治上，他们拒绝承认新中国的合法地位，孤立新中国，妄图在国际舞台上把新中国边缘化。同时在经济上实施严厉的封锁，想要彻底切断新中国与外部世界的经济联系，阻碍新中国获取发展所必需的物资与技术。在军事方面，西方资本主义国家对中国频繁地进行威胁，在我国周边海域、空域进行军事侦察、演习，甚至策划了对新中国领导人毛泽东的暗杀计划，妄图从根本上搞垮新中国，但在我方非常严密的安保措施下，其暗杀计划最终落空。

面对这些困难和挑战，中国共产党和中国人民毫不退缩，毅然决然地踏上了建设祖国的伟大道路，打破了重重困境，捍卫了国家尊严和安全，赢得了国际社会的尊重。

## 【教学建议】

毛主席访苏之行途中遇险，堪称新中国外交史上一段扣人心弦的历史事件。值得称道的是，我国公安部门凭借卓越的能力和周密的部署，成功挫败了美国及逃往台湾的国民党当局妄图破坏此次访苏行程的阴谋。这一案例可用于第八章第一节第二目“捍卫巩固新政权的斗争”教学环节的辅助素材。

在教学过程中，需要对毛主席访苏之行的诸多关键层面展开深入探究。要全方位剖析此次访问的历史背景，细致梳理行程安排，并且深入挖掘途中遭遇的种种危险情境。着重引导学生透过现象看本质，深入分析这些事件背后所反映出的当时国际风云变幻的局势，以及新中国在外交领域面临的重重挑战。以此为契机，引领学生深入了解新中国成立初期在风云变幻的国际舞台所处的艰难复杂环境，体悟新中国在国际舞台上谋求支持、探索发展道路的艰辛与不易。

毛主席访苏之行途中遭遇的险境，淋漓尽致地展现出当时局势的险恶。国民党特务机关企图借暗杀毛主席这一行径，破坏新中国与苏联刚刚建立的外交联系，为新中国的发展前路设置重重障碍。

在教学过程中，要通过讲述我方为确保毛主席安全所部署的一系列极为严密的安全保卫措施，让学生深刻领悟此次外交行动面临的高难度与重大意义。在此基础上，进一步阐述新中国成立之初在应对复杂国际环境时所展现出的积极主动的作为。

# 第二节
# 党在过渡时期的总路线及其实施

## 案例 1 “156 项工程”与中国工业化

### 【案例材料】

历经漫长的战乱岁月，我国经济基础极度脆弱。新中国成立初期，中国仍是一个落后的农业国。当时，工业净产值仅有 45 亿元，在国民经济中所占比重仅为 12.6%。从各项具体数据来看，全国钢产量仅 15.8 万吨，在世界排名第 26 位，尚不及当时美国的五十分之一；全国发电量为 43 亿千瓦时，位列世界第 25 位；全国煤炭产量 3 243 万吨，处于世界第 9 位；全国石油产量仅 12 万吨，而美国高达 27 035 万吨，国内主要石油产品大多依赖进口；全国水泥产量 66 万吨，仅为印度产量的三分之一；全国粮食产量为 11 318 万吨，还难以满足民众的温饱需求。当时亚洲人均收入水平为 44 美元，而我国人均国民收入仅 27 美元，还不到亚洲平均水平的三分之二。

新中国成立后，面对当时落后的生产力状况以及工业化这一历史性课题，中国并未遵循其他国家的发展模式，而是开创性地选择了一条独具特色的发展道路，即摒弃当时国际上通行的轻纺工业优先发展模式，转而实施以重化工业为先导的战略布局，也就是“优先发展重工业”。在此过程中，前苏联的工业化经验为我国提供了重要的参考范例。

《中苏友好同盟互助条约》的签订，构建起两国关系的制度架构，中苏同盟关系由此正式确立。而苏联援建的“156项工程”，则成为这一战略同盟关系的具体实践载体。该工程涉及中国工业化的多个领域，为中国后续多年的工业化进程奠定了坚实基础。

那么，“156项工程”是如何确立并实施的呢？中苏双方经过多轮深入研讨，最终确定了“156项工程”的具体方案。整个工程的构建分三个阶段进行：首批项目在毛泽东首次访苏期间商定；第二批项目于1952年8月周恩来访苏时确定；第三批则在1954年10月赫鲁晓夫率团参加中华人民共和国成立五周年庆典期间达成共识。至此，中苏双方累计确定了156个核心建设项目，统称为“156项工程”。此后，双方合作进一步深化。1955年3月，中苏双方签署补充协议，新增了16个涉及军工、船舶制造及基础材料的建设项目。同年，通过口头协商又追加了2个项目。前后累计确定项目数量达到174个，但经过多次核查与调整，实际最终确定的项目为154个。不过，由于初期对外公布的工程数量为156项，所以这一数字便成为历史约定俗成的称呼，“156项工程”也由此得名。

作为新中国“一五”计划的核心支撑，“156项工程”中的150项主体工程在经过严谨论证后正式落地施工建设。这150个项目及其配套项目的建设，为新中国的社会主义工业化奠定了坚实基础，主要体现在以下三个维度：其一，在产业结构方面，构建起支撑国家发展的现代工业骨架，且工业门类较为齐全；其二，在技术层面，极大提升了我国的生产技术水平；其三，在工业地理布局方面，使地区布局更加合理优化。

为推动“156项工程”的顺利建设，一批又一批苏联专家来到中国。据苏方统计，在1954年至1957年工业项目推进过程中，苏联累计派遣专家团队近5 000人次。其中，1954年派遣983名技术骨干，1955年为963名，1957年是952名，1956年派遣人数达到高峰，总计1 936人。到1956年末，在华苏联专家规模达到峰值3 113人，形成了一个多层次的协作体系。这些专家涵盖多个领域，其中工业技术专家2 213名，经济顾问123名，科教专家403名，军事专家374名。这些专家群体在“156项工程”的实施过程中发挥了至关重要的作用：首先，在重大决策环节提供专业支持，助力提升决策的科学性与合理性；其次，从无到有帮助中国搭建起一套完整的现代工业体系；最后，苏联专家借助高等教育资源，为中国培养了大批管理和技术人才。当时，有600名苏联教授在中国高校任教，全国各大学还将俄语列为必修课程。

材料来源 王宪明、蔡乐苏主编:《中国近现代史述要》，清华大学出版社，2008年；沈志华:《对在华苏联专家问题的历史考察：基本状况及政策变化》,《当代中国史研究》2002年1期。

## 【案例解析】

新中国成立初期，苏联援建的“156项工程”在中国社会主义工业化进程中产生了极为深远的影响。这一系列工程的落地实施，为我国送来了先进的技术与成熟的管理经验，在一定程度上勾勒出中国社会主义工业化的初始框架，为中国的工业化进程注入了鲜明的苏联元素，也促使中国踏上积极探索社会主义建设道路的征程。

从当时的历史大背景审视，苏联作为世界上首个社会主义国家，其经济模式被视作社会主义建设的成功典范。中国秉持着积极学习的态度，汲取其中的优秀经验，效仿苏联的部分发展模式，特别是在工业化以及重工业优先发展等方面的路径。在不断学习与探索的过程中，中国逐渐开辟出一条符合自身国情的社会主义建设之路，为后续的经济蓬勃发展筑牢了根基。

“156 项工程”广泛涉及能源、机械、化工等多个关键领域。苏联为此派遣了大量经验丰富的专家，他们不仅带来了先进的技术和前沿的管理理念，还悉心指导中国工人掌握先进生产工艺，有力推动了中国工业化水平的提升。

从经济发展的视角来看，“156 项工程”的实施极大地推动了社会主义国营经济的发展。在多个重要工业领域协同共进的过程中，国营经济迅速崛起并不断壮大，成为驱动中国经济发展的核心力量，引领中国经济迎来高速发展的黄金时期。众多新建的国营企业不仅为国家创造了丰厚的物质财富，还吸纳了大量劳动力，有效缓解了就业压力，为后续的经济建设储备了充足的人才资源。

然而，“156 项工程”在实施过程中也并非尽善尽美。苏联的经济模式在侧重重工业发展的同时，忽视了轻工业，这在一定程度上造成了产业结构的不平衡。但总体而言，“156 项工程”无疑是中国社会主义工业化进程中的关键阶段。它助力新中国初步构建起相对完整的工业体系，同时也在一定程度上塑造了中国早期社会主义经济建设的基本模式。

## 【教学建议】

“156 项工程”是中国社会主义工业化进程重要的里程碑之一。这一案例可用于第八章第二节第二目“社会主义工业化的起步”部分的辅助教学。

新中国成立初期，生产技术水平低下，工业基础十分薄弱，工业门类也不齐全，不少民族工业历经漫长战乱，破败不堪。在案例教学中，可以从“156 项工程”的实施背景入手，深入讲解新中国在满目疮痍的状况下，怎样依靠外部援助并凭借自身努力开启工业化进程。让学生明白新中国成立初期在经济建设方面的战略抉择，助力学生形成完整的中国构建工业体系的发展逻辑。同时，要分析“156 项工程”的实施流程以及其对中国工业化进程的深刻影响，借助工程实施前后的对比，使学生领会其对中国工业化进程的重要意义。另外，也要指出，中国在借鉴苏联模式时，如何依据国情摸索出一条适合自己的工业化道路，从而为中国特色社会主义建设道路奠定了基础。

# 第三节
# 初步确立社会主义基本制度

## 案例1 中国的基本国情：社会主义初级阶段

### 【案例材料】

马克思主义指出，人类社会的发展必然经历一个从低到高、从不发达到发达的历史过程，共产主义社会首先是一种运动，从中国共产党的创建开始，这种运动在中国就已经开始；共产主义是一个思想体系，马克思主义、列宁主义都属于这个思想体系；共产主义还是一种社会制度，人类社会要经历原始社会、奴隶社会、封建社会、资本主义社会和社会主义社会，共产主义是人类社会最终的奋斗目标。马克思明确把共产主义社会区分为"第一阶段""高级阶段"两个既相互联系又相互区别的不同发展阶段。马克思相关的重要论述为继承者的探索奠定了基础。

伴随着1956年三大改造的完成，我国社会主义制度的经济基础已经建立起来，中国实际上已经进入社会主义初级阶段。但是，在社会主义实践中，中国共产党对社会主义发展阶段的认识经历了一个曲折发展的过程。社会主义制度建立后，毛泽东强调：社会主义这个阶段，又可能分为两个阶段，第一个阶段是不发达的社会主义，第二个阶段是比较发达的社会主义。在党的七千人大会上，毛泽东针对当时经济比较困难的情况着重强调：中华人民共和国有四五亿人口，人口比较多，经济相对比较落后，国家发展的基础相对较弱，要使中国富强起来，追上以美国为首的西方发达国家，大致应该需要一百年左右的时间。

党的十一届三中全会召开后，我国进入改革开放和社会主义现代化建设的新时期，需要我们冷静客观地判断我国的基本国情，为国家制定路线、方针和政策提供基本依据。在中国特色社会主义的实践中，中国共产党逐步形成了社会主义初级阶段理论。1987 年，中国共产党第十三次全国代表大会首次系统完整阐述了社会主义初级阶段理论，明确指出：社会主义初级阶段“特指我国在生产力落后、商品经济不发达条件下建设社会主义必然要经历的特定阶段。”中华人民共和国从 1956 年社会主义改造完成以后，至基本实现社会主义现代化，大致需要经历一百年左右的时间，这段时期都属于社会主义初级阶段。党的十三大报告还着重提出了社会主义初级阶段的基本路线，其核心内容是“一个中心、两个基本点”。中国只要不发生大规模的外敌入侵，都要坚持以经济建设为中心，不能偏离这个中心；要坚持中国共产党的领导，坚持马克思列宁主义、毛泽东思想，坚持社会主义道路，坚持无产阶级专政，四项基本原则是我们的立国之本，为中国特色社会主义的发展保驾护航；要坚持改革开放，这是我们的强国之路，为中国特色社会主义胜利前行提供动力支持。党的十八大之后，中国特色社会主义进入新时代，我们依然坚持建设中国特色社会主义的总依据是社会主义初级阶段，这是我们最大的实际，是我国的基本国情。

材料来源　中共中央党史研究室理论研究中心：《牢牢把握社会主义初级阶段的基本国情》，《求是》2017 年第 23 期。

## 【案例解析】

新中国成立之初，百废待兴。在社会主义制度初建之时，毛泽东就根据中国实际情况开始对社会主义发展阶段进行思考，提出社会主义可能分为不发达和比较发达的两个阶段，这一认识在当时是基于对中国经济基础薄弱、人口众多等国情的客观分析，为后续探索奠定了初步基础。随着 1956 年三大改造完成，社会主义制度经济基础建立，中国进入社会主义初级阶段，但受当时国内外环境影响，对社会主义发展阶段的精准认识在实践中面临诸多挑战，经历了一定的曲折。然而，这种曲折探索本身就是中国社会主义发展历程的重要组成部分，反映了中国共产党在不同历史时期面对复杂形势时，勇于尝试和不断调整的决心。

毛泽东对社会主义发展阶段的认识及其对时间跨度的预估，为中国共产党在社会主义建设时期制定路线、方针和政策提供了重要的理论依据。它提醒中国共产党要根据实际情况，稳步推进社会主义建设，避免急于求成的思想，从而确保社会主义事业的健康发展。

这一探索过程体现了中国共产党与时俱进的理论品质。党能够根据不同的历史时期和实际情况，对社会主义发展阶段的认识不断完善和深化。这种理论创新的精神为后来中国特色社会主义理论体系的发展提供了宝贵的经验和启示。

## 【教学建议】

中华人民共和国正处于并将长期处于社会主义初级阶段，是中国共产党在坚持马克思主义相关重要论述的基础上，在中国社会主义发展的进程中，特别是改革开放和社会主义现代化的实践中，对中国社会主义发展阶段作出的重要判断。该案例可用于第八章第三节第一目“建立社会主义经济制度”部分的辅助教学。

在案例教学中，可阐述我国处于并将长期处于社会主义初级阶段是我国的基本国情，是新时代中国特色社会主义建设的总依据，也是中国共产党制定路线、方针、政策的基本依据，进而使学生理解在新时代中国特色社会主义建设中，要立足我国社会主义初级阶段这个最大实际，紧扣我国社会主要矛盾变化，深入贯彻落实党的十九大关于我国目前主要社会矛盾的科学论述，为实现中华民族伟大复兴的中国梦作出新贡献。

# 第四节
# 全面建设社会主义的良好开端

## 案例1 《论十大关系》的发表

### 【案例材料】

1956年，新中国完成了三大改造，建立了社会主义制度的经济基础，由此，中国进入了社会主义社会。从此，以毛泽东为代表的中国共产党人开始对社会主义道路进行艰辛探索，这篇文章就是社会主义探索的积极进展和重要成果。

1956年，社会主义制度在中国建立后，我们面临着特殊的国际背景。在国际上，以苏联为首的社会主义阵营与以美国的资本主义阵营关系趋于缓和，这为新中国进行社会主义建设提供了一个良好的国际环境。同时，抗美援朝战争已经结束，这也使我们能把主要的精力放在国内，安心搞建设；新的科学技术革命方兴未艾，作为生产力相对落后的国家，如何抓住有利的国际环境和科技革命的重要机遇，这是摆在中国共产党人面前的重大课题。

与此同时，国际共产主义运动也出现新的情况，1956年，苏共二十大上，赫鲁晓夫作揭批斯大林的秘密报告震惊世界，也暴露出苏联社会主义建设中的缺点。新中国成立后，我们在很多方面学习苏联的经验，苏共二十大则为我们提供鉴戒，使我们开始考虑中国的基本情况，把马克思主义基本原理与中国的实际相结合，走自己的社会主义建设道路。

《论十大关系》是中国共产党在准备党的八大的过程中逐步形成的。从1956年初开始，毛泽东与党的其他领导人陆续听取国务院几十个部委的汇报，在此基础上，毛泽东还听取了各地区党委的汇报。在比较广泛的调查研究的基础上，《论十大关系》的报告逐步形成。

1956年4月和5月，毛泽东先后在中央政治局扩大会议和最高国务会议作了《论十大关系》报告。《论十大关系》有一个基本的方针，这就是调动一切积极因素，为把我们建设成为一个强大的社会主义国家而奋斗。

《论十大关系》主要涉及两个大的方面。首先是经济方面，前面五对关系是讲经济问题，重点是讲重工业与轻工业、农业的关系，沿海工业与内地工业的关系，经济建设与国防建设的关系。毛泽东指出，新中国成立后，我们重点发展重工业的方针基本是正确的，但是以后也要注意发展农业与轻工业，使其与重工业协调发展；之前我国在内地建立不少工业，现在抗美援朝战争结束，我们要更好地利用沿海工业的便利条件；只有使国家经济获得长足的发展进步，才能根本上促进国防建设的发展。

《论十大关系》后面五对关系是讲的是政治问题，重点涉及党与非党的关系，中国与外国的关系，革命与反革命的关系。毛泽东强调，社会主义制度建立后，民族资产阶级变成自食其力的劳动者，民族资产阶级在政治上的代表的民主党派依然有存在的必要，中国共产党与民主党派要坚持“长期共存、互相监督”的基本方针；毛泽东还提出要向外国学习的口号，不仅向社会主义国家学习，还要向西方发达资本主义国家学习。《论十大关系》成为中国共产党探索中国自己的社会主义建设道路的开山之作。

材料来源　谢春涛:《〈论十大关系〉与中国社会主义建设》,《中直党建》2013年第7期。

## 【案例解析】

《论十大关系》是马克思主义基本原理与中国实践相结合的产物。把马克思主义基本原理与中国实践相结合是中国革命与建设中一条非常重要的经验。新民主主义革命时期，以毛泽东为代表的中国共产党人把马克思主义与中国革命的实践相结合，走出了一条农村包围城市、武装夺取政权的新道路。同样，社会主义建设时期，中国共产党也需要把马克思主义与中国建设的实际相结合，走出一条适合中国国情的社会主义建设道路。《论十大关系》是以毛泽东为代表的中国共产党人在此方面的积极尝试。

《论十大关系》的基本内容是在借鉴苏联经验教训的基础上提出来的。十对关系是中国社会主义建设中的重大关系，涉及中国经济政治的深层次问题，与1956年之前社会主义革命时期的方针存在明显的区别。毛泽东后来指出，《论十大关系》之前我们基本是学习苏联的经验，从这篇文章开始，我们开始有了自己的东西。可以说，《论十大关系》是以毛泽东为代表的中国共产党人在探索社会主义道路过程中擦出的智慧火花，其很多内容成为改革开放以后中国特色社会主义建设的思想来源。

## 【教学建议】

《论十大关系》是以毛泽东为代表的中国共产党人探索中国社会主义建设道路的开篇之作。该案例可用于第八章第四节第一目“探索适合中国国情的社会主义建设道路”部分的辅助教学。

在案例教学中，要分析说明《论十大关系》的发表，标示着以毛泽东为代表的中国共产党人在社会主义建设探索中取得初步的进展，并取得初步的成果。以后，毛泽东在总结新中国成立后的历史经验时，仍然把它看作是一个转折。《论十大关系》提出的一些新思想、新方针，为党的八大的召开作了重要准备。党的十一届三中全会后，这些指导思想和方针在新的历史条件下得到进一步的运用和发展。

## 案例 2 《关于正确处理人民内部矛盾的问题》的发表

### 【案例材料】

在 1957 年 2 月，毛泽东主席发表了一篇重要讲话，题为《关于正确处理人民内部矛盾的问题》。当时我国正处于社会主义革命与建设进程的重要转型时期，国际共产主义也经历着深刻的变革，国内外形势同步演进，为当时的理论创新提供了较为特殊的历史契机。

1956 年，对中国来说是社会主义改造与建设加速推进的关键一年，同时，国际共产主义运动也在这一时期经历了诸多波折。国内的社会阶级关系经历了深刻的重组，但经济建设中所出现的冒进问题未能得到有效的遏制，导致社会经济和政治生活多个方面出现了一些紧张的态势。在这一年的秋冬，许多城市出现了基础物资供应，如粮食、肉类和日用品短缺的情况，同时在升学、就业等方面也面临着诸多困难，部分地区还出现了工人罢工、学生罢课等群体性现象。农村中也出现了一些农民闹退社、闹缺粮的事件。知识分子作为对时局变化最为敏感的群体，在“百花齐放、百家争鸣”方针的引导下，思想愈发开放，他们突破教条主义的束缚，积极发表多元的意见。其中有一部分人直接指出了共产党和政府工作中的不足及干部作风问题，部分批判相当尖锐，还夹杂着一些偏离了现实的错误论调。

1956 年 2 月，国际局势发生变化，苏联共产党第二十次全国代表大会的召开，成为国际共运史的重要节点，赫鲁晓夫在会上作了秘密报告，对斯大林的错误进行揭露，甚至全盘否定了斯大林。这一事件引发了巨大震动，并迅速波及至整个社会主义阵营，波兰、匈牙利事件在此之后相继爆发。这些事件不仅给国际共产主义运动带来了前所未有的冲击，也使得社会主义社会内部的各种矛盾更加充分地暴露在世人面前。

面对复杂多变的国内外矛盾时，毛泽东深刻意识到正确认识和处理社会主义社会矛盾的重要性，并将这一重大课题作为研究重点，持续且深入地进行思考。11 月，中共八届二中全会召开，毛泽东提出要从苏共二十大以及波兰、匈牙利事件中汲取经验教训。他特别强调："世界充满着矛盾""现在，在所有制方面同民族资本主义和小生产的矛盾基本上解决了，别的方面的矛盾又突出出来了，新的矛盾又发生了。"同时他也突出说明，"以后凡是人民内部的事情，党内的事情，都要用整风的方法，用批评和自我批评的方法来解决，而不是用武力来解决。""我们主张和风细雨……这样就很得人心，就能够团结全国人民，调动六亿人口中的一切积极因素，来建设社会主义。"

1957 年 2 月 27 日，毛泽东在中南海主持了最高国务会议第十一次（扩大）会议，以对立统一规律为工具，围绕正确处理人民内部矛盾这一核心议题，全面深入剖析了社会主义社会的矛盾，并系统总结了我国社会主义革命和建设的经验。在这次讲话中，毛泽东首次系统且全面地阐述了社会主义社会存在着两类不同性质的矛盾，也就是敌我矛盾和人民内部矛盾。他强调必须严格区分这两类矛盾，并详细论述了正确处理人民内部矛盾的重要性和具体方针政策。毛泽东还将正确处理人民内部矛盾确立为社会主义国家政治生活的主题，这一理论极大地丰富和发展了马克思主义的科学社会主义理论。经过多次修改和补充，《关于正确处理人民内部矛盾的问题》一文于同年 6 月 19 日正式公开发表。这部马克思主义著作不仅为国家的政治生活提供了根本性的指导，更是统一战线工作不可或缺的行动指南，对于加强和拓宽统一战线，具有深远的意义。

材料来源 康沛竹、兰池编著:《〈关于正确处理人民内部矛盾的问题〉导读》，中国民主法制出版社，2017 年。

## 【案例解析】

毛泽东关于人民内部矛盾思想的理论构建，经历了一段逐步发展的过程。早在 1956 年 12 月 4 日，毛泽东在给黄炎培的信中就首次明确提出了要正确处理两类不同性质矛盾的思想。12 月底，当月中共中央理论刊物发表的《再论无产阶级专政的历史经验》经过毛泽东亲自修订后，明确再次提及我们面前存在着两种性质截然不同的矛盾的重要论断。到了 1957 年 1 月，在省、自治区、直辖市党委书记会议上，毛泽东在作会议总结时谈到了七个问题，其中有六个问题后来都构成了《关于正确处理人民内部矛盾的问题》这篇重要著作的核心内容。1957 年 2 月 16 日，毛泽东召集青年团、中国作家协会、中央报刊以及中国科学院的负责人开会，会上他着重探讨了如何在思想范畴内有效处理人民内部的矛盾问题。

毛泽东在提出关于人民内部矛盾的理论时，表现出了极为慎重的态度，这与他以往每次提出重大理论观点一样，再次彰显了他卓越的领导智慧。他立足于实践中所面临的重大问题，以调查研究为切入点，将自己的新见解和关键判断，通过演讲、座谈等多种方式，从党内到党外、从小范围到大范围逐步推广，广泛征求各方意见，深入了解实际情况，集思广益，反复斟酌，直至构建起一套较为成熟且系统的关于正确处理人民内部矛盾的理论。

经过一段时间的观察与思考，以及多次不同规模、参会人员也不同的会议讨论之后，2 月 27 日，毛泽东在最高国务会议上发表了重要讲话。他认为，妥善处理人民内部矛盾是指导全局工作、解决国内政治、经济、文化思想等各个领域问题的总方针。

## 【教学建议】

《关于正确处理人民内部矛盾的问题》的发表，是中国共产党在全面建设社会主义阶段初期探索中国社会主义建设道路的重要成果。该案例可用于第八章第四节第二目“开始全面建设社会主义”部分的辅助教学。

在案例教学过程中，可引导学生深入理解中国共产党在社会主义建设初期的理论创新，以及这些创新对社会主义建设实践的指导意义。其理论贡献主要体现在以下三大层面：首先，它首次提出社会主义社会中仍然存在矛盾，且矛盾是推动社会主义不断发展的动力，这一观点纠正了斯大林关于社会主义社会无矛盾的理论缺陷，实现了重要的理论发展。二是文章首次系统阐述了社会主义社会中存在两种不同性质的矛盾，即敌我矛盾和人民内部矛盾，并详细说明了如何严格区分和正确处理这两类矛盾，还提出了一系列处理人民内部矛盾的具体方针。此外，文章还明确了哪些属于人民内部矛盾，并将正确处理人民内部矛盾上升为国家政治生活的主题。

# 第五节 社会主义道路的艰辛探索和曲折发展

## 案例 1 邓小平与 1975 年整顿

### 【案例材料】

1975 年的邓小平主持的全面整顿与 1978 年的改革开放有密切的关联，某种意义上讲，1975 年的全面整顿为 1978 年的改革开放奠定了基础。邓小平在改革开放后多次强调，“改革，其实在一九七四年到一九七五年我们已经试验过一段”。

邓小平主持的全面整顿是“文化大革命”后期的重要内容。林彪事件实际宣告了“文化大革命”理论和实践的失败。在此背景下，社会上对“文化大革命”造成的混乱逐步厌倦，人们希望社会走向安定、生活水平能够得到提高。对社会上的混乱进行整治就成为人们共同的心声。毛泽东也在此时认为应该对国民经济和社会上的混乱进行治理。毛泽东先后在 1975 年前后作出重要指示：一是学习无产阶级专政理论，反修防修。二是希望社会安定。三是采取措施把国民经济搞上去。毛泽东的上述指示为邓小平的全面整顿提供基本遵循。林彪事件后，邓小平逐步复出工作，1975 年初，邓小平被中共中央和毛泽东委以重任，开始主持国务院工作，不久之后又主持中央的日常工作，开始大刀阔斧地全面整顿工作。

邓小平的全面整顿是在毛泽东的支持下开展的。邓小平以毛泽东的三项指示为指导，在整顿中更侧重第二条和第三条。邓小平多次强调，毛主席的三项指示是整顿的依据和指导思想，虽然全面整顿过程中，“四人帮”也四处阻挠，但是邓小平毛泽东的三项指示为纲，获得毛泽东的大力支持，在整顿中尽力排除“四人帮”的恶意阻挠，保障了全面整顿的顺利进行。

邓小平受命于危难之际，对全国各方面的工作进行全面整顿。邓小平着重强调，全国各方面的工作都要进行整顿。工业、农业、军队、商业、文化、教育、铁路等都要进行整顿，整顿的核心是党的整顿，领导班子是关键。要在整顿中建立坚强有力的领导班子。在整顿中，邓小平还重新提出科学技术是生产力的马克思主义观点，要求相关部门要把科学技术工作搞好。邓小平的相关讲话，使人们在“文化大革命”长期思想混乱的影响下醒悟过来，使人们能够理性客观地判断事物的对错。

在毛泽东、周恩来等人的大力支持下，在各部门的协同配合下，全面整顿深入开展。经过几个月的全面整顿，全国经济社会形势明显好转，全国工农业呈现显著增长，各行各业恢复并趋向稳定。这表明全面整顿抓住了命门和要害，赢得人心，成绩显著。

全面整顿虽然不到一年的时间，但是取得显著成效，使“文化大革命”加速走向结束，对改革开放的历史也产生重要的影响。1975 年全面整顿实际是对“文化大革命”错误的系统纠正，把“文化大革命”搞乱的工作纠正过来，某种意义上是一次比较深入的拨乱反正，为十一届三中全会以后的改革开放积累了经验、奠定了基础。邓小平在改革开放和社会主义现代化建设中也着重指出，1975 年就开始拨乱反正的工作了，其实 1974 至 1975 年我们已经对改革进行试验。那时的改革，我们用全面整顿这个词，突出把国民经济搞上去，恢复生产秩序是首要的工作，各方面的工作也很有效果。

材料来源　张化、程中原:《1975 年整顿为什么被称为是中国改革开放的先声？》《北京日报》，2005 年 4 月 18 日。

## 【案例解析】

对于1975年全面整顿，邓小平非常重视。“文化大革命”结束后，邓小平多次提及1975年的全面整顿，认为改革开放和社会主义现代化建设新时期的许多工作是把1975年全面整顿的许多举措进一步落实。

当然，1975年全面整顿成果显著，不可避免涉及“文化大革命”深层次的错误，尤其是涉及毛泽东对整个“文化大革命”的评价。随着全面整顿的深入开展，“四人帮”多次在毛泽东面前污蔑全面整顿和邓小平本人。毛泽东虽然批评了“四人帮”，但是，毛泽东不能容忍全面整顿和系统纠正“文化大革命”的错误，伴随着全面整顿的进一步推进，“四人帮”更是在日常极力反对，最终造成了毛泽东对邓小平的批评，邓小平被迫作检讨，逐步被停止了工作，全面整顿被迫中断。

全面整顿虽然中断了，但是赢得了人心，获得了社会上的广泛支持，为“文化大革命”之后邓小平的复出奠定了广泛的社会基础，也为之后的对内改革对外开放提供了宝贵经验。

## 【教学建议】

经过1975年全面整顿，大部分地区社会秩序趋于稳定，国民经济迅速回升发展。该案例可用于第八章第五节第二目“‘文化大革命’内乱及其历史教训”部分的辅助教学。

从中国共产党百年历史进程和中华人民共和国七十多年的发展进程来看，邓小平1975年的全面整顿有着特殊的地位与重要的影响。在案例教学中，要阐述分析这次整顿是对党的正确思想的继承和发展，是对“文化大革命”造成的混乱的一次系统的纠正，是改革开放的先声。从某种意义上讲，可以说是邓小平理论产生的先导。邓小平1975年的全面整顿在百年党史和中华人民共和国历史上是浓墨重彩的篇章。

## 案例2 “两弹一星”

### 【案例材料】

20世纪50年代，以毛泽东同志为核心的党的第一代中央领导集体陆续作出了研制人造地球卫星、氢弹和原子弹的重大决策。抗美援朝期间，美国频繁实施核讹诈，给新中国带来了巨大的压力。在此背景下，党和国家领导人清醒地意识到尖端科技对国家安全的决定性作用，“只有掌握了最先进的科学，我们才能有巩固的国防”。基于这一认识，就发展原子武器、火箭等特种武器问题，向相关科学家征询了意见。1955年初，在一次中央书记处扩大会议上正式决定了要发展我国的原子能事业，在这一过程中，我国积极争取并获得了苏联的援助，为原子能事业的起步奠定了基础。1958年，毛泽东同志在军委扩大会议上指出：“原子弹就是那么大的东西。没有那个东西，人家就说你不算数。那么好吧，我们就搞一点吧，搞一点原子弹、氢弹、洲际导弹，我看有十年工夫完全可能。”同年，在中共八大的第二次会议上，毛泽东同志又提出：“我们也要搞人造卫星”。

1960年6月，形势陡然生变，苏联单方面撕毁了对华援助协定，并撤回了所有在华的专家，这一举动反而激发了我国独立自主研制原子弹的坚定决心。毛泽东同志发出号召：“自己动手，从头做起来，准备用8年时间，拿出自己的原子弹！”在经济条件落后、工业和科研基础薄弱、资金与设备极度匮乏的艰难环境下，我国科研工作者凭借着顽强的毅力攻克了重重技术难关。1964 年 10 月 16 日，我国成功进行了第一颗原子弹的爆炸试验，中国由此成为继美国、苏联、英国、法国之后，世界上第五个能够自行研制并成功实施核爆炸的国家。仅仅两年多后，1967 年 6 月 17 日，我国第一颗氢弹在距离地面 2 900 米的高空成功进行了空爆试验。对比各国历程，美国从第一颗原子弹爆炸到第一颗氢弹爆炸，耗时 7 年零 3 个月；苏联用了 4 年；英国则花了 4 年零 7 个月。而中国，仅用了短短 2 年多，便以惊人的速度实现了从原子弹到氢弹这两个发展阶段的飞跃。与此同时，我国导弹研制领域同样取得重大突破，常规导弹与核导弹先后成功发射，极大地提升了我国国防力量的现代化水平。

1970 年 4 月 24 日，我国自主研发并制造的首颗人造地球卫星“东方红一号”搭乘长征一号运载火箭，圆满完成了首次发射任务，这标志着中国航天事业迈入了新的发展阶段。由此，中国成为继苏联、美国、法国、日本之后，第五个正式开启太空探索之旅的国家。值得一提的是，“东方红一号”卫星在多个关键技术领域表现卓越，其跟踪定位、信号传输与星上温控系统，相较苏联、美国等国的首颗卫星，都实现了技术上的超越。为了纪念这一具有里程碑意义的成就，自 2016 年起，我国将每年的 4 月 24 日定为“中国航天日”。

邓小平同志曾深刻地指出：“如果六十年代以来中国没有原子弹、氢弹，没有发射卫星，中国就不能叫有重要影响的大国，就没有现在这样的国际地位。这些东西反映一个民族的能力，也是一个民族、一个国家兴旺发达的标志。”这段话清晰地道出了“两弹一星”对新中国的深远影响。回顾新中国 70 多年的发展历程，“两弹一星”发挥了不可估量的战略价值，对国家的安全与发展起到了举足轻重的作用。两弹一星”事业的全面推进，带来的积极影响是全方位的。它极大地推动了国防事业的发展，为新中国筑牢了安全屏障；另一方面，它也有力地带动了国内科技事业的蓬勃进步，培养出一支能吃苦、敢创新的科技人才队伍，提升了全国人民的自信心与民族自豪感。与此同时，在攻坚克难的过程中，“两弹一星”精神也孕育而生，激励着一代又一代中国人奋勇前行。

材料来源　中国社会科学院习近平新时代中国特色社会主义思想研究中心：《“两弹一星”精神是中华民族的宝贵精神财富》,《光明日报》2020年4月29日。

## 【案例解析】

“两弹一星”精神是中国人民宝贵精神品格的生动体现。中国的“两弹一星”事业在世界科技史上书写了辉煌的篇章。这一成就，正是那一代科研工作者民族精神的具象化呈现，这项跨越时空的科技长征，完美诠释了家国情怀与使命担当的结合体，是集体主义与创新勇气的结晶。

科学研究往往需要耐得住寂寞，而核武器研制更是要求科研人员几乎与世隔绝，长期隐姓埋名。这就需要他们心怀大我，放弃对名利的追求，在工作中将个人自我价值与国家需求、民族命运紧密相连，做一个伟大的无名英雄。当年在青海的草原和戈壁滩上，并不只有这些伟大的科学家们，还有来自祖国各地的普通建设者们，他们怀着舍小家为大国的共同心愿，将自己的青春毫无保留地奉献给了这片热土。

## 【教学建议】

“两弹一星”是中国在20世纪中叶至晚期取得的具有重大战略意义的科技成就，推动了中国科技事业的全面发展。该案例可用于第八章第五节第四目“全面建设社会主义的成就”部分的辅助教学。

“两弹一星”精神，凝聚着先辈们的心血与智慧，是中华民族的珍贵精神财富，多年来，它激励着航天人以及广大科技工作者，不惧艰难险阻，勇攀科技高峰，持续为实现航天梦、中国梦奋力拼搏。通过此案例教学，激发学生的爱国情感，使学生深刻认识到“两弹一星”精神是中华民族宝贵的精神财富，增强民族自豪感和自信心。同时培养学生的创新精神和奋斗精神，鼓励学生在学习和生活中发扬“两弹一星”精神，为实现中华民族伟大复兴的中国梦贡献自己的力量。

# 第九章

# 改革开放与中国特色社会主义的开创和发展

# 第一节
# 历史性的伟大转折和改革开放的起步

## 案例 1 十一届三中全会

### 【案例材料】

1976 年 10 月，“四人帮”反革命集团的覆灭，标志着长达十年的社会动荡终于落幕。此时的中国，社会秩序亟待重构，经济体系急需修复，思想文化领域百废待兴，国家治理体系更面临着系统性重构的历史使命。十年“文化大革命”遗留的创伤尚未愈合，意识形态领域的极左思潮仍在蔓延，“两个凡是”的教条主义桎梏亟待打破，数百万历史冤案的平反工作刻不容缓，执政党工作重心的战略性转移已迫在眉睫。

正是在这样的历史节点上，1978 年 12 月召开的中共十一届三中全会，以其承前启后的伟大意义，镌刻下中国共产党历史上的里程碑式转折。这场具有划时代意义的会议并非一蹴而就，其思想奠基与议程准备可追溯至此前长达 40 余天的中央工作会议。这场预备性会议通过深入的务虚讨论，为三中全会的议程设置奠定了基础。特别是在 12 月 13 日的闭幕式上，邓小平发表的《解放思想，实事求是，团结一致向前看》纲领性讲话，不仅为即将到来的历史转折提供了理论武装，更构建起中国特色社会主义理论体系的逻辑起点。

在中央工作会议结束后，12 月 18 日至 22 日，具有历史转折意义的十一届三中全会在北京京西宾馆正式召开。华国锋在开幕式上宣布：这次会议的主要任务就是讨论通过中央政治局关于从明年 1 月起把全党工作重心转移到社会主义现代化建设上来的建议。其中，邓小平的《解放思想，实事求是，团结一致向前看》讲话实际上承担了主题报告的功能。

会议审议通过了《关于加快农业发展若干问题的决定》和《农村人民公社工作条例（试行草案）》两个农业文件，确立农业现代化的战略优先地位。自 1979 年起将全党工作重心转移至社会主义现代化建设的战略决策，标志着中国开启以经济建设为中心的历史新纪元。会议完成了具有深远意义的组织变革——恢复党的纪律检查委员会制度，为权力监督体系的重构奠定制度基石。这些决策最终凝结为具有历史意义的《中国共产党第十一届中央委员会第三次全体会议公报》。该公报分五大部分系统阐述新时期的战略部署，确立工作重心转移的历史坐标，继而规划国民经济调整的路线图，以极大政治勇气直面“文化大革命”的历史创伤，彻底否定了“两个凡是”的错误方针，科学评价了毛泽东的历史地位。《公报》强调健全民主集中制，完善党规党法体系，构建制度化的权力监督机制。更具时代穿透力的是，《公报》向全党发出的战略动员令，既重申实事求是的思想路线，又强调开拓创新的实践要求，既保持战略定力又注重战术灵活，展现出马克思主义执政党的理论勇气和政治智慧。

22 日进行了会议的闭幕式，这标志着这次具有划时代意义的会议圆满结束。随着会议公报的正式对外发布，中国自此开启了改革开放的壮阔航程，中国特色社会主义的伟大实践由此破局启航。

材料来源　海岱：《伟大的转折：中国共产党十一届三中全会》，《团结报》2018 年 6 月 14 日。

## 【案例解析】

1976年10月“四人帮”反革命集团覆灭后，历经十年社会动荡的新中国面临系统性重构的历史命题。“文化大革命”遗留的体制性创伤尚未修复，“两个凡是”教条主义仍在禁锢思想，大规模冤假错案亟待平反，党和国家工作重心转移成为时代诉求。在这一历史转折的关键节点，1978年12月18—22日召开的中共十一届三中全会，以其非凡的政治智慧完成了党的战略重构。

本次会议在思想路线领域实现范式转换。通过肯定真理标准问题大讨论的理论价值，重新确立实践检验真理的马克思主义认识论原则，彻底破除“两个凡是”的形而上学思维桎梏。这一哲学层面的理论突破，为系统清理“左”倾错误、科学评价毛泽东的历史地位及思想遗产奠定了认识论基础，标志着党的思想路线从教条主义回归辩证唯物主义。

政治路线层面发生战略位移。全会作出将工作重心转移至经济建设的战略决策，终结了延续二十年的“以阶级斗争为纲”政治路线，实现了党的执政理念从革命范式向建设范式的根本转型。这种战略调整不仅是对国际共运经验教训的深刻反思，更是对中国社会发展主要矛盾的科学把握。

组织路线完成拨乱反正的历史任务。通过确立邓小平同志的核心领导地位，实现了中央领导集体的代际更迭与战略转型。同时，强调民主集中制原则的制度化建设，重构党内政治生态，为改革开放事业提供了坚强的组织保障。

会议开创性地制定改革开放战略框架。提出“改革经济管理体制和经营管理方法”的系统性要求，确立“自力更生与对外开放相结合”的发展路径。在法治建设维度，首次完整表述“台湾回归祖国怀抱，完成统一大业”的民族愿景，为“和平统一、一国两制”构想的形成奠定法理基础。

这次具有历史转折意义的会议，不仅突破了传统社会主义观念的思维定式，更重构了党的执政逻辑。其历史贡献体现在三个维度：思想解放层面破除教条主义桎梏，政治路线层面确立现代化建设导向，组织路线层面完成战略领导重构。这次会议形成的理论框架与实践纲领，为开辟中国特色社会主义道路确立了根本遵循，成为新中国历史上具有里程碑意义的战略转折点。

【教学建议】

十一届三中全会开始形成了以邓小平为核心的党的第二代领导集体，中国进入了改革开放新时期。此案例可用于第九章的第一节第一目“伟大转折和成功开创中国特色社会主义”部分的辅助教学。

十一届三中全会批判了“两个凡是”的错误方针，高度评价了关于实践是检验真理的唯一标准问题的讨论，重新确立了马克思主义的政治路线、思想路线及组织路线，开始全面纠正“文化大革命”及之前所犯的左倾错误，停止使用“以阶级斗争为纲”的口号，确定了解放思想、开动脑筋、实事求是、团结一致向前看的指导方针，作出了将工作重心转向经济建设的伟大决策。十一届三中全会的胜利召开具有重大的历史意义，是党的历史上的伟大转折点。通过该案例学习，提高学生对此次会议在改革开放中的重要意义的认识和理解。

## 案例 2　凤阳小岗村土地承包制度改革

【案例材料】

中国农村改革的历史进程，并非源自国家层面的顶层设计，而是发轫于基层社会的生存压力与自主实践。这种自下而上的制度变迁，在特定历史条件下获得相关领导的认可与支持，最终演化为重塑中国社会结构的深刻变革。

1978 年夏秋之交，安徽省遭遇百年未遇的极端气候灾害，凤阳县小岗生产队的农业生产系统濒临崩溃，农民生存状态陷入极端困境。面对粮食绝收的生存危机，时年队长严俊昌与队委成员在寒冬腊月召集 18 户农民，于昏暗的农舍中秘密签署具有历史意义的土地承包契约。这份以鲜红手印为信物的“包干契约”，不仅承载着农民突破体制束缚的勇气，更预示着中国农村经济体制转型的曙光。

制度创新的实践成效在次年即显现端倪：小岗生产队粮食总产量实现从 1.5 万公斤到 6 万公斤的跨越式增长，不仅终结了吃国家返销粮的历史，更偿还了历年积欠的农业贷款。这一突破性实践不仅重构了集体经济的实现形式，更以其显著的增产效应形成强烈的示范效应，尽管在意识形态领域引发了激烈争议。

决策层对改革路径的认知差异显著：陕西省委在 1979 年初明确反对分田到户，坚持传统集体化模式；山西、湖南等省份亦表态延续既有农业政策。但凤阳县委主要领导展现出务实态度，认为在极端贫困状态下，任何能激发生产积极性的尝试都值得探索。这种基层政治精英的有限支持，为制度创新提供了宝贵的试验空间。

中央政策的转向具有里程碑意义。1982 年元旦发布的中央“一号文件”，首次以官方文本形式确认包产到户、包干到户的社会主义属性，将其纳入集体经济实现形式的范畴。这一理论突破不仅消解了改革的思想阻力，更推动制度变迁进入快车道。至 1982 年底，全国 80% 的农区已完成生产责任制转型，人民公社制度趋于解体，基层治理体系同步重构。

1983 年的中央农村政策文件，将家庭联产承包责任制提升为“中国农民的伟大创造”，强调其马克思主义理论创新价值。伴随制度合法性的持续强化，1984 年中央进一步明确 15 年土地承包期政策，为农业投资积累创造稳定预期。1985 年的政策突破更具转型意义，取消实行 30 年的农产品统购统销制度，代之以合同定购与市场收购并重的新体制，标志着农业市场化改革的实质性启动。

1993年宪法修正案将家庭承包经营制度载入根本大法，完成了农村基本经营制度的法律确认。这项具有深远意义的制度创新，不仅重构了农村生产关系，更通过效率提升实现了粮食安全的根本性改善。历经四十年的持续演进，中国农村改革成功实现了从生存型农业向发展型农业的转型，为全面小康社会的建设奠定了坚实基础。这一历史进程雄辩地证明，尊重基层首创精神与坚持市场化改革方向，是推动社会进步的双重动力。

材料来源　朱思雄、高云才、常钦:《小岗村大包干拉开了我国农村改革序幕　中国农民的伟大创造》,《人民日报》2021年3月17日。

## 【案例解析】

新中国成立伊始，在特定历史方位与国际格局的制约下，我国参照苏联社会主义建设经验，构建了高度集中的指令性计划经济体系。这一体制以中央集权的资源配置方式、行政指令性的生产计划和产品分配为特征，在国民经济恢复时期及工业化起步阶段发挥了重要的历史作用。然而，随着社会主义建设实践的纵深推进，其内在缺陷逐渐显现：纵向层级过多的指令传导机制削弱了微观经济主体的自主决策空间，抑制了社会成员的创新动能；以政治运动替代经济规律的作用方式，特别是“大跃进”运动中的急于求成、人民公社化运动中的平均主义分配、“文化大革命”对生产秩序的破坏，导致资源配置效率持续走低，国民经济陷入周期性波动。

1978年真理标准问题大讨论的思想解放运动，为突破传统计划经济范式提供了理论准备。同年12月召开的党的十一届三中全会，作出实行改革开放的战略决策，标志着中国经济体制转型的序幕正式拉开。在这场深刻的制度变迁中，源自基层实践的创新力量成为突破体制壁垒的关键变量。安徽凤阳小岗村的制度探索尤为引人注目，1978年冬，该村18户农民以“托孤”式的勇气签订土地承包合同，首创家庭联产承包责任制。这种“交够国家、留足集体、剩余归已”的分配机制，实质是通过产权关系的重构，将土地承包经营权回归农户，实现了农业生产单位由“集体劳作”向“家庭经营”的转型。

这一制度创新迅速释放出巨大的生产潜能。小岗村当年粮食产量即达到前十五年的总和，1984 年全国粮食总产量突破 4 亿吨大关，不仅终结了延续二十余年的粮食统购统销制度，更为农村经济体制改革提供了鲜活样本。邓小平同志对这一实践给予高度评价，指出：“农村改革中的好多东西，都是基层创造出来的，我们把它拿来加工提高作为全国的指导。”中央连续出台 1982 年、1983 年两个“一号文件”，不仅确立家庭联产承包责任制的合法地位，更将其定性为“社会主义集体经济的生产责任制”，完成了理论认知上的重大飞跃。

## 【教学建议】

农业始终是我们国家经济发展、社会稳定的基础，“三农”问题始终是中国社会主义建设的根本问题。该案例可用于第九章第一节第三目“改革开放的起步”部分的辅助教学。

通过此案例教学，使学生明白农业生产的发展直接关系到广大农民生活水平的提高，关系到全面建设小康社会和现代化建设的进程以及社会的稳定。家庭联产承包责任制这种经营形式是要建立以家庭为经济单位、个体经营的农业大军，允许农民自由耕作，并在上缴有限的税收之后享受自己的劳动果实，空前广泛地调动了广大农民的积极性，农民在自己的责任田精耕细作，是增加粮食产量、提高土地使用价值的最好方法。这个责任制解放了八亿中国农民，使中国农业走上了新的征程，短短五年的时间内，农民的收入翻了一番。

# 第二节 改革开放和社会主义现代化建设新局面

## 案例 1 党的十二大提出建设中国特色社会主义

### 【案例材料】

在天付科技集团现代化的董事长办公室内，陈小霞端坐皮质转椅之上，其眉目间流转着历经淬炼的从容气度。这位从深圳特区建设初期第一代外来务工人员成长为执掌数亿商业帝国的女企业家，在事业成功的同时亦构建出圆满的家庭生活图景。她深情回顾道："党和国家确立的现代化发展战略目标，始终是其奋斗道路上的精神灯塔，指引着个人价值实现与社会进步同频共振。"

1982 年，18 岁的陈小霞因高考失利，怀揣着对改革开放前沿的热望踏入深圳特区，成为见证时代巨变的先行者群体中的一员。恰在这一历史节点，她首次接触到"中国特色社会主义理论体系"与"小康社会建设蓝图"两大战略性概念。这两个具有划时代意义的思想命题，正是同年召开的中国共产党第十二次全国代表大会确立的理论基石。

回溯至 1982 年 9 月 1 日至 11 日，党的十二大在北京人民大会堂隆重召开，此次会议深刻把握拨乱反正历史任务基本完成、改革开放实践初见成效的时代脉搏。邓小平同志在开幕词中强调“把马克思主义的普遍原理同我国的具体实际结合起来，全面开创社会主义现代化建设的新局面”。这一理论突破，为新时期中国发展指明了方向，开启了社会主义现代化建设的新纪元。

大会制定的战略纲领，系统性擘画了全面建设社会主义现代化国家的宏伟蓝图，确立了党在新历史时期的核心使命。其中，“人均国民生产总值二十世纪末较 1980 年实现双倍增长”的战略目标，作为具象化的发展指标深入人心，激发了全社会投身改革开放的澎湃动能。这一发展愿景的提出，不仅构建了国家进步的时空坐标，更在陈小霞等时代弄潮儿心中播下了奋斗的种子。

位于江西新建县望城镇省庄村的乡间阡陌间，蜿蜒延伸的“邓小平小道”承载着厚重的历史沉思。20 世纪 70 年代，邓小平同志在特殊历史时期寓居于此，每天往返于这条田埂路。时年六旬有余的他，在步履丈量中深刻叩问：“社会主义的本质内涵究竟为何？中国的发展道路应作何抉择？”这段精神苦旅最终孕育出中国特色社会主义理论的胚芽，为改革开放伟大实践奠定了思想基石。这条镌刻着思想足迹的乡土路径，既见证了个体命运与国家发展的深刻交响，也镌刻下中国社会主义道路探索的历史印记。

党的十二大报告首次构建了“三位一体”的社会主义建设框架，将经济建设、政治文明、文化发展并列为现代化进程的三大支柱。这种创新性的战略架构，不仅突破了传统社会主义理论的认知边界，更为发展中国家探索现代化道路提供了中国方案。其中关于民主政治建设的战略部署，强调“推进政治体制改革，构建系统完备的国家治理体系”，将社会主义民主建设提升至法治化、制度化层面，彰显出党对执政规律认识的深化。

大会提出的经济发展战略尤为引人注目，在坚持质量效益优先原则下，设定了工农产业总产值二十年倍增的量化目标，勾勒出小康社会建设的物质基石。北京市委党校教授姚桓对此作出深刻解读：“小康社会理论的提出，实现了科学社会主义理想与民众现实需求的有机衔接，构建了具象化的发展参照系。”这一理论创新，将共产主义理想阶段化为可量化的发展指标，为全民奋斗提供了明确坐标。

面对小康社会建设的时代命题，全社会曾普遍存在实施路径的困惑。但经过四十年的砥砺奋进，中国不仅如期刊实现了战略目标，更以跨越式发展创造了举世瞩目的中国奇迹。这一进程雄辩地证明，中国特色社会主义道路既符合社会发展规律，又彰显着制度优势。全国工商联副主席庄聪生指出："政治发展道路的选择，深刻影响着国家治理效能与文明演进方向。"中国共产党领导人民探索形成的中国特色社会主义民主政治模式，正是实现国家治理现代化的成功范式。

从党的十二大确立建设有中国特色的社会主义的历史坐标，到全面建成小康社会战略目标的如期实现，中国共产党领导人民完成了从理论构想到实践创新的伟大跨越。这一历史征程，既是中国共产党理论自觉与实践智慧的结晶，也是无数如陈小霞般的普通建设者筚路蓝缕的奋斗结晶。在改革开放的壮阔浪潮中，个体命运与国家发展同频共振，共同谱写了民族复兴的宏伟篇章。

材料来源《拨云见日启航程——记党的十二大提出建设中国特色社会主义》，《中国青年报》2011年6月14日。

## 【案例解析】

自从1976年10月党中央粉碎"四人帮"特别是党的十一届三中全会以后，经过全党全军全国各族人民的艰苦努力，中国共产党已经在指导思想上完成了拨乱反正的艰巨任务，并且在各条战线的实际工作中取得了拨乱反正的重大胜利，实现了历史性的转折。

中国共产党第十二次全国代表大会是在拨乱反正任务基本完成和改革开放取得初步成效的新形势下召开的。中共十二大的一个重要贡献，是明确把经济建设、政治建设和思想文化建设三个方面同时确定为建设社会主义的目标。邓小平在大会开幕词中，第一次提出了"把马克思主义普遍真理同我国的具体实际结合起来，走自己的道路，建设有中国特色的社会主义”的崭新命题，深刻体现了中国共产党对社会主义发展道路的探索。这一思想的提出，使中国的社会主义建设进入了一个全新的阶段，为日后的改革开放提供了理论依据和实践指导。十二大报告制定了全面开创社会主义现代化建设新局面的奋斗纲领，确立了党在新的历史时期的总任务。

此外，十二大确立的“翻两番”目标，即在1981年至2000年间使全国工农业年总产值在提高经济效益的基础上增长四倍，成为全国人民奋斗的明确方向。这一目标的提出，激发了全国人民的奋斗热情，为中国经济的高速增长奠定了政策基础。

中共十二大召开后不久，邓小平说：“十二大以后，我国政治形势更加稳定，可以更好地一心一意搞建设了。从十一届三中全会到十二大，我们打开了一条一心一意搞建设的新路。”

## 【教学建议】

党的十二大是改革开放进程的关键节点，该案例适用于第九章第二节第一目“改革开放的全面展开”的辅助教学。

课程可围绕三大核心内容展开：理论创新方面，首次提出“建设有中国特色的社会主义”重大命题；在改革纲领方面，经济上确立“计划经济为主、市场调节为辅”原则，政治上推进民主建设，文化上加强精神文明建设；战略部署方面，将“四个现代化”具体化为“两步走”发展战略。在案例教学中，可对比分析十二大和十一届三中全会内容，结合家庭联产承包制、经济特区等案例，重点解析十二大在突破计划经济束缚、推动改革向城市拓展的历史作用。通过该案例教学，帮助学生把握中国特色社会主义理论体系的形成脉络。

## 案例2 邓小平南方谈话

### 【案例材料】

冷战结束后，世界格局走向多极化。世界的这种大变动、大改组，对我国的改革开放既是重大机遇，又是严峻挑战。一方面，在多极化进程中，我国于20世纪90年代初打破西方国家的“制裁”，回旋余地增大。随着经济全球化进程加快，经济结构调整继续在世界范围内进行，高新技术产业迅猛发展，又为我国加入全球性竞争与合作格局提供了机遇。另一方面，在治理整顿期间，我国经济发展速度有所放缓，经济运行中存在的许多深层次问题尚未得到根本解决。此外，世界社会主义发生的曲折对我国产生一定的负面影响。有人对社会主义的前途缺乏信心，也有人对改革开放产生怀疑，提出姓“社”还是姓“资”的疑问。这样，能否坚持党的基本路线不动摇，抓住机遇、加快发展，把改革开放和社会主义现代化建设继续推向前进，成为影响20世纪90年代中国发展进步的重大问题。

从领导岗位退下来的邓小平仍然以高度的历史责任感，关注着改革开放和现代化建设事业。他在会见海内外客人时反复向他们说明，中国实行改革开放的政策不会变。他还多次同新的中央领导集体成员谈话，鼓励他们进一步解放思想，更大胆地改革开放。1991年春节期间，邓小平在上海视察时就指出：“改革开放还要讲，我们的党还要讲几十年。会有不同意见，但那也是出于好意，一是不习惯，二是怕，怕出问题。光我一个人说话还不够，我们党要说话，要说几十年。”“不要以为，一说计划经济就是社会主义，一说市场经济就是资本主义，不是那么回事，两者都是手段，市场也可以为社会主义服务。”他希望上海人民思想更解放一点，胆子更大一点，步子更快一点。他强调：闭关自守不行，开放不坚决不行。发展经济，不开放是很难搞起来的。

在国际国内严峻考验的重大历史关头，1992年1月18日至2月21日，邓小平先后到武昌、深圳、珠海、上海等地视察，听取当地负责同志的工作汇报，参观工厂、企业、口岸，同人民群众亲切交谈。在一个多月的时间里，邓小平一路走，一路看，发表了一系列重要谈话。

1月19日上午，邓小平抵达深圳。他在参观时说：八年过去了，这次来看，深圳发展得这么快，我没有想到。当时要搞几个特区，你们深圳靠近香港，珠海靠近澳门，厦门靠近台湾，汕头是侨乡，也是靠近台湾，所以先在你们这些地方搞特区。不搞改革开放，现代化不知要等到哪一年才实现。

2月12日上午，邓小平视察上海闵行开发区和上海县马桥乡旗忠村。他在谈话时指出：到本世纪末，上海浦东和深圳要回答一个问题，姓“社”不姓“资”，两个地方都要做标兵。要回答改革开放有利于社会主义，不利于资本主义。这是个大原则。要用实践来回答。农村改革是一大创举。家庭联产承包责任制的问题是用实践来回答的，城市改革的问题也要用实践来回答。实践这个标准最硬，它不会做假。要用上百上千的事实来回答改革开放姓“社”不姓“资”，有利于社会主义，不利于资本主义。上海要回答这个问题，要靠大家努力。

2月17日下午，邓小平在听取关于浦东开发和发展规划的汇报，并审看浦东新区规划图后指出：浦东开发晚了，但可以借鉴广东的经验，可以搞得好一点，搞得现代化一点，起点可以高一点。起点高，关键是思想起点要高。后来居上，我相信这一点。

2月28日，中共中央将邓小平1月18日至2月21日在武昌、深圳、珠海、上海等地视察期间的谈话要点作为中央一九九二年第二号文件下发，要求尽快逐级传达到全体党员干部。

材料来源　邓小平：《视察上海时的谈话》(1991年1月28日—2月18日)，《邓小平文选》第3卷，人民出版社，1993年。中共中央文献研究室编：《邓小平年谱（1975—1997）》(下卷)，中央文献出版社，2004年。

【案例解析】

1992年初，邓小平同志在视察南方期间发表系列重要谈话，对改革开放实践进行了系统性理论升华。这一战略思想突破，澄清了关于社会主义本质的认知困惑，创造性提出“社会主义的本质在于解放和发展生产力，最终实现全体人民的共同富裕”的核心命题，构建了“是否有利于发展社会主义生产力、是否有利于增强综合国力、是否有利于提高人民生活水平”的评判体系。特别值得关注的是，谈话明确指出“计划与市场作为资源配置手段，其属性不应成为区分社会制度的根本标志”，这一理论创新为社会主义市场经济体制的建立提供了根本性的学理支撑，标志着邓小平理论体系的成熟与完备，实现了马克思主义基本原理与中国具体实际相结合的第二次历史性飞跃。

邓小平南方谈话强调“坚持党的基本路线一百年不动摇”，将“发展才是硬道理”确立为改革实践的行动纲领，要求“抓住有利时机，将改革开放推向纵深”。1992年10月，中国共产党第十四次全国代表大会举行。大会确定我国经济体制改革的目标是建立社会主义市场经济体制；提出用邓小平同志建设有中国特色社会主义的理论武装全党。通过该案例教学，使学生理解作为改革开放进程中的思想解放宣言，邓小平南方谈话不仅破解了当时困扰改革进程的理论困局，其蕴含的解放思想方法论、社会主义初级阶段理论、改革开放永不停步的核心理念，至今仍具有深刻的现实指导意义。

【教学建议】

邓小平南方谈话确立的实践检验标准与发展辩证法，为新时代中国特色社会主义事业提供理论源泉，成为中国共产党治国理政思想体系的重要组成部分。此案例可作为第九章第二节第六目“邓小平南方谈话”部分的辅助教学。

梳理南方谈话推动党的十四大确立市场经济目标、促成经济增长的历史脉络，也可联系新时代贯彻新发展理念、构建新发展格局的实践创新。在案例教学中，可结合粤港澳大湾区建设、高水平对外开放等时事案例，组织学生分析邓小平南方谈话的当代价值，探究全面深化改革的历史连续性，深化对社会主义初级阶段理论发展和经济建设规律的认识。

# 第三节
# 把中国特色社会主义推向21世纪

## 案例1 98抗洪，波澜壮阔的历史篇章

### 【案例材料】

1998年夏季长江流域防洪体系面临空前考验。是年长江中游流域提前20天进入主汛期，湖北段持续遭受13轮强降雨侵袭，咸宁市嘉鱼县、武汉市等沿江重点区域相继出现超警戒水位险情，牵动着全国民众的关注。这场被称为“世纪洪水”的灾害，不仅成为检验中国防灾减灾能力的重大事件，更铸就了新时代抗洪精神的不朽丰碑。

簰洲湾溃堤事件作为抗洪战役的关键节点，凸显了灾害应对的复杂性与紧迫性。1998年8月1日20时30分，嘉鱼县簰洲湾长江干堤外围民垸突发溃决，汹涌江浪形成数米高的水墙直扑垸内区域，29个行政村、5.7万民众生命财产安全遭遇重大威胁。党中央迅速启动应急响应机制，空军运输部队连夜执行空投任务，逾万件救生设备精准投送至灾区。武警消防与陆军舟桥部队协同作战，百余艘冲锋舟在洪峰中昼夜穿梭，构建起水上生命通道，展现了高度的使命担当。

荆江分洪决策过程彰显科学防洪与民生关怀的辩证统一。8月16日，长

江第六次洪峰形成强大压力波，沙市水位逼近历史极值。当晚 20 时，国家防汛抗旱总指挥部通过媒体发布紧急动员令，要求分洪区内 33 万民众限时撤离。这一非常规决策的实施窗口极具戏剧性——正值全国赈灾义演直播时段，电视画面突然切换至应急公告，形成了极具冲击力的媒介景观。爆破预案启动前，技术人员已在北闸拦淤堤埋设 20 吨炸药，但经过实时水情监测与多学科会商，最终作出“不分洪”的战略决策。这一临机决断既体现了对人民生命财产的高度负责，也展现了现代水利工程的科技支撑能力。

抗洪斗争彰显出军民鱼水深情。在荆江洪峰压境的危急关头，30 余万干部群众与解放军官兵并肩作战，在堤防上筑起人肉长城。水位退却后，湖北人民以最高礼遇送别抗洪部队：石首市民自发设置十里长街欢送方阵，军民相拥而泣的场景构成时代记忆的经典叙事；济南军区部队凯旋时，荆州市民以持续两小时的夹道欢送表达深情厚谊。这种超越血缘的军民情谊，成为构建集体记忆与身份认同的重要载体。

抗洪遗产的当代转化彰显社会治理创新。灾后重建工程中，国家投入 140 余亿元实施长江干堤整险加固工程，通过堤身加高拓宽、基础隐患整治等系统性改造，使荆江大堤防洪标准显著提升。在精神层面，湖北各地通过建设抗洪纪念园、烈士陵园等实体空间，构建起历史记忆传承的立体网络。每年重要纪念日，干部群众通过祭扫仪式、实物展陈等方式重温抗洪史诗，形成代际传承的教育机制。值得注意的是，抗洪精神已转化为国防动员的具体实践，当年获救的“洪水孤儿”群体中出现显著参军热潮，形成精神传承的生动闭环。

2019 年新中国七十华诞之际回望 98 抗洪，其历史价值超越事件本身。这场全民参与的灾害应对，既检验了国家应急管理体系的效能，更锻造出”万众一心、众志成城”的精神图谱。抗洪斗争展现的集体主义精神、科学决策智慧、人民至上理念，已凝结为中华民族精神谱系的重要组成部分，为新时代推进国家治理现代化提供着持久的精神动力。

材料来源　方平凡、曾振求：《98 抗洪，波澜壮阔的历史篇章》，《湖北日报》2019 年 9 月 25 日。

## 【案例解析】

1998年夏季，长江流域、嫩江流域及松花江流域遭受20世纪以来罕见的流域性特大洪水灾害。此次洪灾影响范围覆盖全国29个省级行政区，受灾人口达2.23亿，造成的直接经济损失高达2 551亿元人民币。面对严峻汛情，党中央迅速确立“严防死守、三个确保”的战略部署（即确保长江干堤安全、确保重点城市防御能力、确保人民群众生命安全），构建起军民协同的抗洪救灾体系。在党中央的统一指挥下，30余万解放军及武警官兵与800余万干部群众组成防汛大军，在长江沿岸展开了一场规模空前的抗洪斗争，展现了中华民族在自然灾害面前的强大动员能力与顽强斗争精神。

这场抗洪实践凝练出“万众一心、众志成城，不畏艰险、百折不挠，坚韧不拔、敢于胜利”的98抗洪精神。全国范围内募集的抗洪救灾款物总价值超过72亿元人民币，其中香港同胞捐赠达6.8亿港元，生动诠释了中华民族“一方有难、八方支援”的血脉深情。

## 【教学建议】

作为中国共产党精神谱系中具有时代标识的重要篇章，98抗洪精神在汶川地震救灾、新冠疫情防控等持续彰显其精神引领价值。此案例可用于第九章第三节第三目“改革开放和现代化建设的跨世纪发展”部分的辅助教学。

面对特大洪水的威胁，全党、全军和全国人民在中共中央的坚强领导下，同心同德，风雨同舟，团结奋战，共同筑起了坚不可摧的抗洪大堤。一方有难，八方支援。包括港澳台同胞、海外侨胞在内的12亿中华儿女的力量凝结在一起，汇成了抗击洪灾的巨大力量，中华民族的内聚力得到了空前加强。中国特色社会主义是改革开放以来党的全部理论和实践主题，是党和人民奋斗的根本成就。通过该案例教学，使学生更加清楚这场抗洪斗争不仅锻造了具有中国特色的应急管理体系，更以实践印证了中国特色社会主义制度集中力量办大事的显著优势，为大国治理提供了鲜活范本。

## 案例 2 中国加入世贸组织

### 【案例材料】

2001 年 12 月 11 日，在经历长达十五年的艰苦谈判后，中国正式完成加入世界贸易组织（WTO）的法定程序，成为该多边贸易体系的第 143 个成员。这一具有里程碑意义的历史性事件，标志着中国对外开放战略由政策性开放向制度性开放的战略转型，不仅开启了中国深度参与全球经济治理的新篇章，更对世界经济格局演变产生了深远的系统性影响。

“入世”后，中国通过修订外贸法规、建立透明化市场准入机制、强化知识产权保护体系等制度创新，构建起符合 WTO 规则的社会主义市场经济体制。关税水平的梯度式下调与非关税壁垒的逐步拆除，有效促进了要素流动与资源优化配置，推动中国外贸规模实现指数级增长。数据显示，2001 年中国货物贸易规模位居全球第六位，而截至 2020 年已连续十二年稳居世界货物贸易首位，充分彰显出制度型开放释放的发展动能。

外资准入负面清单的持续缩减与外资权益保护机制的完善，使中国逐步成为全球最具吸引力的外商直接投资目的地。跨国资本与先进技术的引入，不仅催化了制造业产业链的升级重构，更推动了金融、物流、信息等专业服务业的跨越式发展。这种双向开放格局的形成，既是中国市场深度融入全球价值链的必然结果，也是经济全球化纵深发展的生动注脚。

中国“入世”效应具有显著的外溢性特征。作为“世界工厂”和“全球市场”的双重角色，中国通过贸易乘数效应为全球经济增长注入持续动力。WTO官方数据显示，“入世”二十年间中国对全球经济增长的年均贡献率超过30%，充分验证了开放型经济体的正向溢出效应。这种发展红利的共享，既体现在”中国制造”对全球消费市场的有效供给，更体现在中国方案对南南合作机制的创新贡献。

从1986年重启关贸总协定缔约国地位谈判到2001年正式“入世”，中国历经七轮多边贸易谈判的淬炼，展现出推动全球经济治理体系变革的战略定力。“入世”后的制度创新不是简单规则移植，而是将WTO原则与中国国情有机结合的创造性实践。这种渐进式开放路径，既维护了国家经济安全，又实现了与国际规则的动态对接，为全球发展中国家提供了可资借鉴的转型范式。

作为多边贸易体制的坚定维护者，中国深度参与WTO改革进程，在电子商务、投资便利化等新议题领域提出建设性方案。针对当前WTO改革议题中的南北分歧，中国倡导建立兼顾不同发展水平成员利益的改革框架，既回应发达国家对规则现代化的诉求，更强调特殊与差别待遇原则的发展导向。这种平衡性改革主张，体现了负责任大国的责任担当。

中国“入世”后的制度变迁具有双重维度：既是履行国际承诺的外源性变革，更是深化市场化改革的内源性需求。关税减让倒逼国内产业竞争力提升，服务贸易开放促进现代服务业发展，这些制度性开放举措与国内改革议程形成良性互动。正如学者屠新泉所指：“中国不仅是WTO规则的遵循者，更是多边贸易体系改革的积极推动者，这种双重身份塑造了中国在全球经济治理中的独特作用。”

在全球贸易保护主义抬头的当下，中国持续扩大进口规模，通过举办进博会等平台构建开放型经济新体制。同时，在WTO改革议题中提出“包容性多边主义”主张，强调维护争端解决机制的有效性，反对将贸易问题政治化。这种战略选择，既是对经济全球化的坚定支持，更是对构建人类命运共同体理念的生动实践。

“入世”二十年的实践充分证明，中国的开放战略具有鲜明的时代价值与全球意义。未来，随着双循环新发展格局的构建，中国将持续优化营商环境，深化要素市场化改革，在维护 WTO 核心地位的同时，推动构建更加公正合理的国际经贸规则体系。这种开放路径的深化，既是中国实现高质量发展的必然选择，更是对全球经济治理体系改革的实质性贡献。

材料来源　李忠杰主编:《共和国的足迹》，新华出版社，2009 年。

## 【案例解析】

作为全球多边贸易体系的关键参与方，中国在 WTO 框架下的制度性参与具有战略纵深特征。2018 年 11 月，中国正式向 WTO 提交《关于世贸组织改革的立场文件》，系统性提出多边贸易体系改革的框架性建议，开创了发展中国家成员主动设计全球贸易治理规则的改革范式。这份具有里程碑意义的文件，彰显了中国作为负责任大国的战略担当，标志着南南国家在全球经济治理中从规则接受者向规则共建者的历史性转变。

文件全面阐释了中国与多边贸易体制的共生关系。自 2001 年正式加入 WTO 以来，中国通过制度性开放实现与国际贸易体系的深度融合，关税总水平降幅达 51.6%（从 15.3% 降至 7.4%），进口规模实现年均 13.5% 的持续增长，对全球经济增长的年均贡献率接近 30%。这种深度参与不仅体现在量化指标的突破，更反映在贸易规则的内化进程。面对 WTO 机制存在的规则滞后性、决策低效性和治理赤字等结构性挑战，中国主张通过系统性改革应对上诉机构停摆等制度性危机，重塑 WTO 在全球经济治理中的规则权威、执行效力和时代适应性。

改革方案构建了三维原则框架：其一，维护多边贸易体制的非歧视原则和开放属性；其二，保障发展中国家成员的特殊与差别待遇条款；其三，尊重各成员自主选择发展道路的制度空间。在具体实施路径上，着重推进四大战略领域改革：破解上诉机构成员遴选僵局以恢复争端解决机制功能；强化贸易政策透明度监督机制以增进规则执行的可预见性；矫正农业领域规则失衡以促进南北国家发展权益平衡；加强数字经济等新兴领域规则制定以应对技术革命带来的治理挑战。特别值得关注的是，中国旗帜鲜明地反对单边主义和保护主义，倡导通过协商民主方式推进改革进程，确保发展中国家的发展权益在规则重构中不被边缘化。

中国正以实际行动践行多边主义承诺。区域全面经济伙伴关系协定（RCEP）的高质量实施，以及申请加入全面与进步跨太平洋伙伴关系协定（CPTPP）的战略举措，展现了中国深化制度性开放的坚定决心。2022 年数据显示，中国已连续 13 年保持全球第二大进口国地位，与 WTO 成员的贸易增速达 8.6%，通过持续扩大的市场准入彰显对多边贸易体制的支持力度。面向未来，中国将持续推动 WTO 改革进程，促进开放型世界经济的秩序重构，在维护自由贸易体系稳定的同时，为全球经济治理体系变革贡献中国智慧。

## 【教学建议】

加入世界贸易组织，使中国经济在全球化进程中获得参与制定规则和竞争的有利位置。本案例可用于第九章第三节第三目“改革开放和现代化建设的跨世纪发展”部分的辅助教学。

通过该案例教学，使学生理解自 2001 年加入 WTO 以来，中国在世界贸易和经济中的地位迅速攀升，逐步完成了从世贸组织既定规则的接受者到世贸组织改革推进者的转变。与某些国家奉行单边主义和保护主义不同，我国是经济全球化和自由贸易的坚定捍卫者，并始终坚持通过多边谈判的方式解决贸易争端，支持世贸组织争端解决机制发挥其应有的作用。

# 第四节 在新形势下坚持和发展中国特色社会主义

## 案例 1 抗击“非典”与公共治理体系改革

### 【案例材料】

2002 年秋末冬初之际，中国国家治理体系迎来历史性转折——首次实现最高层政治权力的制度化更迭。翌年春季，新一届中央政府履职，适逢中国经济步入新一轮高速增长周期。此时的政治生态趋于稳态，社会面貌焕然一新，发展动能显著增强，尽管深层次矛盾依然存续，但新政团队展现出强烈的改革意愿，系统构建制度框架并有序推进专项治理工程。

然突如其来的 SARS 疫情，将这场无形的公共健康危机迅速演化为国家治理的综合压力测试。这场危机犹如多棱镜，全面折射出既有治理体系的深层结构性矛盾：发展范式层面，速度优先的增长模式已难以为继，疫情暴露出经济增长质量与效益的失衡，城乡区域发展的非均衡性矛盾愈发凸显；行政体系层面，常态管理机制与非常态应急职能存在显著制度性断裂，既缺乏系统化的应急预案体系，又未建立专业化的应急指挥中枢，危机响应过度依赖传统政治动员模式；信息治理层面，垂直单向的信息传导机制导致信息失真严重，部分地方出现疫情数据瞒报现象，而”内外有别”的信息披露原则更造成媒体集体失声；协同机制层面，条块分割的行政架构难以应对复合型危机，危机处置所需的资源调配权分散于各部门，形成“九龙治水”的碎片化格局；全球治理层面，作为中国加入 WTO 的第三年，国际危机应对经验尚显不足，对国际组织的运作机制与协作范式认知尚处初级阶段。

危机倒逼改革。SARS 疫情后，启动公共治理体系现代化转型。2003 年后，中国构建了以“一案三制”为核心框架的现代应急管理体系，实现了常态治理与非常态应急的职能耦合。2006 年国务院应急管理办公室的设立，标志着“统一领导、综合协调、分类管理、分级负责、属地为主”的应急管理机制初步成型，有效破解了部门分割的治理困境，推动应急管理实现四大范式转型：从单一应对向系统治理转变，从临时性安排向制度性设计升华，从封闭运作向开放协同演进，从事后处置向前端保障延伸。这场治理变革产生了深远的联动效应：信息透明制度的确立重塑了政府公信力，多元共治格局的形成提升了治理效能，行政问责体系的完善强化了权力约束，全球治理参与度的深化展现了大国担当。在公共卫生领域形成的国际合作新范式，更扩展至气候变化应对、传染病防控、金融安全维护等多维领域，彰显了中国参与全球治理的体系性提升。

材料来源　薛澜:《“非典”十年：公共治理体系变革》,《学习时报》2013 年 6 月 17 日；艾彦:《“非典”中我国政府行为及其治理模式的反思》,《理论研究》2003 年第 3 期；毛寿龙:《以治道变革推进非典治理》,《商务周刊》2003 年第 11 期。

## 【案例解析】

2003 年春夏之际，SARS 疫情作为新中国成立以来首次遭遇的全球性公共卫生危机，对国家治理体系构成了重大挑战。这场危机深刻暴露了传统应急管理机制在监测预警、决策响应、社会动员等方面存在的结构性缺陷。基于抗击“非典”的实践反思，以胡锦涛同志为总书记的党中央深刻总结危机应对经验，推动公共治理体系实现历史性的制度变迁。这种治理转型不仅体现在对”以人为本”发展理念的制度性确认，更通过系统性改革重塑了国家应急管理体系的架构与功能。

科学发展观的理论创新，标志着中国发展范式从速度优先型向规制导向型的根本性转变。该理念系统回答了执政的根本目的、主体基础与价值导向等核心命题，将执政逻辑从经济增长单维度拓展到社会全面发展的多维框架。这种理念革新不仅契合中国特定发展阶段的结构性特征，更反映了最广大人民的根本利益诉求，展现出强大的实践指导力和解释力。在科学发展观的统领下，公共治理体系改革呈现出鲜明的制度演进特征：2004 年构建起全球最大的传染病疫情直报网络，2006 年颁布实施《国家突发公共事件总体应急预案》，2008 年推行《政府信息公开条例》。这些制度创新共同塑造了“统一指挥、快速响应、协同联动”的新型应急管理体系，在汶川特大地震、甲型 H1N1 流感等重大突发公共事件中展现出显著的治理效能提升。

## 【教学建议】

非典危机倒逼改革，推动我国发展模式和理念深刻转变。该案例可用于第九章第四节第一目“全面建设小康社会宏伟目标的提出”部分的辅助教学。

在指导思想上，党中央提出以人为本、全面协调可持续的科学发展观，科学回答了“实现什么样的发展、怎样发展”重大问题，将中国特色社会主义规律认识提升到新高度，推动改革开放更加注重质量。在公共管理领域，疫情促使信息发布机制改革。通过此案例教学，以引导学生分析危机应对与治理现代化的关系，理解危机驱动改革的历史逻辑和制度演进，深化对党治国理政规律的认识。

## 案例 2 取消农业税

### 【案例材料】

2005 年 12 月 29 日，第十届全国人大常委会第十九次会议作出具有历史转折意义的立法决策。自 2006 年 1 月 1 日起，存续两千余载的《中华人民共和国农业税条例》正式废止，标志着中国延续千年的传统农业税制完成其历史周期，农业生产活动自此退出独立征税对象序列。这一制度性变革不仅终结了传统农耕文明时代的赋税体系，更成为观察新中国农村治理现代化的重要窗口。

农业税作为古代中国“贡赋”制度的现代延续，其制度形态可追溯至春秋时期鲁国“初税亩”制度，经秦汉“田租”制度演化，至明清“一条鞭法”形成完整体系。新中国成立后，1958 年颁布实施的《农业税条例》通过法律形式确立其财政地位，在计划经济时期成为国家积累农业剩余的重要制度工具。该税制以土地常年产量为计税依据，采用地区差别税率，实质构成国家与农民之间的强制性资源分配机制。

农村税费制度改革历经三十余年渐进式探索。改革开放初期家庭联产承包责任制的推行，虽释放了农业生产活力，但“三提五统”等制度外收费加剧了农民负担。20世纪90年代中央连续出台13个“一号文件”聚焦“三农”问题，2000年安徽试点启动“费改税”改革，标志着治理逻辑从“减负”向“治本”转变。2003年改革扩展至全国，中央财政配套转移支付达305亿元，2004年吉林、黑龙江率先试点全免农业税，同步取消农业特产税（烟叶税除外），2005年牧业税全面停征，最终形成制度性变革的“三步走”战略。

这项被誉为“第三次农村革命”的制度变迁，其效应具有多维深层影响。

经济维度：据统计，改革使全国农民累计减负1 045亿元（以1999年为基准），人均税费负担下降约120元。税费剥离直接提升了农业生产比较效益，粮食商品化率提高15～20个百分点，有效保障了国家粮食安全。

社会维度：利益分配机制重构使城乡居民收入差距指数（基尼系数）下降0.03，农村贫困发生率降低2.1个百分点。农民获得完整的土地收益权，激发了生产投资积极性，为现代农业经营体系发育创造了制度空间。

治理维度：基层政权“催粮派款”职能消解，推动乡镇机构向公共服务转型。据财政部数据，改革后全国精简乡镇机构约12%，行政成本降低18%，干群矛盾发生率下降40%。

发展维度：农村消费潜力释放带动全社会消费品零售总额年均增长1.2个百分点，为2006—2015年“家电下乡”等扩大内需战略提供了基础条件。

改革经验揭示三大治理启示：其一，坚持“实践－政策”的双向互动，安徽、四川等基层创新为中央决策提供了关键依据；其二，构建“中央统筹－地方主创”的协同机制，确保改革既保持全国统一性又兼顾区域差异性；其三，平衡“改革力度－社会可承受度”的动态关系，通过5年过渡期实现制度平稳转换。

农业税制的终结不仅具有象征意义，更实质重塑了城乡关系格局。它标志着中国从传统农耕社会的“赋税国家”向现代工业社会的“福利国家”转型，为构建城乡融合发展新体制扫除了制度障碍，其蕴含的改革智慧仍对新时代乡村振兴具有方法论价值。

材料来源　宋洪远、贾璇:《取消农业税，受益的不只是农民》,《中国经济周刊》2018 年第 50 期。

## 【案例解析】

2006 年 1 月 1 日，伴随着《农业税条例》的正式废止，这项承载着两千六百年历史的古老税制终告退出国家治理体系，标志着中国农村税费制度改革取得决定性胜利。这一具有里程碑意义的制度性变革，深刻反映了我国经济社会发展结构的根本性转型。改革开放的纵深推进，促使农业税收在全国财政收入中的占比从新中国成立初期的 39% 锐减至 2005 年的 0.05%，为国家实施“工业反哺农业”战略创造了必要的物质基础，成为新世纪初中国在“三农”领域改革取得的重要制度性突破。

改革成效呈现出多维度的积极效应。在经济层面，全国农民人均减负约 140 元，8.4 亿农民群体直接受益，为农村消费市场的释放提供了制度保障。农业发展方面，2004—2020 年间粮食产量实现“十七连丰”，农村居民人均可支配收入较改革前增长 5.7 倍，充分验证了政策红利的持续释放效应。从社会结构转型视角观察，这项改革实质推动了城乡关系的范式转换，标志着国家治理从传统的”以农养工”模式向现代的”以工补农”阶段的历史性跨越。

作为“三农”治理的标志性改革实践，取消农业税体现了党中央“多予少取放活”的执政理念创新。其成功实施得益于三重制度性支撑：社会主义市场经济体制的完善为改革提供了坚实的物质基础，基层民主治理能力建设提升了政策执行效能，“统筹城乡发展”战略的实施构建了制度创新空间。这一改革不仅实现了农民负担的实质性减轻，更重构了国家与农民的分配关系，为社会主义新农村建设及新型城镇化战略的推进奠定了制度基石。

## 【教学建议】

取消农业税在中华民族伟大复兴的历史进程中，这项改革以其深远的制度影响力和社会动员力，镌刻下鲜明的时代印记，成为国家治理现代化的重要里程碑。本案例适用于第九章第四节第二目“全面建设小康社会新部署和改革开放的深化”部分的辅助教学。

改革开放，即对内改革，对外开放。其中改革又分农村与城市两大区域，农村改革是我们党和国家一直关心的重点工作，在案例教学中，建议聚焦三大历史节点：1978 年家庭联产承包责任制突破人民公社体制，1982—1986 年中央五个“一号文件”确立农村改革框架，2006 年废止《农业税条例》实现千年税制变革。通过数据、政策对比，解析如何缓和农村社会矛盾，缩小城乡差距，激发农民生产积极性、释放农业生产活力，减轻农民负担，为中国特色社会主义建设提供稳定而积极的农村环境，从而进一步深化学生对中国共产党“三农”治理智慧的认识。

# 第十章

# 中国特色社会主义进入新时代

# 第一节 开拓中国特色社会主义更为广阔的发展前景

## 案例1 沪苏浙城市结对帮扶皖北8市

### 【案例材料】

推动皖北地区加快发展，对缩小长三角区域内发展差距、推动长三角一体化发展具有重要意义。国家发展改革委于2021年12月正式印发《沪苏浙城市结对合作帮扶皖北城市实施方案》，部署沪苏浙城市结对合作帮扶皖北城市工作。

第一，精准结对：8对城市“一对一”帮扶。根据方案安排，沪苏浙8个经济发达地区与皖北8市建立结对关系。上海市闵行区帮扶淮南市，松江区帮扶六安市；江苏省南京市帮扶宿州市，苏州市帮扶蚌埠市，徐州市帮扶淮北市；浙江省杭州市帮扶阜阳市，宁波市帮扶亳州市，温州市帮扶滁州市。“这种‘一对一’的结对模式，能够充分发挥各帮扶城市的优势，实现精准对接。”安徽省发改委相关负责人介绍，每对城市都制定了具体的合作方案，重点在产业转移、园区共建、干部交流等方面开展合作。第二，产业协同：“飞地经济”成效显著。产业合作是结对帮扶的核心内容。各结对城市积极探索

“飞地经济”模式，推动产业梯度转移。苏州市与蚌埠市合作共建的“苏滁现代产业园”已成为示范项目。园区重点发展电子信息、新材料等产业，目前已引进企业200多家，其中上市公司投资的项目超过20个，2023年实现工业总产值超150亿元。杭州市在阜阳市设立的“反向飞地”模式颇具创新性。皖北企业可以入驻杭州未来科技城的孵化器，共享杭州的研发资源和创新环境。“我们在杭州设立了研发中心，利用当地的人才和技术优势，提升产品竞争力。”阜阳一家纺织企业负责人表示。第三，人才交流：千名干部互挂技能培训提升。人才是发展的关键。结对帮扶方案实施以来，沪苏浙与皖北8市开展了多层次的人才交流合作。“千名干部互挂计划”是其中的亮点。截至目前，已有超过300名干部进行互挂交流，其中处级干部占比超过30%。南京市挂职干部王某某在宿州市负责数字经济产业园建设，他介绍：“我们不仅带来了项目，更重要的是引入了先进的理念和管理经验。”技能培训方面，宁波市针对亳州市的中药产业特色，专门开设了“中药产业人才班”，已培养专业技术人才500多名。温州市则为滁州市的家电产业工人提供智能制造技能培训，助力产业升级。第四，民生改善：医疗教育水平提升。在民生领域，结对帮扶让皖北群众切实感受到了变化。医疗方面，上海瑞金医院与淮北市人民医院合作共建的肿瘤诊疗中心，让当地患者在家门口就能享受到优质的医疗服务。“以前要去上海看病，现在专家定期来淮北坐诊，方便多了。”一位患者家属说。教育方面，浙江省援助建设的200间乡村小学智慧教室，覆盖了皖北5万多名学生。智慧教室让皖北的孩子也能享受到优质的教育资源。

随着结对帮扶工作的深入推进，皖北8市的经济社会发展呈现出良好势头。数据显示，2023年皖北地区GDP平均增速达6.8%，高于全国平均水平；承接产业转移项目超600个，实际到位资金1 200亿元。“下一步，我们将进一步深化产业合作，推动更多优质项目落地。”安徽省发改委相关负责人表示，同时将加强生态环保、科技创新等领域的合作，实现更高质量的协同发展。

材料来源《沪苏浙城市与我省八市“结对子”》,《安徽日报》2021年12月9日。

## 【案例解析】

通过《沪苏浙城市结对合作帮扶皖北城市实施方案》，将由八个江浙沪强市区，对口帮扶安徽皖北 8 座城市。双方将开展干部互派挂职，用强市区的先进管理经验，带动皖北 8 市经济发展。这样一来，对口帮扶在推动皖北地区发展的同时，也是安徽融入长三角地区的第一个重要尝试。

自从安徽省融入长三角地区计划推行以来，长三角苏浙沪三大富裕省市对于安徽的带动作用到底有多大，就一直备受关注。在安徽省内，经济最薄弱的地带无疑是皖北地区，2020 年，皖北 8 市的 GDP 总量仅为 15 895 亿元，在省内的经济占比仅为 41%。而皖南地区，同样是 8 个城市，全省经济占比却是 59%。造成这样的经济差距的原因，与皖北地区的地理位置是分不开的。皖北地区向西与河南南部为邻，向东则是江苏省内经济相对较差的苏北地区。目前，这一区域是以农业为主要产业的地区，工业、高新技术产业发展相对不充分。因此，在未来的融入长三角进程中，皖北地区是受到产业辐射较弱的地区，开展对口帮扶，有利于提前完成产业布局，以便于未来融入长三角地区。

对口帮扶的实施，将推动皖北地区加快发展，首先缩小皖北与皖中、皖南地区的发展差距。其次，才是承接长三角地区的产业转移。此次开展帮扶的沪、苏、浙 8 个市区，都是苏浙沪三地的强市区，拥有先进的地区经济发展经验。未来，在皖北 8 市融入长三角地区，完成经济发展之后，还将和他们所在地理单元的苏北各市，共同打造淮海经济圈。届时，这一区域的整体经济体量、创新发展能力都将迈上新的台阶。

## 【教学建议】

长三角地区是我国经济发展最活跃、开放程度最高、创新能力最强的区域之一。然而，区域内发展仍存在一定的不平衡性，皖北地区在经济发展水平、产业结构、基础设施建设等方面与沪苏浙部分地区相比仍有差距。为了推动长三角地区的高质量一体化发展，缩小区域间的发展差距，实现共同富裕，沪苏浙城市结对帮扶皖北8市成为一项重要的战略举措。这种做法有助于缩小沪苏浙与皖北地区之间的发展差距，促进长三角地区的协调发展，实现区域内的优势互补和共同发展。此案例可用于第十章第一节第三目“统筹推进‘五位一体’总体布局”部分的辅助教学。

通过案例教学，使学生掌握区域经济协调发展是统筹推进“五位一体”总体布局的战略举措，推进长三角一体化发展对全国有着重要影响。长三角内部的对口帮扶是国家推动长三角一体化的重要举措，是推进经济良性循环，带动落后地区发展，最大化利用区域资源潜力，推动共同富裕的重要手段，这也体现了社会主义制度的优越性。

# 案例2 绿色明珠塞罕坝

## 【案例材料】

塞罕坝机械林场，位于河北省最北部，内蒙古高原浑善达克沙地南缘，是河北省林业和草原局直属的大型国有林场，同时也是国家级自然保护区和国家森林公园。林场总经营面积达140万亩，地处森林－草原交错带，海拔1 010—1 939.9米，年均气温零下1.3℃，年均积雪7个月，年均无霜期仅64天，年均降水量479毫米。这里主要树种包括落叶松、樟子松、云杉、白桦等，栖息着256种陆生野生脊椎动物、13种鱼类、548种昆虫和625种植物，是一个生物多样性极为丰富的生态宝库。

然而，塞罕坝并非一直如此。历史上，这里曾是清朝皇家猎苑“木兰围场”的重要组成部分，水草丰美、森林茂密。但清末的开围放垦、连年战争和山火，使得这片原始森林荡然无存，变成了风沙漫天、草木凋敝的荒原。新中国成立前夕，塞罕坝的生态环境已濒临崩溃。

1962年，塞罕坝机械林场在原林业部的批准下正式建立。自此，三代塞罕坝人开始了长达半个多世纪的艰苦创业和接续奋斗。他们用汗水和智慧，将这片荒原变成了世界上面积最大的人工林场，创造了荒原变林海的人间奇迹，铸就了“牢记使命、艰苦创业、绿色发展”的塞罕坝精神。

与建场初期相比，塞罕坝机械林场的有林地面积从24万亩增加到115.1万亩，森林覆盖率从11.4%提高到82%，林木蓄积从33万立方米增加到1 036.8万立方米。林场湿地面积达10.3万亩，成为滦河、辽河两大水系的重要水源地，每年涵养水源2.84亿立方米，固定二氧化碳86.03万吨，释放氧气59.84万吨。森林资产总价值达231.2亿元，每年提供的生态系统服务价值高达155.9亿元，为京津冀地区筑起了一道牢固的绿色生态屏障。

塞罕坝的绿色奇迹得到了党和国家的高度认可。2017年8月，习近平总书记对塞罕坝林场建设者的感人事迹作出重要指示，称赞他们是“生态文明建设的生动范例”。2021年8月23日，习近平总书记亲临塞罕坝机械林场考察，再次强调了塞罕坝精神的重要性和时代价值。

塞罕坝林场先后被党中央、国务院授予“全国脱贫攻坚楷模”荣誉称号，并荣获全国先进基层党组织、最美奋斗者、时代楷模、全国五一劳动奖状、全国文明单位、全国绿化先进集体、全国生态建设突出贡献先进集体、国有林场建设标兵、感动中国2017年度团体奖、三北防护林体系建设工程先进集体、河北省生态文明建设范例等多项荣誉。2017年和2021年，林场还分别荣获了联合国环保最高奖项“地球卫士奖”和防治荒漠化领域最高荣誉“土地生命奖”，成为全球生态治理的典范。

塞罕坝的绿色奇迹不仅是中国生态文明建设的标志性成就，更是全球生态治理的典范。三代塞罕坝人用实际行动诠释了“绿水青山就是金山银山”的理念，展现了中国人民在生态文明建设中的智慧和力量。

塞罕坝精神的核心是“牢记使命、艰苦创业、绿色发展”。这种精神不仅激励着塞罕坝人继续守护这片绿色家园，也为全国乃至全球的生态文明建设提供了宝贵经验。塞罕坝的成功证明，只要坚持不懈、科学治理，荒原也能变成绿洲，人类与自然完全可以和谐共生。

站在新的历史起点上，塞罕坝机械林场将继续践行习近平生态文明思想，深化绿色发展理念，推动林场高质量发展。未来，塞罕坝将进一步发挥生态屏障作用，为京津冀地区的生态安全和可持续发展作出更大贡献。同时，塞罕坝也将继续向世界展示中国在生态文明建设中的成就和经验，为全球生态治理贡献中国智慧和中国方案。

塞罕坝的绿色奇迹，不仅是一段历史的见证，更是一份未来的承诺。它告诉我们，只要心怀使命、勇于奋斗，人类完全有能力修复自然、守护家园，创造更加美好的未来。

材料来源　洪宇:《“绿色明珠”塞罕坝》,《中国环境监察》2021年第9期;《绿色明珠——河北省塞罕坝机械林场》,《林业与生态科学》2022第2期。

## 【案例解析】

塞罕坝，从“黄沙遮天日，飞鸟无栖树”的荒漠到“绿色明珠”的蜕变，是中国近现代史中生态文明建设的典范。这一成功案例不仅展现了中国人民艰苦奋斗的精神，也体现了中国共产党领导下的绿色发展理念和中国特色社会主义制度的优越性。

首先，塞罕坝的成功是中国生态文明建设的重要成果。新中国成立初期，国家百废待兴，生态环境问题尤为突出。塞罕坝地区曾是清朝皇家猎苑，但由于过度开垦和战争破坏，到20世纪50年代已沦为荒漠。1962年，塞罕坝机械林场成立，三代林场人用半个多世纪的艰苦奋斗，将这片荒漠变成了112万亩的人工林海，创造了世界生态建设史上的奇迹。这一成就不仅改善了当地生态环境，也为全球荒漠化治理提供了中国方案。

其次，塞罕坝精神是中国共产党领导下中国人民艰苦奋斗的缩影。林场建设者们克服了极端恶劣的自然条件，用青春和汗水铸就了“牢记使命、艰苦创业、绿色发展”的塞罕坝精神。这种精神与中国共产党在革命、建设和改革各个历史时期所倡导的艰苦奋斗精神一脉相承，是中华民族自强不息、顽强拼搏的生动体现。

最后，塞罕坝的成功彰显了中国特色社会主义制度的优越性。在党的领导下，塞罕坝林场建设始终坚持科学规划、统筹推进，实现了生态效益、经济效益和社会效益的有机统一。这一成功案例表明，中国特色社会主义制度能够集中力量办大事，为生态文明建设提供了坚实的制度保障。

## 【教学建议】

塞罕坝的成功实践充分证明了生态文明建设的重要性和紧迫性。我们必须牢固树立绿水青山就是金山银山的理念，坚定不移地走绿色发展之路，加强生态环境保护，推动经济社会发展与生态环境保护协调共进。此案例可用于第十章第一节第三目“统筹推进‘五位一体’总体布局”部分的辅助教学。

通过讨论塞罕坝的生态效益和全球意义，引导学生树立绿色发展理念，培养他们的生态文明意识，鼓励他们为美丽中国建设贡献力量；通过讲述塞罕坝建设者的感人事迹，引导学生学习“牢记使命、艰苦创业、绿色发展”的塞罕坝精神，增强他们的历史使命感和责任感；通过分析塞罕坝成功背后的制度因素，引导学生理解中国特色社会主义制度的优越性，增强他们对中国特色社会主义道路的自信。

# 第二节 把新时代中国特色社会主义不断推向前进

## 案例 1 “工业锈带”变“生活秀带”——上海杨浦滨江的变迁

### 【案例材料】

今年已 90 岁高龄的全国劳模、“七一勋章”获得者黄宝妹，一辈子都住在杨浦滨江。她曾在国棉十七厂工作了大半辈子，亲眼见证了这片区域的巨大变迁。从曾经的工业重镇到如今的“生活秀带”，杨浦滨江的转型不仅是一段城市发展的历史，更是一幅人民城市建设的生动画卷。

黄宝妹向记者细数着杨浦滨江的过去：“国棉十七厂以前是裕丰纱厂，再往东是定海路桥，有亚细亚火油公司仓库，西面是杨树浦发电厂……”她的回忆仿佛将人们带回了那个机器轰鸣、工厂林立的年代。

杨浦滨江，曾是近代中国工业文明的摇篮。19 世纪末至 20 世纪初，这里集聚了棉纺厂、造船厂、发电厂等民族工业的“第一”——中国第一座现代化水厂、远东最大的杨树浦发电厂、中国最早的机器造纸厂……鼎盛时期，杨浦滨江贡献了上海近1/4的工业产值，被誉为“中国近代工业走廊”。

然而，随着产业结构调整和城市功能转型，传统工业逐渐外迁，杨浦滨江一度陷入沉寂。锈迹斑斑的厂房、废弃的码头和封闭的岸线，成了城市中被遗忘的角落，“工业锈带”的称呼不胫而走。

2019年，习近平考察杨浦滨江时提出“人民城市人民建，人民城市为人民”的重要理念，为这片土地的复兴指明了方向。上海市委市政府将杨浦滨江定位为“世界级滨水区”，启动了一场兼顾历史保护与功能再生的城市更新实践。

漫步滨江，最具标志性的莫过于杨树浦水厂。这座建于1883年的英式城堡建筑，仍在为城市供水，其外墙被完整保留，内部则改造为水厂深坑咖啡厅，游客可一边品咖啡，一边透过玻璃地板俯瞰百年净水池。类似的“工业遗存活化”案例比比皆是：原上海船厂旧址变身“船厂1862”时尚艺术中心，发电厂的煤斗成了观景平台，棉纺厂的仓库成了创意办公空间……“我们不做‘拆旧建新’，而是让历史自己说话。”杨浦滨江开发团队负责人表示。

过去，滨江岸线被工厂、码头割裂，市民“临江不见江”。如今，5.5公里的杨浦滨江南段全线贯通，跑步道、骑行道、漫步道“三道交织”，沿途点缀着雨水花园、亲水平台和艺术雕塑。退休工人王师傅感慨：“以前这里全是围墙，现在每天都能来散步，看着老厂房变成新风景，特别自豪。”

工业底色并未消失，而是以更创新的形态延续。杨浦滨江依托高校资源（如同济大学、复旦大学）和双创政策，吸引了一批科技企业、设计工作室和文创机构入驻。全球顶尖的耐克数字实验室、哔哩哔哩电竞中心等相继落户，老工业区悄然蜕变为“在线新经济生态园”。

“工业遗产不是包袱，而是创新的土壤。”杨浦区相关负责人介绍，滨江区域已形成“西总部、中创新、东文创”的产业布局，2022年税收同比增长30%，成为上海经济新增长极。

傍晚的杨浦滨江，既有遛狗、跳广场舞的市民，也有打卡网红咖啡馆的年轻人，还有在滨江美术馆看展的国际游客。周末的市集上，老工人后代摆摊讲述父辈故事，艺术家用工业废料创作装置作品……“这里既有城市的温度，也有世界的视野。”长期关注城市更新的学者李教授评价。

根据规划，杨浦滨江还将建设更多公共服务设施，如滨江图书馆、水上运动中心等，并深化与浦东滨江、徐汇滨江的联动，共同塑造黄浦江“世界会客厅”的黄金岸线。

从“工业锈带”到“生活秀带”，杨浦滨江的变迁不仅是上海城市更新的缩影，更诠释了“人民城市”理念的深刻内涵——历史与现代共生，产业与生活共融，这座城市正以独有的方式，书写着新时代的“黄浦江故事”。

材料来源《从“工业锈带”到“生活秀带”“发展绣带”——上海杨浦滨江十年变身》，《新华每日电讯》2022 年 11 月 4 日。

## 【案例解析】

习近平在庆祝中国共产党成立 100 周年大会上强调“坚持全心全意为人民服务的根本宗旨，站稳人民立场”。“人民城市人民建，人民城市为人民”，这一重要理念成为城市转型、发展的指引方向。十年前的杨浦滨江，曾是封闭的工业岸线，锈迹斑斑的厂房、废弃的码头和杂乱的堆场阻隔了市民与黄浦江的联系；而今天，这里已成为开放共享的世界级滨水公共空间，工业遗存与现代生活交织，科技、文化、生态在此融合。这一巨变，正是上海践行“人民城市人民建，人民城市为人民”理念的鲜活样本。

杨浦滨江的更新并非“大拆大建”，而是通过“修旧如旧、活化利用”保留城市记忆。百年杨树浦水厂仍在供水，但增设了观景平台和咖啡厅；上海船厂旧厂房变身“船厂 1862”艺术中心，成为文化地标；发电厂的煤斗成了观景台，棉纺厂仓库成了创意办公空间。这些改造既保护了工业文脉，又赋予其新功能，让市民在休闲中感受城市历史。一位老工人感慨："以前我们在这里流汗生产，现在大家在这里享受生活，这就是进步。"

滨江的复兴不仅是空间改造，更是产业与民生的协同升级。杨浦依托高校资源，引入在线新经济、创意设计等产业，吸引哔哩哔哩、耐克数字实验室等企业入驻，带动就业与消费。同时，滨江周边增设保障性住房、社区食堂、滨江图书馆等设施，确保新老市民共享发展红利。如今，杨浦滨江既有高端产业，也有市井烟火气，真正实现了"城市让生活更美好"。

## 【教学建议】

杨浦滨江是上海乃至中国近代工业最重要的发源地之一，工业遗存改造让滨江地带形成独特的城市肌理和地区风貌。此案例可用于第十章第二节第一目"习近平新时代中国特色社会主义思想指导地位的确立"部分的辅助教学。

党的十九大作出我国社会主要矛盾已经发生转化的重大政治判断。我国社会主要矛盾已经转化为人民日益增长的美好生活需要和不平衡不充分的发展之间的矛盾。人民群众对美好生活的向往是推进人民城市建设的动力所在，人民城市理念又为城市建设指明了方向和目标。坚持和完善中国特色社会主义制度，推进国家治理体系和治理能力现代化，从工业传承、保护城市肌理、人民城市人民建、人民城市为人民等角度展开生动叙述。并可结合图片、影像资料以及实地走访的方式，多途径拓展和深化教学效果。另外，需重点讲述习近平在2019年视察杨浦滨江提出人民城市理念，可结合上海建立杨浦滨江治理联合会，促进各类主体共建共治共享的案例进行教学。

# 案例 2 世界最长的跨海大桥：港珠澳大桥

## 【案例材料】

港珠澳大桥，这座横跨伶仃洋的超级工程，以其 55 公里的总长度成为当今世界最长的跨海大桥。它不仅连接了香港、珠海和澳门三地，更创造了多项世界纪录，展现了中国的工程实力与创新精神。作为粤港澳大湾区的重要交通枢纽，港珠澳大桥自 2018 年通车以来，已成为中国基础设施建设的一张亮丽名片。

港珠澳大桥于 2009 年 12 月正式动工，历经 9 年建设，于 2018 年 10 月 24 日通车运营。大桥东起香港国际机场附近的香港口岸人工岛，西至珠海洪湾立交，南接澳门口岸，全长 55 公里，其中主体工程包括 22.9 公里的桥梁、6.7 公里的海底隧道以及 4 个人工岛。建设这样一座超级大桥，面临着诸多挑战。伶仃洋海域航运繁忙，每天有超过 4 000 艘船只经过，同时该区域台风频发，地质条件复杂。为了不影响航运，工程师们创新性地采用了“桥－岛－隧”相结合的设计方案，桥梁部分跨越浅海区域，隧道部分穿越深海航道，两者通过人工岛连接。这种设计既保障了大型船舶的通航需求，又确保了桥梁的安全性和稳定性。港珠澳大桥的建设过程中，中国工程师攻克了多项世界级技术难题。大桥的海底隧道部分由 33 节巨型沉管组成，每节沉管长 180 米、重约 8 万吨，相当于一艘航空母舰的排水量。这些沉管在 40 米深的海底精准对接，误差控制在 5 厘米以内，创造了世界海底隧道建设的精度纪录，成为世界最长海底沉管隧道。大桥主体工程用钢量达 42 万吨，相当于 60 座埃菲尔铁塔的用钢量，属超大规模钢结构应用。为了确保钢材的耐久性，工程师们研发了新型防腐涂层，使大桥在海洋环境中能够保持 120 年的设计使用寿命。大桥可抵御 16 级台风、8 级地震。在 2018 年超强台风“山竹”来袭时，大桥经受住了考验，结构安全无损。为了保护伶仃洋的中华白海豚栖息地，建设团队投入3.4亿元用于环保措施，创新性地采用了“白海豚保护方案”，实现了“大桥通车，白海豚不搬家”的环保目标。

港珠澳大桥通车后，将香港至珠海、澳门的车程从原来的3小时缩短至45分钟，极大地促进了大湾区的人员往来和经济交流。截至2023年底，经港珠澳大桥出入境的旅客已超过3 600万人次，货物价值超过7 000亿元。

大桥的建成对三地经济发展产生了深远影响。对香港而言，巩固了国际航运中心地位，促进了旅游业发展；对澳门而言，推动了经济适度多元化，助力世界旅游休闲中心建设。对珠海而言，带动了横琴新区发展，促进了珠江西岸经济崛起。

港珠澳大桥不仅是一座物理意义上的桥梁，更是一个智能化的交通系统。全桥覆盖5G网络，配备了智能监控、应急预警等系统，能够实时监测桥梁状态、车流情况，确保运营安全高效。随着粤港澳大湾区建设的深入推进，港珠澳大桥将继续发挥“黄金通道”的作用。大桥的建设和运营经验，也为后续的深中通道、琼州海峡通道等重大工程提供了宝贵借鉴。

港珠澳大桥的建设成就获得了国际社会的高度认可。它先后荣获“国际桥梁大会超级工程奖”“菲迪克工程项目奖”等国际大奖，被英国《卫报》评为“现代世界七大奇迹”之一。

这座大桥不仅是中国改革开放40年建设成就的缩影，更是中国工程师智慧和勇气的结晶。它向世界证明：中国不仅能够建造世界级的超级工程，还能在技术创新、环境保护、智能管理等方面树立全球标杆。港珠澳大桥的建成通车，不仅改写了世界桥梁建设史，更开启了中国基础设施建设的新篇章。

珠江入海口的伶仃洋面见证了中华民族伟大复兴的历史进程。1840年，中国近代史在这里屈辱开端。在帝国主义的坚船利炮下，香港被迫离开了祖国怀抱。1997年，五星红旗在这里冉冉升起，雄壮的《义勇军进行曲》响彻香江。中国政府恢复对香港行使主权，香港在祖国的怀抱中迎来发展新纪元。1999年，中国政府对澳门恢复行使主权，澳门回归祖国。香港、澳门回归祖国后，中央政府大力支持港澳对接国家整体发展战略，谋划港澳经济社会发展和民生改善。这座跨越伶仃洋的钢铁巨龙，将继续见证粤港澳大湾区的蓬勃发展，书写更多属于中国的工程奇迹。

材料来源 人民日报评论:《激扬勇创世界一流的民族志气》,《人民日报》2018年10月24日。

## 【案例解析】

“一国两制”是中国特色社会主义的伟大创举，是香港、澳门回归后保持长期繁荣稳定的最佳制度安排。从“21世纪海上丝绸之路”到粤港澳大湾区建设，中央政府稳步推进深圳前海、珠海横琴等粤港澳合作平台建设，新时代“一国两制”的内涵实践内涵不断丰富。

从促进双向投资、推动贸易便利化，到构建新型合作模式、搭建多元合作平台，再到强调建设好大湾区关键在创新，习近平总书记对推进粤港澳大湾区建设作出一系列重要指示批示，粤港澳大湾区发展在新时代按下“快进键”，呈现出欣欣向荣的发展景象。2018年10月23日，世界最长跨海大桥港珠澳大桥开通。这一创下多项世界之最的“国之重器”，把香港、澳门和祖国内地更加紧密地联系在一起。习近平总书记指出，“这是一座圆梦桥、同心桥、自信桥、复兴桥。”建设港珠澳大桥是党中央支持香港、澳门和珠三角区域更好发展的一项重大举措，是“一国两制”下粤港澳密切合作的重大成果。

港珠澳大桥、广深港高铁、新横琴口岸等大型跨境基础设施的建设，加强了香港、澳门与祖国内地的联系，为香港、澳门更好地融入国家发展大局提供了有利条件。

【教学建议】

香港、澳门回归祖国后，走上了同祖国内地优势互补、共同发展的宽广道路，“一国两制”实践取得新进展。发展是解决各类深层次矛盾的钥匙，坚守“一国”之本，也应善用“两制”便利，促进港澳与内地优势互补、合作共赢。该案例可用于第十章第二节第五目“坚持‘一国两制’和推进祖国统一”部分的辅助教学。

在案例教学中，可引用习近平对港珠澳大桥的评价，即港珠澳大桥的建设创下多项世界之最，非常了不起，体现了一个国家逢山开路、遇水架桥的奋斗精神，体现了中国综合国力、自主创新能力，体现了勇创世界一流的民族志气。这是一座圆梦桥、同心桥、自信桥、复兴桥。大桥建成通车，进一步坚定青年学生对中国特色社会主义的道路自信、理论自信、制度自信、文化自信，充分说明社会主义是干出来的，新时代也是干出来的。

## 案例 3 “修昔底德陷阱”是一个话语陷阱

【案例材料】

“修昔底德陷阱”（Thucydides Trap）这一术语由美国哈佛大学教授格雷厄姆·艾利森（Graham Allison）在 2012 年提出，但其思想根源可追溯至古希腊历史学家修昔底德（Thucydides）的著作《伯罗奔尼撒战争史》。修昔底德在分析公元前 5 世纪雅典与斯巴达的战争时指出：“雅典势力的增长及其在斯巴达引起的恐惧，使得战争不可避免。”这一论断被艾利森借用，用以描述国际关系中新兴大国崛起挑战守成霸权，最终导致冲突的现象。

艾利森在2017年出版的《注定一战：中美能避免修昔底德陷阱吗？》一书中进一步系统化这一概念，认为历史上大多数类似案例都以战争收场，并以此警示中美关系可能面临同样的命运。

尽管“修昔底德陷阱”在学术界和舆论界引发了广泛讨论，但也有不少学者对其提出了质疑。美国国际问题专家、前国务卿基辛格明确指出，中美之间不存在“修昔底德陷阱”，两国关系的前景是合作伙伴，而非对手。康奈尔大学教授乔纳森·科什纳则认为，“修昔底德陷阱”概念本身是对修昔底德的误读，它试图从表面上解读伯罗奔尼撒战争并得出结论，存在巨大的分析危险。

这些质疑提醒我们，历史案例虽然具有参考价值，但不能简单地套用到当代国际关系中。每个时代的历史背景、国际格局和国家利益都有其独特性，不能一概而论。

随着中国的快速稳定发展，美国深感威胁，部分西方媒体、政要和学者大肆鼓吹“修昔底德陷阱”，制造中国发展必然图谋称霸从而对守成大国形成挑战并导致战争的舆论。这种论调不仅忽视了中国的和平发展道路，也加剧了国际社会的紧张氛围。

2015年9月，习近平主席在访美期间郑重强调：“世界上本无‘修昔底德陷阱’，但大国之间一再发生战略误判，就可能自己给自己造成‘修昔底德陷阱’。”这一表态明确表明了中国的基本立场和基本方针，有力回击了别有用心的恶意中伤。

习近平提出的构建人类命运共同体理念，为国际社会提供了新的思路和方向。这一理念强调不冲突不对抗、相互尊重、互惠互利、共同发展，旨在推动各国携手应对全球性挑战，实现共同繁荣。这不仅是中国对“修昔底德陷阱”论调的有力回应，也是中国为世界和平与发展贡献的智慧和方案。

中国始终坚持走和平发展道路，致力于与世界各国建立互利共赢的合作关系。通过“一带一路”倡议、全球发展倡议等具体行动，中国以实际行动证明，崛起大国与守成大国之间并非必然走向冲突，合作与共赢才是国际关系的主流。

“修昔底德陷阱”作为一种历史现象，为我们提供了观察国际关系的视角，但它并非不可逾越的宿命。历史经验固然重要，但更重要的是从现实出发，避免战略误判，推动大国之间的合作与对话。

中国的发展实践表明，和平崛起不仅是可能的，而且可以为世界带来更多机遇。通过构建人类命运共同体，中国向世界传递了和平、合作、共赢的理念，为破解“修昔底德陷阱”提供了中国方案。未来，国际社会应共同努力，摒弃零和思维，推动构建更加公正合理的国际秩序，为人类社会的和平与发展作出更大贡献。

材料来源　王义桅、叶自成等:《正确认识“修昔底德陷阱”》,《人民日报》2016年4月17日；陈康令:《“修昔底德陷阱”是一个话语陷阱》,《红旗文稿》2018年第22期。

## 【案例解析】

习近平新时代中国特色社会主义思想为我们认识和超越“修昔底德陷阱”提供了世界观和方法论。新时代中国外交战略展现出一条突破传统大国对抗宿命的创新路径。“修昔底德陷阱”这一术语认为，新兴大国的崛起往往会引发守成霸权的不安与遏制，最终导致冲突。面对这一历史性挑战，中国以和平发展为核心理念，构建了一套具有中国特色的外交战略体系。首先，中国通过“新型国际关系”理念重构大国互动模式，强调“不冲突、不对抗、相互尊重、合作共赢”的基本原则，为中美关系设定了建设性框架。其次，中国创造性地提出“人类命运共同体”构想，以“一带一路”倡议为实践平台，推动全球基础设施互联互通和经贸合作，将国家间竞争转化为发展机遇的共享。在具体策略层面，中国采取多管齐下的应对措施：一方面通过元首外交、战略经济对话等机制保持与美国的沟通渠道，避免战略误判；另一方面深化与欧盟、东盟等第三方力量的合作，构建更均衡的国际关系网络。尤为重要的是，中国在科技、军事等敏感领域坚持自主创新策略，既维护核心利益又避免过度刺激守成大国。这一系列战略举措打破了“国强必霸”的西方逻辑，为国际社会提供了新兴大国和平崛起的中国方案。历史经验表明，中国外交战略的成功实践不仅有效缓解了“修昔底德陷阱”的潜在风险，更开创了大国关系良性互动的新范式，为构建更加公正合理的国际秩序贡献了中国智慧。

## 【教学建议】

习近平在对美国进行国事访问时指出：世界上本无“修昔底德陷阱”，但大国之间一再发生战略误判，就可能给自己造成“修昔底德陷阱”。此案例可用于第十章第二节第六目“全面推进中国特色大国外交和推动构建人类命运共同体”部分的辅助教学。

传统国际关系理论往往强调零和博弈和霸权更替，而中国则倡导相互尊重、公平正义、合作共赢的新型国际关系，主张通过对话而非对抗、合作而非冲突的方式处理国际争端。通过案例教学，使学生掌握习近平外交思想以“新型国际关系”和“人类命运共同体”为核心，为超越传统大国竞争模式提供了中国方案。“人类命运共同体”理念进一步超越了西方中心主义的国际秩序观，强调各国利益交融、安危与共，推动全球治理体系向更加公平、包容的方向发展。中国通过共建“一带一路”、推动全球发展倡议、参与多边合作等实践，展现了不同于历史上霸权争夺的和平发展路径。例如，中国在应对气候变化、公共卫生危机等全球性挑战中积极承担大国责任，而非追求单边优势，体现了共商共建共享的全球治理观。这些理念和实践表明，中国并非通过军事扩张或经济胁迫来挑战现有秩序，而是以和平发展、开放包容的方式重塑国际关系，为世界提供了超越“修昔底德陷阱”的新范式。

# 第三节
# 开启全面建设社会主义现代化国家新征程

## 案例 1 黄文秀：将青春和生命奉献给脱贫攻坚事业

### 【案例材料】

她的一生，定格在芳华绽放的 30 岁。她是广西百色市乐业县新化镇百坭村第一书记——黄文秀。她用青春和生命诠释了共产党员的初心与使命，成为脱贫攻坚战场上的一面旗帜。

在广西百色市乐业县新化镇百坭村的田间地头，村民们至今仍时常提起一个名字——黄文秀。这位来自北京师范大学的硕士毕业生，放弃大城市的工作机会，毅然回到家乡，担任百坭村第一书记。她用短暂而绚烂的生命，谱写了一曲新时代青年扎根基层、奉献人民的壮丽赞歌。

黄文秀 1989 年出生于广西百色市田阳县一个贫困家庭。凭借刻苦努力，她考入山西长治学院，后又考取北京师范大学哲学学院硕士研究生。2016 年毕业时，面对多家单位的橄榄枝，她毅然选择回到家乡，成为百色市委宣传部的一名干部。

2018年3月，黄文秀主动请缨，来到乐业县新化镇百坭村担任第一书记。当时的百坭村，交通闭塞，产业薄弱，贫困发生率高达22.88%。初到村里，村民们对这个“女娃娃”书记并不信任：“一个城里来的小姑娘，能干啥？”

为了尽快熟悉村情，黄文秀用两个月时间走遍了全村195户贫困户。她自制“民情地图”，详细记录每家每户的情况。村民家的门槛有多高，她都记得清清楚楚。

贫困户黄美线患有先天性心脏病，丈夫早逝，独自抚养两个孩子。黄文秀不仅帮她申请低保，还联系医院为她做手术。村民班统茂种植砂糖橘，但苦于没有销路。黄文秀带着样品跑市场、找客商，最终帮她把水果卖出了好价钱。

渐渐地，村民们发现，这个“女娃娃”书记是真心实意来帮他们的。大家开始亲切地叫她“文秀书记”“文秀姑娘”。

“扶贫不能只靠‘输血’，更要‘造血’。”黄文秀深知，要让百坭村真正脱贫，必须发展产业。她带领村民种植砂糖橘、杉木、油茶，成立专业合作社，邀请农业专家到村指导。她还争取资金，修建了22公里通屯路，解决了农产品运输难题。

2018年，百坭村砂糖橘产量达50多万斤，销售额超过100万元。88户418人实现脱贫，贫困发生率降至2.71%。

2019年6月16日晚，黄文秀在返回百坭村的途中遭遇山洪，不幸遇难，年仅30岁。

噩耗传来，村民们痛哭失声。“文秀书记是为了我们才回来的，她还没看到百坭村全部脱贫啊！”贫困户班统茂含泪说道。

黄文秀牺牲后，被追授“全国脱贫攻坚楷模”“时代楷模”“全国优秀共产党员”等荣誉称号。她的先进事迹被广泛传播，激励着无数青年投身乡村振兴事业。在百坭村，黄文秀未竟的事业仍在继续。如今的百坭村，道路宽敞，产业兴旺，村民们的日子越过越红火。村里建起了“文秀幼儿园”，孩子们在阳光下快乐成长。

“文秀书记虽然走了，但她的精神永远活在我们心中。”百坭村党支部书记周昌战说，“我们会继续努力，把百坭村建设得更好，告慰文秀书记的在天之灵。”

黄文秀用短暂的生命诠释了共产党员的初心和使命，展现了新时代青年的责任与担当。她像一朵绽放的青春之花，永远盛开在扶贫路上，盛开在人民心中。

材料来源　李纵:《执着的追求，闪光的青春》,《人民日报》2021年7月27日。

## 【案例解析】

黄文秀，广西百色市乐业县新化镇百坭村第一书记，是新时代中国共产党人不忘初心、牢记使命的杰出代表。

首先，黄文秀的扶贫事迹是中国脱贫攻坚战的重要成果。新中国成立以来，中国共产党始终将消除贫困作为重要任务。特别是党的十八大以来，以习近平同志为核心的党中央将脱贫攻坚摆在治国理政的突出位置，实施了精准扶贫、精准脱贫的基本方略。黄文秀作为驻村第一书记，扎根基层，带领百坭村群众发展产业、改善基础设施，使全村贫困发生率从22.88%降至2.71%，为打赢脱贫攻坚战作出了重要贡献。她的故事是中国共产党带领人民摆脱贫困、实现共同富裕的生动写照。

其次，黄文秀的精神是中国共产党人初心和使命的体现。她放弃大城市的工作机会，毅然回到家乡，投身脱贫攻坚一线，用实际行动践行了“为中国人民谋幸福，为中华民族谋复兴”的初心和使命。她的无私奉献和艰苦奋斗精神，与中国共产党在革命、建设和改革各个历史时期所倡导的为人民服务精神一脉相承，是新时代中国共产党人精神风貌的集中体现。

最后，黄文秀的事迹彰显了中国特色社会主义制度的优越性。在党的领导下，黄文秀和无数扶贫干部深入基层，精准施策，实现了脱贫攻坚的全面胜利。这一成就表明，中国特色社会主义制度能够集中力量办大事，为消除贫困、实现共同富裕提供了坚实的制度保障。

【教学建议】

黄文秀的扶贫事迹不仅是中国脱贫攻坚战的缩影，也是新时代中国共产党人为人民谋幸福、为民族谋复兴的生动体现。此案例可用于第十章第三节第一目“完成脱贫攻坚、全面建成小康社会的历史任务，实现第一个百年奋斗目标”部分的辅助教学。

黄文秀在脱贫攻坚第一线倾情投入、奉献美好青春的感人事迹，体现了中国共产党人不忘初心、牢记使命的自觉担当，谱写了新时代的青春之歌。通过该案例教学，引导学生树立为人民服务的社会责任感，启发学生以黄文秀同志为榜样，勇于担当、甘于奉献，在新时代的长征路上为实现中华民族伟大复兴的中国梦贡献力量。通过分析黄文秀扶贫成功背后的制度因素，引导学生理解中国特色社会主义制度的优越性，增强他们对中国特色社会主义道路的自信。

## 案例2 科技创新点亮冰雪盛会

【案例材料】

在北京冬奥会和冬残奥会的壮丽画卷中，科技创新以其独特的色彩，为这场全球体育盛事增添了无限光彩。从备赛到参赛，再到观赛，新技术的广泛应用为实现“简约、安全、精彩”的办赛目标提供了强有力的支撑。

张家口赛区的国家跳台滑雪中心“雪如意”，以其建设工程量之大和技术难度之高而著称。其亮点之一是中国首例变角度斜行电梯，它能够快速将运动员从地面送至赛道起点，极大地提升了交通转换的效率。延庆赛区的国家雪车雪橇中心“雪游龙”，在赛道建造上攻克了“空间扭曲双曲面壳体结构”的难题。通过人工喷射混凝土成型，设计建造团队成功实现了密实度和成型精度的要求，申请了超过百件专利，展现了技术领先的地位。

“云技术”的应用使得转播内容制作能力大幅提升。北京冬奥会转播内容总生产量超过 6 000 小时，创造了冬奥会历史新高。云技术的运用使得转播商无须亲临现场即可制作内容，极大地提高了效率。电视和互联网观众的观赛体验也得到了显著提升。北京冬残奥会首次实现全程 4K 超高清格式转播和 360 度回放，为观众提供了沉浸式的观赛体验。多角度摄像机系统和三维重建技术的结合，让观众仿佛能够“自由视角”观看比赛，享受前所未有的观赛乐趣。

在防疫安全方面，机械臂智能消毒机器人的应用为赛会筑起了“防疫墙”。这些机器人能够高效、精准地进行紫外线消毒杀菌，确保运动员和工作人员的健康安全。出行安全方面，高精度定位导航设备为听障、视障人士在机场航站楼的出行提供了安全保障。这些设备通过超声波探头和摄像头实时监控障碍物，并通过震动反馈引导使用者避障。智慧票务系统的创新和升级，使得北京冬奥会成为奥运会历史上首个数字化票务系统。这一系统能够在短时间内完成防疫部署及自动配座，并快速出票，保证了观众的安全和便捷入场。

清华大学工程物理系教授陈涛团队开发的“冬奥大脑”，为冬奥运行指挥部门提供了科学判断与决策的支持。这一系统能够汇聚各方信息，进行智能分析，实现更早发现问题、查找风险，并以情景推演的模式给出对策参考，成为名副其实的运行指挥枢纽。

北京冬奥会和冬残奥会的成功举办，不仅展现了中国的科技实力，也向世界传递了中华文化的魅力。科技创新的力量，让这场冰雪盛宴更加精彩纷呈，也为未来的体育赛事树立了新的标杆。

材料来源　王亮、刘若轩等:《科技创新点亮冰雪盛会》,《人民日报》2022年3月18日。

【案例解析】

北京冬奥会是迄今为止，第一届实现“碳中和”的冬奥会，也是从申办、筹办到举办，第一届全过程践行《奥林匹克2020议程》的奥运会。从科技大国迈向科技强国，北京冬奥会让我们见证了中国战略科技力量汇聚的涌动大潮，见证创新高地托举起的发展大势。

2008年北京奥运会的成功举办不仅是体育领域的盛事，更是中国近现代史上的重要里程碑。中国人从参奥运会与到申办奥运会，再到举办奥运会，体现了中国从积贫积弱到繁荣富强的历史进程，体现了中国综合国力的显著提升。2022年北京冬奥会的顺利举办，不仅展示了中国在基础设施建设、科技创新、组织管理等方面的强大能力，也彰显了中国在国际舞台上的重要地位，见证了中国从“富起来”到“强起来”的历史过程。

中国积极倡导“绿色、共享、开放、廉洁”的办奥理念，体现了中国对全球可持续发展的贡献和对人类命运共同体的责任担当。中国倡导“绿色、低碳、循环、可持续”的生产生活方式，探索出生产发展、生活富裕、生态良好的文明发展道路。

【教学建议】

党的十八大以来特别是“十三五”期间，中国科技实力实现跨越式发展，我国正在从科技大国迈向科技强国。此案例可用于第十章第三节第一目“完成脱贫攻坚、全面建成小康社会的历史任务，实现第一个百年奋斗目标”部分的辅助教学。

通过对比2008年北京奥运会等历史事件，引导学生理解北京冬奥会成功举办的历史意义，认识到中国从站起来、富起来到强起来的伟大飞跃。改革开放以来，我们已经积累了雄厚的物质基础，但也面临着发展不平衡不充分的问题，需要贯彻创新、协调、绿色、开放、共享的新发展理念。中国式现代化要靠科技现代化作支撑，实现高质量发展要靠科技创新培育新动能。应当引导学生认真学习领会创新驱动发展战略，自觉承担科技自立自强时代使命。

## 案例3 “七一勋章”：见证百年大党的苦难辉煌

【案例材料】

“七一勋章”是中共中央用于表彰全国优秀共产党员、全国优秀党务工作者和全国先进基层党组织的荣誉，是党内最高荣誉。2021年，这一荣誉首次颁授，29名杰出党员获此殊荣，他们的感人事迹和崇高精神，生动诠释了中国共产党人的初心与使命。

2021年3月23日，中共中央举行新闻发布会，中央宣传部分管日常工作的副部长王晓晖介绍，将以中共中央名义，向为党作出杰出贡献、创造宝贵精神财富的党员授予“七一勋章”。这一勋章由中共中央总书记、国家主席、中央军委主席习近平签发证书并颁授，体现了党中央对优秀党员的高度认可和崇高敬意。

2021年5月31日，29名“七一勋章”提名建议人选公示，社会各界广泛关注。6月29日上午10时，“七一勋章”颁授仪式在人民大会堂隆重举行。习近平首次颁授“七一勋章”并发表重要讲话。根据《中共中央关于授予“七一勋章”的决定》，29名同志被授予这一党内最高荣誉。

“七一勋章”首次颁授的29名获得者，来自各行各业，是各条战线党员中的杰出代表。他们包括：马毛姐、王书茂、王占山、王兰花、艾爱国、石光银、吕其明、廷·巴特尔、刘贵今、孙景坤、买买提江·吾买尔、李宏塔、吴天一、辛育龄、张桂梅、陆元九、陈红军、林丹、卓嘎、周永开、柴云振、郭瑞祥、黄大发、黄文秀、黄宝妹、崔道植、蓝天野、魏德友、瞿独伊。

这些获得者中，有在革命战争年代立下赫赫战功的老英雄，有在和平建设时期为国家发展作出突出贡献的先进模范，有在脱贫攻坚战场上无私奉献的基层干部，也有在科技、教育、文化等领域默默耕耘的杰出代表。他们的事迹感人至深，他们的精神催人奋进。

在“七一勋章”颁授仪式上，习近平总书记发表重要讲话，高度评价了获得者的杰出贡献，并深刻阐述了中国共产党人的崇高精神。他指出，受到表彰的“七一勋章”获得者，生动体现了中国共产党人坚定信念、践行宗旨、拼搏奉献、廉洁奉公的高尚品质和崇高精神。

习近平强调，坚定信念是共产党人的精神支柱。获得者们坚持不忘初心、不移其志，以坚忍执着的理想信念，把对党和人民的忠诚和热爱牢记在心中、落实在行动上，为党和人民事业奉献自己的一切乃至宝贵生命。全党同志都要把对马克思主义的信仰、对中国特色社会主义的信念作为毕生追求，永远信党爱党为党，在各自岗位上顽强拼搏，不断把为崇高理想奋斗的实践推向前进。

习近平指出，践行宗旨是共产党人的根本立场。获得者们对人民饱含深情，心中装着人民，工作为了人民，想群众之所想，急群众之所急，解群众之所难，以实际行动诠释了“我将无我、不负人民”的崇高情怀。全党同志都要坚持人民立场、人民至上，坚持不懈为群众办实事做好事，始终保持同人民群众的血肉联系。

习近平强调，拼搏奉献是共产党人的鲜明品格。获得者们把许党报国、履职尽责作为人生目标，不畏艰险、敢于牺牲，苦干实干、不屈不挠，充分展示了共产党人无私无畏的奉献精神和坚忍不拔的斗争精神。全党同志都要保持“越是艰险越向前”的英雄气概，埋头苦干、攻坚克难，努力创造无愧于党、无愧于人民、无愧于时代的业绩。

习近平指出，廉洁奉公是共产党人的道德风范。获得者们保持艰苦朴素、公而忘私的光荣传统，从不以功臣自居，不计较个人得失，不贪图享受，守纪律、讲规矩，生动体现了共产党人应有的高尚品格。全党同志都要明大德、守公德、严私德，清清白白做人、干干净净做事，做到克己奉公、以俭修身，永葆清正廉洁的政治本色。

“七一勋章”的首次颁授，不仅是对29名杰出党员的崇高褒奖，更是对全党同志的激励和鞭策。他们的感人事迹和崇高精神，将激励全党全国各族人民在新时代新征程上奋勇前进。全党同志要以“七一勋章”获得者为榜样，坚定信念、践行宗旨、拼搏奉献、廉洁奉公，为实现中华民族伟大复兴的中国梦不懈奋斗。

材料来源　习近平：《在“七一勋章”颁授仪式上的讲话》，《人民日报》2021年6月30日。

## 【案例解析】

“七一勋章”是中国共产党党内最高荣誉，于2021年首次颁授，正值中国共产党成立100周年之际。在百年征程中，中国共产党从嘉兴南湖的一叶红船，成长为引领14亿人民的巍巍巨轮。这一历程充满荆棘：土地革命的血与火、长征路上的艰险跋涉、改革开放的破冰前行、脱贫攻坚的艰苦卓绝……“七一勋章”的设立，正是对这些历史节点的致敬。29位首批获得者中，有战功赫赫的老兵王占山，有“燃灯校长”张桂梅，有“当代愚公”黄大发，他们的事迹串联起党在不同时期的奋斗史诗。勋章背后是百年大党的精神密码：“渡江英雄”马毛姐诠释了“革命理想高于天”的信念，“钢铁院士”崔崑展现了“科学报国”的担当，“草原之子”廷·巴特尔践行了“扎根人民”的宗旨。这些精神跨越时空，与井冈山精神、长征精神、抗疫精神等一脉相承，成为党永葆生机的力量源泉。

“七一勋章”的颁授具有深刻现实意义。首先，树立价值标杆。在物质丰富的今天，重申“奉献”与“忠诚”的崇高价值；其次，强化历史认同。通过个体叙事唤醒集体记忆，增强“四个自信”；最后，激励接续奋斗。在乡村振兴、科技攻关等新战场，呼唤更多“勋章精神”的践行者。“七一勋章”既是历史的注脚，也是未来的号角。它提醒我们党的辉煌从来不是轻轻松松得来的，而是由无数党员用鲜血、汗水与生命铸就。在迈向第二个百年奋斗目标的新征程上，这枚勋章将继续闪耀，照亮共产党人永不懈怠的奋进之路。

## 【教学建议】

“七一勋章”以红色旗帜、五角星、光芒等元素构成的勋章，不仅是对杰出党员的褒奖，更是百年大党苦难辉煌的缩影，承载着党的初心使命和精神血脉。此案例可用于第十章第三节第三目“隆重庆祝中国共产党成立一百周年”部分的辅助教学。

可通过不同人物的故事系统回顾中国共产党在革命、建设与改革各个时期的动人故事，并重点讲解新时代共产党人坚守初心和使命的故事。重点把握以下几点：一是以人物故事强化情感共鸣。选取张桂梅、黄文秀等勋章获得者的感人事迹，结合视频、图片等多媒体手段，引导学生感悟共产党人的初心使命，增强对党的情感认同。二是以历史脉络深化理论认知。将勋章人物置于党的百年奋斗历程中，分析其精神与井冈山精神、脱贫攻坚精神等一脉相承的关系，帮助学生理解党的精神谱系。三是以实践教学促进价值内化。组织学生开展“我身边的党员榜样”调研活动，鼓励他们发现并讲述基层党员的奉献故事，推动理论认知向实践行动转化。四是以互动研讨激发思想碰撞。围绕“新时代青年如何传承勋章精神”等议题展开讨论，引导学生思考个人成长与国家发展的关系，强化责任担当意识。通过该案例的教学，使“七一勋章”精神真正入脑入心，助力培养担当民族复兴大任的时代新人。

# 后　记

本书是在同济大学马克思主义学院领导的关心指导和支持下，“中国近现代史纲要”教学团队辛勤编写的案例成果。

本书编写分工如下：张超（导言），王芳、牛霞飞（第一章），张超（第二章），范国权、汪文慧（第三章），杨琰（第四章），李维平、江烜（第五章），王飞、汪文慧（第六章），万立明（第七章）、李雅茹、李丽忠（第八章），杨云珍（第九章），张伟（第十章）。最后由李雅茹、张超进行全书统稿工作。

本书在编写过程中，参考了中国近现代史相关研究成果，同济大学出版社给予了大力帮助，在此，一并致以诚挚的谢意！

由于编写水平有限，错误和不当之处在所难免，恳请同仁们批评指正，我们将再接再厉，进一步提升编写水平。

编者

2025 年 4 月